'24-'25年版

42日完成！

ユーキャンの

学科も実技もしっかり対応

FP2級

AFP
級

でるとこ攻略テキスト

2024年9月試験 >>> 2025年5月試験

ユーキャン

も　く　じ

ユーニャン

本書の使い方

> 1日1Section！
> がんばるニャ！

Sectionの学習項目を確認

そのSectionで学習する内容を読んで、まずは、ざっくり全体像をつかみましょう。

> 1日1Section。
> 学習量が多ければ、
> 項目ごとにクリアして
> いくのもOKニャ

ここをまなぶよ

❶ 法人税の申告・納付・決算書等

* 申告と納付
* 決算書
* 法人住民税と法人事業税

所得税とは異なる申告・納付などの決まりを押さえ、決算書からの情報の読み取りにも慣れておこう。

❷ 消費税

* 消費税

免税事業者の条件や簡易課税制度、2023年10月から始まったインボイス制度についても概要を押さえておこう。

---

❶ 法人税の申告・納付・決算書等

◆ 申告と納付

法人税の申告には、確定申告と中間申告があります。

1. 法人税の申告の期限

法人税の申告の期限は、次のとおりです。

> 法人税の申告期限
> ①確定申告…事業年度の終了の日の翌日から2ヵ月以内（原則）
> ②中間申告…事業年度が6ヵ月超の普通法人の場合、上半期終了の日の翌日から2ヵ月以内*
> *前期分の法人税額6ヵ月分相当額が10万円超の場合。

> 計算式を暗記して
> 使いこなせるように

安全性分析の分析指標

	算式	評価
当座比率（%）	＝当座資産÷流動負債×100	比率が高い方が安全
流動比率（%）	＝流動資産÷流動負債×100	比率が高い方が安全
固定比率（%）	＝固定資産÷自己資本×100	比率が低い方が安全
自己資本比率（%）	＝自己資本÷総資本×100	比率が高い方が安全

> **例** p.385の貸借対照表から求められる自己資本比率は何％か？
> （単位：万円）
> 自己資本（純資産）20,000÷総資産 80,000×100＝25%

＋α 「生計を一にする」とは

同居の有無を問わず、生活費や学資金、療養費などを常に送金している場合などが該当する。

配偶者控除額

控除を受ける人の合計所得金額	控除額	
	一般の控除対象配偶者（70歳未満）	老人控除対象配偶者（70歳以上）
900万円以下	38万円	48万円
900万円超950万円以下	26万円	32万円
950万円超1,000万円以下	13万円	16万円

3. 配偶者特別控除

配偶者特別控除は、配偶者が配偶者控除の対象にならない場合でも一定の要件を満たせば適用することができる控除です。配偶者の所得より、控除額は38万円～1万円です。

用語の定義や具体例、諸要件などを囲みで整理

赤字や太字を中心にポイントを押さえる

図表で要点を整理して効率的に理解

本文の学習

まず、ざっと読んで全体の流れを理解し、そのあと細かく覚えてゆくのが学習のコツです。本文の赤字や太字、囲み、計算式、図表を中心にポイントを押さえて効率的に学びましょう。

練習問題にチャレンジ

各Sectionの最後には、○×形式の練習問題があります。問題を解き、解答を読んで、理解度をチェックしましょう。

考え方やプロセスをイメージでつかむ

※ここに掲載しているページは「本書の使い方」を説明するための見本です。

● セルフメディケーション税制（医療費控除の特例）

　2017年1月1日から2026年12月31日までの間に、健康の維持増進および疾病の予防への取組みとして一定の取組み*を行う個人が、自己または自己と生計を一にする配偶者その他の親族にかかる一定のスイッチOTC医薬品と指定された医薬品の購入の対価が1万2,000円を超えていた場合に適用できます。ただし、従来の医療費控除と重複して適用することはできません（選択制）。

*特定健康診査、予防接種、定期健康診断、健康診査、がん検診。

25
BB

Chapter4 タックスプランニング

Section4 所得税の計算 ③

用語 スイッチOTC医薬品

要指導医薬品および一般用医薬品のうち、医療用から転用された医薬品。

養控除の額

年齢	控除額	区分
0歳以上16歳未満	なし	
16歳以上19歳未満	38万円	一般の扶養親族
19歳以上23歳未満	63万円	特定扶養親族
23歳以上70歳未満	38万円	
70歳以上で同居	58万円	老人扶養親族
70歳以上で同居以外	48万円	

試験ではここが出る！

19歳以上23歳未満は大学教育を受ける年齢で、教育費が高額になることから「特定扶養親族」として控除額が多いと覚える。

試験では ここが出る！ 試験で問われる論点や注意点などの試験攻略ポイント

用語 覚えておきたい用語

＋α さらに知識を深める補足情報

練習問題

次の各記述のうち、正しいものに○、誤っているものに×をつけなさい。

課税標準の計算

1. 事業所得は、損益通算の対象となる所得である。

2. 土地購入のための借入金の利子は、損益通算の対象となる。

3. 土地・建物の譲渡による損失は、損益通算の対象となる。

4. 上場株式等の譲渡による損失は、給与所得と損益通算可能である。

5. 退職所得と損益通算する際、退職所得は原則として1/2を掛ける前の金額で計算する。

6. 事業所得者については、青色申告・白色申告を問わず、純損失の全額を繰越控除の対象とすることができる。

7. 雑損控除とは、災害や盗難、横領などによって生じた損失を3年にわたって控除できるしくみをいう。

8. 上場株式等の譲渡により生じた損失がある場合、翌年以後、3年にわたって、株式等の配当や譲渡により生じた所得から控除することができる。

解答

1. ○ 損益通算の対象となるのは、不動産所得・事業所得・山林所得・譲渡所得（ふじさんじょう）である。
2. × 損益通算の対象とならない。
3. × 損益通算の対象とならない。
4. × 上場株式等の譲渡による損失は、他の所得との損益通算の対象とはならないが、申告分離課税を選択した上で、他の上場株式等の譲渡益や配当所得の金額と損益通算することができる。
5. × 退職所得と損益通算する際、退職所得は原則として1/2を掛けた後の金額で計算する。
6. × 青色申告者のみが、純損失の全額を繰越控除の対象とすることができる。
7. ○ 災害や盗難、横領などによって生じた損失を3年にわたって控除できるしくみを、雑損控除という。
8. ○ 上場株式等の譲渡により生じた損失がある場合は、翌年以後、3年にわたって、株式等の配当や譲渡により生じた所得から控除することができる。

---

*

練習問題で知識定着！姉妹書の「でるとこ攻略問題集」でさらに実力をつけるニャ！

間違えたら本文に戻るニャ！

5

FP2級 Q&A

FP2級技能検定を受検する前に、
資格や試験についての疑問をスッキリ解決し、
合格を目指して頑張りましょう。

FP2級技能検定はだれでも
受けられるのかニャ？

　FP2級技能検定を受検するには、FP3級技能検定に合格していること、あるいはFP業務に関し2年以上の実務経験があることなどのいくつかの受検資格のうちいずれかを満たしている必要があります。

以前、金財の学科に合格したけど、
日本FP協会で実技を受けることは
できるかニャ？

　FPの試験実施団体には、一般社団法人金融財政事情研究会（金財）とNPO法人日本ファイナンシャル・プランナーズ協会（日本FP協会）があります。学科試験は共通ですが、実技試験は実施団体によって異なっており、学科・実技は個別に合否判定されます。
　学科・実技のいずれか一方のみに合格した場合は、合格から翌々年度末までに実施される試験で「試験の免除」申請をすることができます。その際、実施団体を変更して受検することも可能です。

AFP って何？

　AFP資格（アフェリエイテッド・ファイナンシャル・プランナー）は、FP技能士よりもさらに実戦的な資格です。

　日本FP協会が認定する資格で、FP技能士が国家資格であるのに対し、AFPは民間資格となっています。

　2年ごとの資格更新に所定の継続教育が必要で、知識とスキルをブラッシュアップしていきたい方に向いています。

●AFPの認定要件
- ・2級FP試験の合格者
- ・日本FP協会が認定した「AFP認定研修」の修了者

試験ごとに法令基準日って
変わるのかニャ？

2024年9月から2025年5月までに実施される試験の法令基準日は下記の通りです。

試験月	2024年9月	2025年1月	2025年5月*
法令基準日	2024年4月1日	2024年10月1日	

*金財のみ紙試験実施予定

なお、2025年4月1日より、金財／日本FP協会の両団体においてCBT試験が実施されます。CBT試験での受験をお考えの方は、法令基準日が上記と異なる場合がございます。詳しくは、各試験実施団体公式ホームページ等よりご確認ください。

FP2級 資格・試験について

 2級FP技能検定の試験概要（2024年度分）

◆学科試験、実技試験の共通事項

受検資格	下記の①～④のいずれかに該当していること ①日本FP協会が認定するAFP認定研修を修了した者 ②3級の技能検定に合格した者 ③2年以上の実務経験を有する者 ④厚生労働省認定金融渉外技能審査3級の合格者
申込方法	郵送もしくはインターネット
試験日	年3回（5/26、9/8、2025年1/26）　　　*2024年度の場合
合格発表	6/8、10/21、2025年3/7　　　　　　　　*2024年度の場合

◆学科試験

実施機関	金財・日本FP協会（共通の内容）
試験時間	10:00 ～ 12:00（120分）
出題形式	マークシート60問（四答択一式）
合格基準	36点以上/60点満点
受検手数料	5,700円

◆実技試験

実施機関	金財	日本FP協会
試験時間	13:30 ～ 15:00（90分）	
出題形式	記述式15問	記述式40問
合格基準	30点以上/50点満点	60点以上/100点満点
受検手数料	各科目6,000円	6,000円
選択科目	個人資産相談業務・生保顧客資産相談業務・損保顧客資産相談業務・中小事業主資産相談業務のうちから1つを選択	資産設計提案業務

2級FP技能検定の試験科目

学科試験	実技試験
A ライフプランニング B リスク管理 C 金融資産運用 D タックスプランニング E 不動産 F 相続・事業承継	**● 個人資産相談業務/生保顧客資産相談業務** 1. 関連業法との関係及び職業上の倫理を踏まえたファイナンシャル・プランニング 2. 個人顧客（生保顧客）のニーズ及び問題点の把握 3. 問題の解決策の検討・分析 4. 顧客の立場に立った相談 **● 資産設計提案業務** 1. 関連業法との関係及び職業上の倫理を踏まえたファイナンシャル・プランニング 2. ファイナンシャル・プランニングのプロセス 3. 顧客のファイナンス状況の分析と評価 4. プランの検討・作成と提示

 ## 2級FP学科試験データ

試験実施年月	実施機関	受検者数	合格者数	合格率
2023年5月	金財	27,239人	4,772人	17.51%
	日本FP協会	24,727人	12,072人	48.82%
2023年9月	金財	28,094人	6,393人	22.75%
	日本FP協会	23,917人	12,804人	53.54%
2024年1月	金財	29,226人	3,881人	13.27%
	日本FP協会	26,563人	10,360人	39.00%

3級FP技能士試験と2級FP技能士試験の体系

◆3級FP技能士試験

受検資格	FP業務に従事している者、従事しようとしている者
科目	**学科試験**
	実技試験 (以下のなかから1科目選択) ・個人資産相談業務 ・保険顧客資産相談業務 ・資産設計提案業務

◆2級FP技能士試験

受検資格	実務経験2年以上・3級合格者*・日本FP協会認定のAFP研修を修了した者 *金融渉外技能審査3級の合格者を含む
科目	**学科試験**
	実技試験 (以下のなかから1科目選択) ・個人資産相談業務 ・中小事業主資産相談業務 ・生保顧客資産相談業務 ・損保顧客資産相談業務 ・資産設計提案業務

 問い合わせ先

試験に関する詳細情報は試験実施機関のホームページ等でご確認下さい。

●一般社団法人金融財政事情研究会 (金財)
　TEL 03-3358-0771 (検定センター)
　URL https://www.kinzai.or.jp/

●NPO法人日本ファイナンシャル・プランナーズ協会 (日本FP協会)
　TEL 03-5403-9890 (試験業務部)
　URL https://www.jafp.or.jp/

42日で完成！
FP合格カレンダー

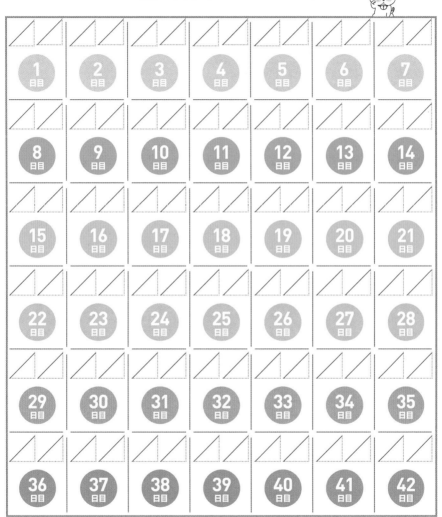

1日目	2日目	3日目	4日目	5日目	6日目	7日目
8日目	9日目	10日目	11日目	12日目	13日目	14日目
15日目	16日目	17日目	18日目	19日目	20日目	21日目
22日目	23日目	24日目	25日目	26日目	27日目	28日目
29日目	30日目	31日目	32日目	33日目	34日目	35日目
36日目	37日目	38日目	39日目	40日目	41日目	42日目

2つの日付欄の左側には学習予定
日、右側には実際に学習した日
を記入するんだニャ！
42日で合格を目指すニャ！

記入例

7/6 7/7

28日目

🐾 監修　安藤　絵理
　　　　1級ファイナンシャル・プランニング技能士（CFP®）、
　　　　DCプランナー・金融広報アドバイザー。個人のコンサ
　　　　ルティングを行う傍ら、金融機関研修講師、FP養成講
　　　　座講師、セミナー講師、ＴＶやラジオ出演、雑誌の執筆
　　　　など幅広く活動を行う。

🐾 執筆　黒澤　真紀（Chapter 1〜3）
　　　　堀　容優子（Chapter 4〜6）

🐾 校閲　大林　香世（安藤絵理FP事務所）

🐾 イラスト　あらいぴろよ

🐾 カバーデザイン　喜來　詩織（エントツ）

おことわり

＊法令などの基準について
本書は、2024年4月1日現在施行の法令等に基づいて編集されています。本
書の記載内容に関し、執筆以降の法改正情報などで試験に関連するものについ
ては、「ユーキャンの本」ウェブサイト内「追補（法改正・正誤）」にて、適
宜お知らせいたします。
　　　　　　　　　　　➡https://www.u-can.co.jp/book/information

FP2級合格を
めざすニャ！

1日目 / 42

FP総論と
ライフプランニングの
手法

FP2級の勉強の始まりです。
3級からさらに掘り下げた内容も加わりますが、
重複する部分も多いので思い出しながら
進めていきましょう。
まずはFPの基本を理解し、6つのステップを確認します。

❶ FP総論

- ◆ FPと倫理
- ◆ FPと関連業法
- ◆ FPの6つのステップ

FPの守るべき倫理やルール等を確認します。関連業法等に関する問題は頻出。有資格者のみが扱える業務などを確認しておこう。

❷ ライフプランニングの 考え方と手法

- ◆ ライフプランとは
- ◆ ライフイベント表と キャッシュフロー表の作成
- ◆ 個人バランスシートの作成と 係数の活用

ライフイベント表・キャッシュフロー表、個人バランスシートの作成方法を確認しよう。係数表を用いた計算問題は頻出。

❶ FP総論

◆ FPと倫理

　FPには、ファイナンシャル・プランナーとファイナンシャル・プランニングの2つの意味があります。ファイナンシャル・プランナーは社会的責任を自覚し、高い倫理観を持って業務にあたらなければなりません。

顧客利益の優先：	**顧客の立場に立って顧客の利益を最優先し、FPの利益を優先してはならない**
守秘義務の厳守：	他の専門家に相談する場合など、FPの業務遂行上必要で、顧客の了承を得ている場合を除き、顧客の同意なく、FP業務の遂行上知り得た顧客の情報を第三者に漏らしてはならない

◆ FPと関連業法

　FPの業務を行う際には、資格を持った専門家しか行うことができない業務にはどんなものがあるかを理解しておかなければなりません。

FP業務と関連業法等の具体例

税理士法	税理士の資格を持たないFPは、有償・無償を問わず顧客の代わりに**税務書類の作成**や税務相談などの業務をしてはならない。法律上の条文をもとに一般的な説明を行う行為は税理士法に抵触しない
弁護士法	弁護士資格を持たないFPは、法律に関する具体的な判断をしてはならない。民法の条文をもとに一般的な説明を行う行為は弁護士法に抵触しない。弁護士でないFPであっても、遺言作成の証人になったり、任意後見契約の任意後見人となることはできる
金融商品取引法	金融商品取引業者でない者は、投資顧問契約に基づく助言を行う業務、投資一任契約に係る業務はできない。また、金融商品取引業を行う場合には内閣総理大臣の登録を受ける必要がある
保険業法	保険募集人の資格を持たないFPは、**保険商品の販売や勧誘**を行ってはならない。保険商品の特徴を説明したり、必要保障額の試算を行うことはできる
著作権法*	著作者の承諾なしに著作物を使用してはならない

*法令、条例、通達、判例、数値データ、簡単な表・グラフ等のデータは**著作権の対象ではないの**で、使用しても構わない。また、国や地方公共団体等が一般に周知させることを目的として作成し、公表した広報資料等は、転載禁止の表示がなければ、説明の材料として新聞紙、雑誌その他の刊行物に転載できる。

試験では ここが出る！

　関連業法に関する問題は頻出！資格を持たないFPが行ってはいけない業務、行っても法律に抵触しない業務の例を覚えておこう。

◆ FPの6つのステップ

FPの業務を行う際には次の6つのステップを踏む必要があります。

FPの6つのステップ

① **顧客との関係確立とその明確化**
顧客と意思疎通を図り、お互いの考え方を
認識する

② **顧客データの収集と目標の明確化**
顧客の収支、資産、負債、性格、価値観な
どの情報を収集する

③ **顧客のファイナンス状態の分析と評価**
キャッシュフロー表、個人バランスシート
の作成などを行い、分析する

④ **プランの検討・作成と提示**
顧客のライフプランに基づき、実行できる環
境を検討する

⑤ **プランの実行援助**
ライフプランの実行に向けてアドバイスや
実行の援助などを行う

⑥ **プランの定期的見直し**
世の中の経済環境や顧客の環境、職業など
が変化した場合、その都度プランの見直し
を行う

---

❷ ライフプランニングの考え方と手法

◆ ライフプランとは

ライフプランとは、将来の生活や環境の変化を予測して作成する、生涯の生活設計のことです。ライフプランを立てると予定される費用が明確化され、貯蓄目標が立てやすくなります。

◆ ライフイベント表とキャッシュフロー表の作成

1. ライフイベント表

ライフイベント表とは、家族の将来の予定や希望するプランを時系列で表にまとめたものです。

木村家のライフイベント表

西暦	2024	2025	2026	2027	2028	2029	2030	2031	2032	2033	2034
年齢											
木村　武	40	41	42	43	44	45	46	47	48	49	50
木村　敦子	38	39	40	41	42	43	44	45	46	47	48
木村　加奈	11	12	13	14	15	16	17	18	19	20	21
木村　浩二	9	10	11	12	13	14	15	16	17	18	19
家族のライフイベント											
木村　武	家族旅行		家族旅行	車の購入				独立・開業			
木村　敦子											
木村　加奈			中学校入学			高校入学			大学入学		
木村　浩二					中学校入学			高校入学			

2. キャッシュフロー表

キャッシュフロー表とは、ライフイベント表や現在の収入、支出や金融資産残高をもとに、将来の収入や支出の状況、金融資産残高を予想してまとめた表のことです。年間収入、年間支出、年間収支、金融資産残高の4項目が必須項目です。

木村家のキャッシュフロー表

経過年数		現在	1	2	3	4	5
西暦		2024	2025	2026	2027	2028	2029
氏名	続柄						
木村　武	世帯主	40	41	42	43	44	45
木村　敦子	配偶者	38	39	40	41	42	43
木村　加奈	長女	11	12	13	14	15	16
木村　浩二	長男	9	10	11	12	13	14
家族のライフイベント							
家族予定		家族旅行		家族旅行	車の購入		
長女予定				中学校入学			高校入学
長男予定						中学校入学	
収支	変動率						
可処分所得（世帯主）	2%	562	573	585	596	608	620
可処分所得（配偶者）	-	100	100	100	100	100	100
一時的収入	-	0	0	0	0	0	0
収入合計		662	673	685	696	708	720
基本生活費	1%	240	242	245	247	250	252
住居費（住宅ローン）	-	120	120	120	120	120	120
教育費	2%	75	77	105	107	130	150
保険料	-	45	45	45	45	45	45
一時的支出	1%	30		31	200		
その他支出	1%	60	61	61	62	62	63
支出合計		570	545	607	781	607	630
年間収支		92	128	78	△85	101	90
金融資産残高	1%	750	886	973	898	1,008	1,108

キャッシュフロー表でよく使う計算式

- ・a年後の収入または支出額＝現在の金額×（1＋変動率）^{a}
- ・金融資産残高＝前年の金融資産残高×（1＋運用利率）±年間収支

キャッシュフロー表作成上のポイント

①1月1日〜12月31日を「1年」とする
②家族の年齢は12月31日現在で記入
③収入欄には**可処分所得**を記入
〈給与所得者の場合〉
可処分所得：給料やボーナスなどの収入から、税金や社会保険料を引いた手取り金額のこと

└─▶ 可処分所得＝年収−（税金＊＋社会保険料＊＊）

＊所得税、住民税
＊＊厚生年金保険料、健康保険料、介護保険料、雇用保険料

◆ 個人バランスシートの作成と係数の活用

1. 個人バランスシート

　　個人バランスシートを作成することで、ある時点での資産と負債のバランスを把握することができます。

木村家の個人バランスシート

資産		負債	
預貯金	450万円	住宅ローン	2,800万円
株式等の有価証券	220万円		
自宅マンション	2,500万円	負債合計	2,800万円
生命保険（解約返戻金相当額）	200万円	純資産	
車	150万円		720万円
資産合計	3,520万円	負債・純資産合計	3,520万円

個人バランスシート作成のポイント

①**資産**……現金・預貯金・株式・投資信託・生命保険（解約返戻金相当額）、自宅、車など。**時価（現在の価値）で計上**するのがポイント。2年前に200万円で買った車を今売ると150万円である場合には、150万円で記入する
②**負債**……住宅や車のローンなどのこと（借入額ではなく、残債）
③**純資産**…資産合計から負債合計を差し引いたもの

2. 係数とは？

　資金計画を立てる際は6つの係数を用いて計算すると便利です。それぞれの係数の意味を押さえましょう。

資金計画を立てる際の6つの係数

係数／利率	1%	2%	3%	4%	5%
1　終価係数	1.105	1.219	1.344	1.480	1.629
2　現価係数	0.905	0.820	0.744	0.676	0.614
3　年金終価係数	10.462	10.950	11.464	12.006	12.578
4　減債基金係数	0.096	0.091	0.087	0.083	0.080
5　資本回収係数	0.106	0.111	0.117	0.123	0.130
6　年金現価係数	9.471	8.983	8.530	8.111	7.722

＊期間10年の場合

1　終価係数

現在の資金を複利運用したら、将来いくらになるかを求める場合に用いる係数

例：年利2％で100万円を運用した場合の10年後の金額はいくらか？

最後の金額→「終価」

100万円　→　？万円
現在　2%　10年後

？＝100万円×1.219＝1,219,000円

ここに係数をあてはめよう！

2　現価係数

将来の目標金額のために現在いくら必要かを求める場合に用いる係数

例：年利2％で10年後に100万円を貯めるには、今いくら必要か？

？万円　→　100万円
現在　2%　10年後

？＝100万円×0.820＝820,000円

3　年金終価係数

毎年の積立額から、将来の元利合計を求める場合に用いる係数

例：毎年5万円を利率2%で積み立てた場合の10年後の金額はいくらか？

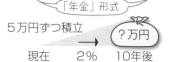

「年金」形式

5万円ずつ積立　→　?万円

現在　　2%　　10年後

?＝5万円×<u>10.950</u>＝547,500円

4　減債基金係数

将来の目標金額のために必要な毎年の積立額を求める場合に用いる係数

例：年利2%で10年後に100万円を貯める場合の毎年の積立額はいくらか？

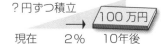

?円ずつ積立　→　100万円

現在　　2%　　10年後

?＝100万円×<u>0.091</u>＝91,000円

5　資本回収係数

現在の額を運用しながら受け取れる年金額や住宅ローンなどの借入額に対する利息を含めた毎年の返済額を求める場合に用いる係数

例：100万円を年利2%で運用しながら10年間で取り崩した場合、毎年受け取れる年金額はいくらか？

現在ある元手→「資本」　　「回収」すること

100万円　?円ずつ受取

現在　　2%　　10年後

?＝100万円×<u>0.111</u>＝111,000円

6　年金現価係数

希望する年金額を受け取るために必要な年金原資（元本）や、住宅ローンなどの年間のローン返済額から借入可能額を求める場合に用いる係数

例：年金を毎年<u>100万円ずつ</u>10年間にわたって受け取りたい場合、年利2%だといくらの<u>元本</u>が必要か？

「年金」形式　　現在の金額→「現価」

?万円　100万円ずつ受取

現在　　2%　　10年後

?＝100万円×<u>8.983</u>＝8,983,000円

＋α　電卓の便利な使い方

　キャッシュフロー表での"a年後の収入額"など、ライフプランニングにおいて「○○の△乗」という計算が出てくることがあります。こういった累乗計算は、電卓を使えば簡単に求められます（スマホ等、できない電卓もあります）。

　以下の方法を覚えておくとよいでしょう。

例　$(1 + 0.02)^2$
　▶ 1 ＋ 0.02 ▣ ▣ ▭ 1.0404

　$(1 + 0.02)^3$
　▶ 1 ＋ 0.02 ▣ ▣ ▭ ▭ 1.061208

　$(1 + 0.02)^4$
　▶ 1 ＋ 0.02 ▣ ▣ ▭ ▭ ▭ 1.08243216

　▣ を必ず2回押してから、2乗なら1回、3乗なら2回……▭ を押すのがポイントです。これを押さえれば、次のような計算も可能です。

例　現在の支出額30万円、変動率1%の場合の、5年後の支出額は？
　＝300,000 × $(1 + 0.01)^5$
　＝ 1 ＋ 0.01 ▣ ▣ ▭ ▭ ▭ ▭ ▭ × 300,000
　＝315,303.01503（円）

Chapter **1** Section **1**

FP総論とライフプランニングの手法

練習問題

次の各記述のうち、正しいものに〇、誤っているものに×をつけなさい。

FP総論

1. 金融商品取引業者でないFPが、有価証券の勧誘を目的とせずに株式投資の一般的なリスクを説明した。

2. 税理士の資格を持たないFPが、有償で、顧客に対して法律上の条文をもとに一般的な説明を行う行為は、税理士法に抵触しない。

3. FPの業務を行う際は「顧客のファイナンス状態の分析と評価」から始めなければならない。

ライフプランニングの考え方と手法

4. キャッシュフロー表を作成する際には支出項目のみ記入し、変動する可能性がある収入は記入しない。

5. 可処分所得とは、収入から税金と社会保険料を差し引いたものである。

6. 個人バランスシートを作成する場合、住宅や株式などは時価ではなく取得価格で記載する。

7. 個人バランスシートには、毎月の家賃や教育費等の支出見込額も負債として記入する。

8. 年利2％で毎年12万円を10年間積み立てた場合、元利合計は1,314,000円になる。（→p.20の係数表を参照）

9. 年金を毎年60万円ずつ10年間にわたって受け取りたい場合、年利1％だと5,682,600円の元本が必要である。（→p.20の係数表を参照）

10. 年利3％で10年後に800万円を貯めるための、毎年の積立額は936,000円である。（→p.20の係数表を参照）

解答

1　○　一般的なリスクの説明は、金融商品取引業者でなくても問題ない。

2　○　有償・無償を問わず、法律上の条文をもとに顧客に対して一般的な説明を
　　　行う行為は、税理士法に抵触しない。

3　×　まずは「顧客との関係確立とその明確化」から始める。

4　×　収入についても記入する。

5　○　可処分所得とは、いわゆる手取り金額のこと。財形積立や生命保険料の天
　　　引きなど、任意のものは可処分所得に含まれる。

6　×　住宅や株式などの資産は時価で計算する。

7　×　個人バランスシートに計上する負債は作成時の住宅ローン残高などであり、
　　　将来の支出見込額などは計上しない。

8　○　毎月の積立額から将来の元利合計を求めるには年金終価係数を用いる。
　　　120,000円×10.950＝1,314,000円となる。

9　○　希望する年金額を受け取るために必要な年金原資額を求めるには、年金原
　　　価係数を利用する。年利1％の年金原価係数は9.471なので、
　　　600,000円×9.471＝5,682,600円となる。

10　○　将来の目標金額のために必要な毎年の積立額を求めるには、減債基金係数
　　　を利用する。年利3％の減債基金係数は0.087なので、
　　　8,000,000円×0.087＝696,000円となる。

いいスタート
だニャ!

楽しくやる
ニャ

2日目

42

Chapter **1** ライフプランニング | Section **2**

資金計画

住宅取得資金、教育資金は非常に高額なので、
早めに資金計画を立てることが必要です。
この章では住宅資金設計と教育資金設計について
理解を深めます。

❶ 住宅資金設計

- ◆ 住宅購入プラン
- ◆ 住宅ローン
- ◆ 住宅ローンの見直し

> 住宅ローンの返済方法や住宅ローンの種類は頻出。おもな住宅ローンの特徴を覚えよう。

❷ 教育資金設計

- ◆ 教育資金の準備方法
- ◆ 奨学金
- ◆ 教育ローン

> 奨学金制度の給付型・貸与型の違いや、国の教育ローンの特徴を覚えよう。

❶ 住宅資金設計

◆ 住宅購入プラン

　まずは、住宅を購入するのか、賃貸を選択するのか、検討する必要があります。どちらにもメリット・デメリットはあるので、ライフプランを考えた上で選択する必要があります。

　購入する場合は、一般的に住宅ローンを借りることになります。最近の住宅ローンは、物件価格の100%、もしくは諸経費も含めて融資をするところが多くなっていますが、できれば頭金に諸経費も含めて、購入価格の30%程度の自己資金を用意できると安心です。金融機関によっては、頭金があれば借入時に金利優遇等が受けられる場合もあります。

　また、借りられる額ではなく、将来のライフプランも考慮し、無理なく返せる額で考える必要があります。住宅ローンの支払利息は、他の条件が同じなら、借入額が多いほど、金利が高いほど、返済期間が長いほど、多くなります。

◆ 住宅ローン

1. 住宅ローンの金利

住宅ローンの借入金利の種類は、次の表のように3つに分かれます。

住宅ローン金利の種類

固定金利型	・申込時や契約時の金利が、返済終了まで変わらない ・世の中の金利が上昇しても影響を受けないので、低金利時に契約するとメリットがある
変動金利型	・通常適用金利は半年ごと、返済額は5年ごとに見直される ・世の中の金利が上昇すると、適用金利も上昇し、返済額も増える ・返済期間中金利が上昇しなければ、月々の返済額を抑えることができる
固定金利選択型	・返済当初の一定期間（2年、5年など）のみ固定金利期間。その期間終了後、再度、固定金利型か変動金利型かを選択する

2. 住宅ローンの返済方法

住宅ローンの返済方法には、元利均等返済と元金均等返済があります。

元利均等返済…返済額が毎月一定なので、返済計画が立てやすい。返済当初は毎月返済額に占める利息部分が多いが、返済期間の経過とともに元金部分の占める割合が多くなる

元金均等返済…毎月返済額に占める元金額が一定。したがって返済が進むにつれ、毎月返済額は少なくなる。返済当初の毎月返済額が高い

試験ではここが出る！

毎月一定なのは、元利均等返済は毎月の返済額、元金均等返済は毎月返済する元金の金額。

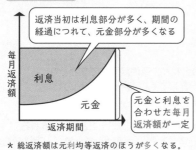

住宅ローンの返済方法

元利均等返済

返済当初は利息部分が多く、期間の経過につれて、元金部分が多くなる

毎月返済額

利息

元金

元金と利息を合わせた毎月返済額が一定

返済期間

元金均等返済

返済当初の負担は重いが、総返済額は元利均等返済よりも少なくなる

毎月返済額

利息

元金

返済期間

毎月返済額に占める元金の金額が一定

★ 総返済額は元利均等返済のほうが多くなる。

3. 住宅ローンの種類

住宅ローンには、公的融資、民間融資、フラット35などがあります。

公的融資

代表的な公的融資には**財形住宅融資**があります。財形住宅融資とは財形貯蓄をしている人が利用できる融資制度のことです。

〈財形住宅融資〉

金利	5年間固定金利（5年経過ごとに見直し）。申込時の金利が適用される
申込年齢	申込日現在70歳未満
融資金額	貯蓄残高の10倍以内（最高4,000万円） 実際に要する費用の90%以内
年間合計 返済額の割合	年収400万円未満：30%以下 年収400万円以上：35%以下 （住宅金融支援機構の場合）
返済期間	最長35年（完済時年齢は80歳まで）
その他	・財形貯蓄を1年以上継続し、残高が50万円以上あること ・同じ住宅に対して夫婦・親子それぞれで申込み可能

民間融資

民間融資には銀行等、JA、生命保険会社、ノンバンクなどがあります。

特徴	・収入基準が比較的緩やか ・対象物件に対する規制が少ない。財形住宅融資やフラット35では面積や価格など物件の条件が厳しいが、民間融資の場合はほとんど制限がない ・借換えができる（財形住宅融資では借換えできない）
条件	・融資限度額：5,000万円～1億円 ・最長返済期間：30年～50年 ・完済時に70歳または75歳以下 ・融資実行日の金利が適用される。固定金利選択型や変動金利型が中心 ・原則、団体信用生命保険に加入すること。保険料は金利に含まれるのが一般的

用語　　団体信用生命保険（団信）

被保険者を住宅ローンを借りた人、保険金受取人を金融機関とする生命保険。住宅ローンを借りた人が死亡または高度障害になった場合、住宅ローンの残高分が保険金として金融機関に支払われて、ローンは完済される。

フラット35

住宅金融支援機構と民間金融機関が提携して行う住宅ローンのことです。

2023年4月からは、新築住宅については、国の省エネ基準を満たしていない物件は借入れができません。省エネルギー性・耐震性などを備えた質の高い住宅を取得する場合には、フラット35の借入金利を一定期間引き下げる「フラット35S」、子育て支援や地域活性化を目的に地方公共団体と連携して借入金利を一定期間引き下げる「フラット35地域連携型」などの制度もあります。家族構成と建て方などの組み合わせにより条件を満たせば、最大年1.0%の金利引下げを受けられます。金利引下げの条件を満たすごとにポイント換算され、合計ポイント数によって金利引下げ幅が決まります。

金利	長期固定金利（融資実行日の金利。取扱金融機関で異なる）
返済方法	元利均等返済と元金均等返済が選べる
申込年齢	申込日現在70歳未満
融資金額	融資限度額は8,000万円、建築費等の100%まで
年間合計 返済額の割合	年収400万円未満：30%以下 年収400万円以上：35%以下
対象となる 住宅	住宅金融支援機構が定める技術基準（床面積*等）に適合すること ＊一戸建て住宅等：70㎡以上、マンション等：30㎡以上
返済期間	15年〜35年（完済時年齢は80歳まで）
保証人・ 保証料	保証人・保証料は不要
繰上げ返済	手数料不要（繰上げ額は基本100万円以上から。インターネットに限り10万円以上から）
財形との併用	財形住宅融資と併用できる
その他	・新築住宅の購入、建設資金にかぎらず、中古住宅の購入資金にも利用できる。借換えにも利用可能 ・団体信用生命保険料は金利に含まれる。団体信用生命保険に加入しない場合は、0.2%低い金利が適用される ・「買取型」「保証型」の2つのタイプがあり、主流である買取型では融資の対象となる住宅および敷地に対して、住宅金融支援機構が第1順位の抵当権者となる

試験ではここが出る！

長期固定金利、融資金額、返済額の割合など、フラット35の特徴を覚えておこう。

◆ 住宅ローンの見直し

住宅ローンの見直し方法には、繰上げ返済や借換えなどがあります。

1．繰上げ返済

　毎月決められた返済額とは別に返済を行い、ローンの元金の一部または全部を返済することで、返済した元金に対する利息の節約効果があります。繰上げ返済額が同額ならば、早期に実行するほど利息の軽減効果は大きくなります。また、同条件なら返済期間短縮型のほうが利息軽減効果は大きくなります。

返済期間短縮型…**毎月の返済額**を変えずに、返済期間を短縮する
返済額軽減型……**返済期間**を変えずに、毎月の返済額を軽減する

繰上げ返済の種類

●返済期間短縮型
毎月の返済額を変えずに、返済期間を短縮する方法。
同一条件なら返済額軽減型よりも利息軽減効果は大きくなる。

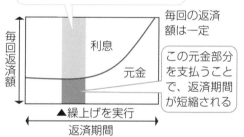

この部分の利息がカットされる

毎回の返済額は一定

この元金部分を支払うことで、返済期間が短縮される

●返済額軽減型
返済期間を変えずに、毎月の返済額を軽減する方法。
同一条件なら返済期間短縮型よりも利息軽減効果は小さくなる。

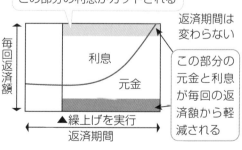

この部分の利息がカットされる

返済期間は変わらない

この部分の元金と利息が毎回の返済額から軽減される

2．住宅ローンの借換え

借換えとは、利息負担額を少なくするために、現在のローンを一括返済して新たな低金利のローンに組み直すことをいいます。一般に、「新たに借りるローンとの金利差が1％以上ある」「残債が1,000万円以上ある」「返済期間が10年以上残っている」場合に、借換えによる利息軽減の効果があるとされています。ただし、これらの目安を満たしていなくても、利息軽減効果があるケースもあるので、試算して検討するのがよいでしょう。

借換えの際には、諸費用（以前のローンの抵当権抹消費用、新たなローンの保証料・抵当権設定費用等）がかかります。利息軽減効果の検討は、諸費用も考慮した上で行う必要があります。

なお、公的融資は借換えには利用できません。

❷ 教育資金設計

◆ 教育資金の準備方法

教育資金の準備方法には、大きく分けてこども保険（学資保険）などの保険商品と一般財形貯蓄(→p.237)や積立定期預金などの積立商品を利用する方法があります。最近では、子どもが小さい家庭では、教育資金準備の一部を投資信託の積立で行う人も増えてきました。

教育資金の準備方法の例

こども保険、学資保険（生保、JA等）	・契約者を父母または祖父母、被保険者を子とする保険商品 ・満期時に**満期保険金**を受け取れる ・入学時に入学祝金を受け取れるタイプの商品もある ・保険契約者である親が死亡した場合、以後の保険料の払込みが**免除**される（入学祝金や満期金は受け取れる）。育英年金が受け取れるタイプの商品もある ・満期は、17歳・18歳・21歳・22歳など、保険会社や商品によって異なり、選択できる場合もある

◆ 奨学金

代表的な奨学金制度である日本学生支援機構の奨学金制度には、「給付型（返還不要）」と「貸与型」があります。

●給付型

給付型奨学金の対象者は、制度の対象となる大学等へ申請することにより授業料・入学金の減免も受けられます。対象となるのは、住民税非課税世帯およびそれに準ずる世帯の、進学先で学ぶ意欲のある学生です。意欲は成績だけでなくレポートなどでも評価されます。

●貸与型

「第一種奨学金」と「第二種奨学金」があります。返還困難な事情が生じた場合は「減額返還制度」や「返還期限猶予制度」を願い出ることができます。

- **第一種奨学金**…特に優れた成績などの学生で経済的理由により就学困難な人が対象。無利息。返還方式には、返還完了まで定額で返還する「定額返還方式」と前年の所得に応じてその年の毎月の返還額が決まり、返還期間が変動する「所得連動返還方式」がある
- **第二種奨学金**…有利息だが在学中は無利息

試験ではここが出る！

第一種奨学金は無利息、第二種奨学金は有利息だが在学中は無利息。

◆ 教育ローン

　公的機関のものと民間金融機関のものがあり、公的教育ローンである日本政策金融公庫の**教育一般貸付**が代表的です。これは**国の教育ローン**とも呼ばれます。日本学生支援機構の奨学金と重複して利用することも可能です。

教育一般貸付

・学費以外にも、受験費用、住居費用、教科書、学生の国民年金保険料など幅広く利用できる
・融資限度額…1人につき上限450万円（自宅外通学・修業年限5年以上の大学（昼間部）・大学院・海外留学の場合は450万円／それ以外の場合は350万円）
・返済期間……最長18年
・在学中は元金据置きで利息分だけ返済することも可能
・固定金利
・子の人数に応じた保護者の年収制限あり
・連帯保証人をつけられない場合は、教育資金融資保証基金の保証制度を利用することが義務づけられている
・日本学生支援機構の奨学金と重複して利用することも可能

試験では**ここが出る！**

国の教育ローンは固定金利、保護者の年収制限あり。最長返済期間もチェック。

練習問題

次の各記述のうち、正しいものに〇、誤っているものに×をつけなさい。

住宅資金設計

1. 返済期間や金利などの条件が同一であれば、元金均等返済方式のほうが、元利均等返済方式よりも返済初回の元金部分の返済が多い。

2. フラット35は、新築住宅の購入、建設時にのみ利用できる。中古住宅の購入資金としては利用できない。

3. フラット35は、保証人・保証料不要で利用できる。

4. 繰上げ返済額が一定額であれば、繰上げ実行時期が早いほど利息の軽減効果は大きくなる。

5. 変動金利型の住宅ローンに借り換えた場合、金利が上昇しても返済負担が増加することはないので返済がよりスムーズになる。

教育資金設計

6. こども保険の保険期間中に契約者である親が死亡した場合には、死亡保険金が支給される。

7. 教育一般貸付は、保護者の年収制限がないので希望すればだれでも利用することができる。

8. 教育一般貸付は、融資対象となる資金使途として、入学金や授業料だけでなく、アパートの家賃など学生の住居費用も認められる。

9. 日本学生支援機構の貸与型奨学金のうち、第一種奨学金は有利息だが在学中は無利息、第二種奨学金は有利息で在学中も利息の返済が発生する。

解答

1　○　元利均等返済方式は，全返済期間にわたって1回当たりの元利合計の返済額が同額となるように各回の元金部分の返済額が調整されているため，初回の元金部分の返済額は，元金均等返済方式よりも少ない。

2　×　フラット35は，中古住宅の購入資金としても利用できる。

3　○　フラット35は保証人・保証料不要。繰上げ返済手数料も不要である。

4　○　早い時期に繰上げ返済をすると，それだけ利息軽減効果が大きくなる。

5　×　変動金利型の住宅ローンにおいて借換え後に金利が上昇すると，返済額が多くなり，返済の負担が増加するリスクがある。

6　×　契約者である親が死亡しても死亡保険金は支給されないが，その後の保険料払込みが免除される。

7　×　教育一般貸付は，子の人数に応じた保護者の年収制限がある。

8　○　学校に支払う費用だけでなく，住居費用や国民年金保険料なども資金使途として認められる。

9　×　第一種奨学金は在学中も卒業後も無利息，第二種奨学金は有利息だが，在学中は無利息である。

今日も
パッチリだニャ

1日1歩、
3日で3歩

3 日目

42

社会保険

社員のために会社が負担するお金として、
給与のほかにさまざまな社会保険料があります。
3級では、社会保険には人びとの生活を
守ってくれる機能があると習いましたね。
この章では、医療保険、介護保険、
労災保険、雇用保険についてさらに理解を深めましょう。

❶ 社会保険の概要と 医療保険・介護保険

- ◆ 社会保険制度
- ◆ 公的医療保険制度
- ◆ 社会保険以外からの給付制度
- ◆ 公的介護保険制度

働き方や年齢で加入できる社会保険は異なる。各社会保険制度の加入条件や扶養・被扶養の条件、保険料負担、給付内容などを確認しよう。

❷ 労災保険と雇用保険

- ◆ 労災保険
- ◆ 雇用保険

業務上の災害に備える労災保険、失業や雇用の継続困難に備える雇用保険、それぞれの対象者や保険料負担、給付内容を確認しよう。

❶ 社会保険の概要と医療保険・介護保険

◆ 社会保険制度

　社会保険制度とは、国などの公的機関が保険者となって、病気やケガ、出産、死亡、老齢、業務災害、失業などの万が一の場合に、加入者やその家族に保険給付を行うことで生活を保障する制度です。**狭義**の社会保険は病気やケガに備える医療保険、介護が必要になったときにさまざまな介護サービスを受けることができる介護保険、年金を受け取ることができる年金保険の3つを指します。

　労働者災害補償保険（労災保険）と雇用保険の2つを**労働保険**といい、社会保険と労働保険を合わせて、**広義**の社会保険といいます。

社会保険の種類

医療保険・介護保険・年金保険	＋	労働保険（労災保険・雇用保険）

　会社員、自営業者、公務員などの職業によって、加入する社会保険と労働保険の種類は異なります。

◆ 公的医療保険制度

　公的医療保険は、職域保険である健康保険と、地域保険である国民健康保険に分かれます。

1．健康保険

　健康保険には、健康保険組合が保険者の組合管掌健康保険（**組合健保**）と全国健康保険協会が保険者の全国健康保険協会管掌健康保険（**協会けんぽ**）があります。大企業の会社員はおもに組合健保、中小企業の会社員はおもに協会けんぽに加入します。

試験では**ここが出る！**

　保険料は労使折半、扶養者・被扶養者の収入要件は要チェック。次頁の表で確認しよう。

対象者

… 役員、従業員等＊（被保険者）およびその被扶養者

　＊パートタイマー・アルバイト等でも事業所と常用的使用関係にある場合は、被保険者となる。１週間の所定労働時間および１ヵ月の所定労働日数が同じ事業所で同様の業務に従事している一般社員の3/4以上である人は被保険者とされる。また、一般社員の所定労働時間および所定労働日数の3/4未満であっても、下記の５要件をすべて満たす場合は、被保険者になる。

1．週の所定労働時間が20時間以上あること
2．雇用期間が２ヵ月を超えて見込まれること
3．賃金の月額が8.8万円以上（年収106万円以上）であること
4．学生でないこと
5．常時従業員が101人以上の企業（特定適用事業所）に勤めていること。なお、特定適用事業所の企業規模要件は段階的に引き下げられる。2024年10月より従業員51人以上の企業

被扶養者

… 原則として日本国内に住所を有しており、健康保険の被保険者に
扶養される人（年収が130万円（60歳以上・障害者は180万円）未
満で、かつ被保険者の年収の1/2未満である人）

※年収が130万円以上の場合でも、パート・アルバイトで働く人の収入が繁忙期などに一時的
に上がった場合には、事業主がその旨を説明することで、引き続き被扶養認定を可能とする
仕組みが作られている。

協会けんぽの保険料

… 都道府県ごとに保険料率は異なり、 A の金額を労使折半する

（被保険者の標準報酬月額＋標準賞与額）×保険料率＝ A

※組合健保の保険料率は一定の範囲内で組合で決めることができる。
※事業主が申し出ることにより、産前産後休業期間中・育児休業期間中・産後パパ育休期間中
の健康保険料は、被保険者負担分・事業主負担分ともに免除される。

おもな給付の種類とその内容

療養の給付	日常生活（業務災害以外）の病気、ケガについて、診察、投薬、入院、手術などの治療が受けられる。 自己負担割合は、原則として、被保険者・被扶養者ともに3割（小学校入学前の被扶養者は2割、70歳以上75歳未満は被保険者・被扶養者ともに2割、ただし現役並み所得者は3割）
高額療養費	同一月に同一の医療機関の医療費の自己負担額が一定額を超えた場合、超えた部分について高額療養費が支給される。事前に保険者から「所得区分」の認定証を発行してもらうことにより、医療機関の窓口での支払を負担の上限額までにとどめることもできる。保険適用外の差額ベッド代などは対象外となる
傷病手当金	被保険者が、病気やケガのため働けず給与が受けられない場合に、会社を連続する3日間を含み4日以上休んだときに欠勤4日目から通算1年6ヵ月までの間支給される
	1日当たりの支給額：支給開始日以前の継続した12ヵ月間の各月の標準報酬月額の平均÷30×2/3

出産手当金	被保険者が、出産のため働けず給与が受けられない場合に、出産前の42日間、出産後の56日間のうちで仕事を休んだ日数分の金額が支給される
	1日当たりの支給額：支給開始日以前の継続した12ヵ月間の各月の標準報酬月額の平均÷30×2/3
出産育児一時金（家族出産育児一時金）	被保険者または被扶養者が妊娠4ヵ月以上で出産した場合（死産、流産、婚姻外も含む）、1児ごとに50万円（産科医療補償制度に加入している病院等で出産した場合）が支給される
埋葬料（家族埋葬料）	被保険者または被扶養者の死亡によって遺族が葬儀を行った場合、一律5万円が支給される

試験ではここが出る！

療養の給付の自己負担額割合、高額療養費の自己負担限度額、傷病手当金の支給期間は頻出。

高額療養費の対象となる場合の70歳未満の医療費の自己負担限度額	
所得区分	**自己負担限度額**
標準報酬月額83万円〜（年収約1,160万円〜）	252,600円＋（医療費−842,000円）×1%
標準報酬月額53万円〜79万円（年収約770万円〜約1,160万円）	167,400円＋（医療費−558,000円）×1%
標準報酬月額28万円〜50万円（年収約370万円〜約770万円）	80,100円＋（医療費−267,000円）×1%
標準報酬月額26万円以下（〜年収約370万円）	57,600円
住民税非課税世帯（低所得者）	35,400円

※差額ベッド代や食事療養費、先進医療にかかる費用などは、高額療養費の対象にはならない。

2. 国民健康保険

　国民健康保険は、都道府県・市区町村が保険者になるものと、国民健康保険組合が保険者になるものがあります。

都道府県・市区町村の国民健康保険

対象者……自営業者やフリーター、定年退職した人などで、都道府県に住所があり、健康保険に加入できない人（窓口は市区町村）

保険料……前年の所得をもとに算出し、被保険者が全額を負担する

給付内容…健康保険とほぼ同じだが、業務上の病気やケガも対象となる。一般的に出産手当金と傷病手当金の給付はない

3. 後期高齢者医療制度

対象者…国内に住む75歳（一定の障害がある人は65歳）以上の高齢者（健康保険や国民健康保険の被保険者は75歳になると資格を喪失し、後期高齢者医療保険制度の被保険者となる）

保険料…自己負担額は医療費の1割だが、現役並みの所得がある人は3割*。2022年10月1日からは、一定以上の所得のある人は現役並み所得がある人を除き、2割に引き上げられた。ただし、2022年10月から2025年9月までは、負担割合引上げに伴う1ヵ月の負担増加額は3,000円までに抑えられる。保険料は各都道府県ごとの後期高齢者医療広域連合によって決められ、公的年金等からの天引きで徴収されるのが原則

*ただし、一定の条件を満たす場合は申請により1割とすることも可。

試験では ここが出る！

対象年齢、保険料の自己負担割合を確認。

4. 退職者向けの公的医療保険

　退職後に再就職しない場合には、いずれかの公的医療保険に加入しなければなりません。公的医療保険への加入方法には次の3つがあります。

退職後の公的医療保険

任意継続 被保険者となる	加入してきた健康保険制度に引き続き加入し続ける方法。 条　　　　件：継続した被保険者期間が2ヵ月以上 加入手続き：退職日の翌日から20日以内 保　険　料：全額自己負担 加　入　期　間：退職後2年間
国民健康保険 に加入する	条　　　　件：他の公的な医療保険に加入していない 　　　　　　　生活保護を受けていない 加入手続き：退職日の翌日から14日以内 保　険　料：全額自己負担
家族の健康保険の 被扶養者となる	条　　　　件：年間収入が130万円（60歳以上・障害者は180万円） 　　　　　　　未満で、かつ被保険者の年間収入の1/2未満 保　険　料：負担なし

試験ではここが出る！

任意継続被保険者の「2ヵ月以上」「20日以内」「2年間」「全額自己負担」を覚えよう。

◆　社会保険以外からの給付制度

　健康保険からの給付ではありませんが、2023年1月から「出産・子育て応援交付金」制度が創設され、恒久化が目指されています。

　妊娠届出時に5万円相当、出生届出時に5万円相当の経済的支援が行われるもので、経済的支援は市区町村（民間等への委託も可）を通じて行われ、支援の実施方法は以下のような方法の中から、各自治体が判断します。

出産・子育て応援交付金による支援の例

・給付金（現金）

・出産・育児関連商品の商品券（クーポン）

・妊婦検診交通費やベビー用品等の費用助成

・産後ケア・一時預かり・家事支援サービス等の利用料の助成や減免

◆ 公的介護保険制度

　公的介護保険制度は、各市町村が運営しています。被保険者は年齢によって第1号被保険者と第2号被保険者に分けられます。

　被保険者に必要な介護サービスを組み合わせて作成する「ケアプラン」は、一般的にケアマネジャーに作成を依頼しますが、被保険者自身がつくることも可能です。

公的介護保険の概要

	第1号被保険者	第2号被保険者
対象者	65歳以上の人	40歳以上65歳未満の人
受給者	要介護者（1〜5の5段階） 要支援者（1〜2の2段階）	老化に起因する特定疾病によって、要介護者・要支援者になった場合のみ
保険料	・市区町村が所得に応じて決定 ・年金が年額18万円以上の人は年金から天引きで納付。それ以外の人は個別に市町村に納付	健康保険の場合：加入している医療保険に上乗せして徴収 国民健康保険の場合：前年の所得等に応じて決定
自己負担	原則として1割*	

＊第1号被保険者は、合計所得金額が一定額以上の場合は2割負担もしくは3割負担となる。負担割合は合計所得金額のほか、世帯人数によっても異なる。
また、介護保険施設入居者やショートステイ利用者の居住費・食費は原則として全額自己負担だが、低所得者へは助成が行われる。

試験ではここが出る！

第1号・第2号被保険者の年齢区分、自己負担割合を確認。

❷ 労災保険と雇用保険

◆ 労災保険

　労働者災害補償保険（労災保険）は、業務上または通勤による負傷、疾病、障害、それに伴う介護、死亡に対して保険給付を行います。政府（厚生労働省）が保険者として運営し、都道府県労働局・労働基準監督署が窓口となります。1人でも労働者を使用する事業所は**強制的**に加入が義務づけられており、**すべての**労働者（パートタイマー、アルバイト、外国人を含む）が対象となります。

　中小事業主や自営業者、海外派遣者などは労災保険の適用は受けませんが、**特別加入制度**があり、申請によって任意加入できます。また、保険料は、**全額事業主**が負担します。労災保険料率は業種によって異なります。

　業務災害の場合は**療養補償給付**、通勤災害の場合は**療養給付**となります。通勤災害と認められるには、通勤と負傷・疾病などとの因果関係が必要になり、合理的な経路や方法を使っていたか、経路からの逸脱はないかなどが問われます。通勤途中で合理的な経路を逸脱・中断して私的な行動をした場合や、中断・逸脱後の経路で起こったケガなどは、原則通勤災害として認められません。ただし、日常生活上必要な行為を行う場合には、逸脱・中断している間は通勤とは認められませんが、通常の経路に戻った時点からは認められます。

＋α 「日常生活上必要な行為」とは？

　スーパーで食料品や日用品を買ったり、クリーニング店に立ち寄ったり、病院や診療所で治療を受けたりすることをいう。

療養補償給付	負傷または疾病の場合に労災指定病院等で必要な治療が受けられる。療養補償給付では自己負担がないが、療養給付の場合は労働者の一部負担金がある
休業補償給付	負傷または疾病により働けず、賃金を受けられない場合に休業4日目から、1日につき給付基礎日額の60％相当額と休業特別支給金として20％相当額が支給される
傷病補償年金	負傷または疾病が1年6ヵ月を経過しても治らず、一定の傷病等級に該当する場合に支給される
障害補償給付	負傷または疾病が治癒したが、一定の障害が残り、その障害の程度が一定の障害等級に該当する場合に支給される
遺族補償給付	労働者が死亡した場合に、生計維持関係にあった遺族に年金または一時金が支給される。受給順位は、配偶者、子、父母、孫、祖父母、兄弟姉妹の順。先順位の者が権利を失った場合、次順位の者に受給権が移る（転給）。年金の支給額は、受給権者と生計を同じくする受給資格者数に応じて異なる
葬祭料	死亡した場合、葬祭を行う者に葬祭料が支給される

◈ 雇用保険

雇用保険とは、労働者が失業した場合や雇用の継続が困難になったときに必要な給付を行う制度です。政府（厚生労働省）が保険者として運営し、公共職業安定所（ハローワーク）が窓口となります。

1．対象者

雇用保険適用事業所で雇用される一定基準を満たす労働者が対象となり、原則として法人の役員や、個人事業主とその家族は、雇用保険の対象外です。

＋α　雇用保険マルチジョブホルダー制度

複数の事業所で勤務する65歳以上の労働者が、そのうち2つの事業所での勤務を合計して一定の要件を満たす場合に、本人から申出を行うことで、申出を行った日から特例的に雇用保険の被保険者（マルチ高年齢被保険者）となることができる制度（従来の雇用保険制度では、主たる事業所での労働条件が1週間の所定労働時間20時間以上かつ31日以上の雇用見込み等の適用要件を満たさなければ適用されない）。

2．給付の内容

①一般被保険者（65歳未満の人など）の基本手当（求職者給付）

受給要件………離職前の2年間に被保険者期間が通算12ヵ月以上あり、働く意思と能力がある65歳未満*の人。倒産、解雇等の場合には、離職前の1年間に被保険者期間が通算6ヵ月以上あること

受給期間………原則として離職の日の翌日から1年間
出産、育児等で就業できない場合は、さらに最大3年間受給延長が可能

待期期間………7日間の**待期期間**がある。2020年10月1日以降に自己都合退職した場合は、7日間の待期期間に加え5年間のうち2回までは2ヵ月間の給付制限期間があり、3回目以降や、自己の責めに帰すべき重大な理由で退職した場合は3ヵ月間の給付制限期間がある

基本手当日額…賃金日額**のおよそ5割〜8割（60歳以上65歳未満の人は4.5割〜8割）

*65歳以上は「高年齢被保険者」として「高年齢求職者給付金」が支給される。基本手当日額の30日分または50日分に相当する金額が、支給要件を満たすたびに一時金として支給される。
**原則として、被保険者期間として計算された最後の6ヵ月間に支払われた賃金の総額（臨時に支払われた賃金等を除く）を180で割った額。基本手当日額は年齢区分ごとにその上限額が定められている。

所定給付日数…以下のとおり

〈基本手当の給付日数〉

●自己都合・定年退職などの場合

年齢＼被保険者期間	1年以上10年未満	10年以上20年未満	20年以上
全年齢	90日	120日	150日

●解雇・倒産など一定の離職者

年齢＼被保険者期間	1年未満	1年以上 5年未満	5年以上 10年未満	10年以上 20年未満	20年以上
30歳未満	90日	90日	120日	180日	―
30歳以上35歳未満		120日	180日	210日	240日
35歳以上45歳未満		150日	180日	240日	270日
45歳以上60歳未満		180日	240日	270日	330日
60歳以上65歳未満		150日	180日	210日	240日

②高年齢求職者給付金

離職の日以前1年間に、被保険者期間が通算して6ヵ月以上ある、65歳以上の被保険者（高年齢被保険者）が失業した場合に、被保険者期間に応じて定められた給付日数分が一括で支給されます。

給付金の支給日数

被保険者であった期間	1年未満	1年以上
支給日数	30日分	50日分

③教育訓練給付

　雇用保険の被保険者（または被保険者であった人）が、厚生労働大臣の指定する講座を受講し、修了した場合に、かかった費用の一部が支給される制度です。教育訓練の種類には、「一般教育訓練」のほか、速やかな再就職と早期のキャリア形成に資する教育訓練に対して受講費用の40％（上限は年間20万円）が支給される「特定一般教育訓練」、中長期的キャリア形成に資する教育訓練に対して受講費用の50％（上限は年間40万円）が支給される「専門実践教育訓練＊」があります。

＊資格取得かつ訓練終了後1年以内に雇用保険の被保険者として雇用された場合は、受講費用の20％（上限は年間16万円）が追加で支給される。

一般教育訓練給付

　　給付を受けられる人：雇用保険の被保険者期間が**3年以上**（初受講
　　　　　　　　　　　　の場合は1年以上）
　　給付額：受講費用の**20％**（上限は年間10万円）

④雇用継続給付

　雇用の継続を援助、促進することを目的とし、雇用の継続が困難な場合に給付されます。おもに**高年齢雇用継続給付、介護休業給付**があります。

●高年齢雇用継続給付

- ・60歳以上65歳未満で、被保険者期間5年以上の被保険者が、60歳以降の賃金が60歳時点に比べて75％未満となった場合、各月の賃金額の最大15％相当額（15％となるのは賃金が61％未満となった場合）が支給される
- ・雇用保険の基本手当を受給せずに雇用を継続した場合には、高年齢雇用継続基本給付金が支給される
- ・基本手当を受給後、基本手当の支給日数を100日以上残して再就職した場合には、高年齢再就職給付金が支給される

試験では**ここが出る！**

年齢、被保険者期間、賃金の条件と最大支給割合をチェック。

●介護休業給付

- ・要介護状態にある配偶者や父母、配偶者の父母、子、祖父母、兄弟姉妹、孫を介護するために休業する被保険者で、休業開始前2年間に賃金支払基礎日数が11日以上ある月が12ヵ月以上あり、一定の要件を満たした場合、介護休業給付金が支給される（対象家族1人につき通算93日間、3回まで分割可能）
- ・支給額は休業開始前賃金の67％相当額

⑤育児休業給付

　原則１歳未満の子を養育するために育児休業（２回まで分割取得できる）を取得した場合には、一定の要件を満たすと「育児休業給付金」の支給を受けることができます。

　また、「休業開始日前２年間に賃金支払基礎日数が11日以上ある月が12ヵ月以上ある」等の一定の要件を満たす雇用保険の被保険者が、子の出生後８週間の期間内に合計４週間分（28日）を限度として、産後パパ育休（出生時育児休業・２回まで分割取得できる）を取得した場合、一定の要件を満たすと「出生時育児休業給付金」の支給が受けられます。

　育児休業給付金・出生時育児休業給付金ともに、支給額は休業開始時賃金の67％（休業開始後６ヵ月経過後は50％）です。

育児休業と産後パパ育休（2022年10月〜）

	育児休業	産後パパ育休 （育児休業とは別に取得可能）
対象期間・ 取得可能日数	原則子が１歳（最長２歳）まで	子の出生後８週間以内に４週間 まで取得可能
申出期限	原則１ヵ月前まで	原則休業の２週間前まで
分割取得	分割して２回取得可能 （取得の際にそれぞれ申出）	分割して２回取得可能 （初めにまとめて申出が必要）
休業中の就業	原則就業不可	労使協定を締結している場合に 限り、労働者が合意した範囲で 休業中に就業することが可能
１歳以降の 再取得	保育所に入所できない等の特別 な事情がある場合に限り再取得 可能	－

3. 保険料

　雇用保険の保険料は、事業主と被保険者が負担します。業種によって保険料率や被保険者の負担は変わります。

社会保険

練習問題

次の各記述のうち、正しいものに〇、誤っているものに×をつけなさい。

社会保険の概要と医療保険・介護保険

1. 国民健康保険には一般的に傷病手当金の給付はない。

2. 健康保険の適用事業所で働く75歳未満の人が75歳になったときは、健康保険を脱退して後期高齢者医療制度に加入する。

3. 要介護認定を受けた被保険者が介護保険施設を利用した場合、利用者は原則として1割を負担するが、食費と居住費の負担はない。

労災保険と雇用保険

4. 労災保険の保険料は企業の従業員数によって定められている。

5. 休業補償給付は、休業して5日目から支給される。

6. 自己都合退職の場合、雇用保険の基本手当は受給資格の決定から7日間の待期期間後、支給が開始される。

7. 一定の家族を介護するために休業しなければならなくなった場合、介護休業給付金を受給することができるが、介護休業給付の支給額は休業開始前賃金の60%相当額である。

解答

1　〇　国民健康保険には一般に傷病手当金や出産手当金の給付はない。

2　〇　「後期高齢者医療制度」の対象は、国内に住む75歳（一定の障害がある人は65歳）以上の高齢者である。

3　×　食費と居住費は、全額が利用者負担になる。ただし低所得者には助成がある。

4　×　労災保険料率は事業の種類によって決められており、従業員の数によってではない。

5　×　休業して4日目から支給される。

6　×　7日間の待期期間の後、さらに2ヵ月間もしくは3ヵ月間の給付制限期間がある。

7　×　介護休業給付金は、休業開始前賃金の67%相当額である。

ずっと、
安定した生活を
送りたいニャ

4 日目

42

リタイアメント・プランニング、公的年金制度の概要

超高齢社会においてゆとりのある老後を送るには、
リタイアメント・プランニングが
ますます必要になってくるでしょう。
公的年金制度の概要と、
国民年金の被保険者・保険料についても理解を深めましょう。

❶ リタイアメント・プランニング

◆ リタイアメント・プランニングの基礎知識

　リタイアメント・プランニングとは、自分の希望する老後をどのように生きていくかの生活資金設計を立てることです。「**生きがい**」「**生活資金**」「**健康（医療保障）**」の分野で考えます。

1．リタイアメント・プランニングの基本

　夫婦2人の老後に必要な最低日常生活費は年間約278万円、ゆとりのある老後に必要な生活費は年間約455万円という調査結果があります*。

　これに対し、世帯主が60歳以上の2人以上無職世帯の実際の可処分

所得（実収入から税金と社会保険料を引いたもの）は1世帯当たり年間約264万円となっています。つまり、最低限の生活をするためには年間当たり約14万円、ゆとりのある生活をするためには年間当たり約191万円を自分たちで準備しなければならないのです**。

　年金受給開始年齢が65歳になったこと等もあり、最近は60歳以降も働く人が増えています。

　＊（財）生命保険文化センター「生活保障に関する調査」（2022年度）より。
＊＊総務省「家計調査」（2023年）より。

> **＋α　70歳までの就業機会確保**
>
> 2021年4月の改正高年齢者雇用安定法の施行により、70歳までの就業機会確保措置を講じることが努力義務となり、定年を65歳以上70歳未満に定めている事業主および65歳までの継続雇用制度を導入している事業主は以下の5つのいずれかの措置を講じるよう努めることとされた。
> （1）70歳までの定年の引上げ
> （2）定年制の廃止
> （3）70歳までの継続雇用制度（再雇用制度・勤務延長制度）の導入
> 　　　（特殊関係事業主に加えて、他の事業主によるものを含む）
> （4）70歳まで継続的に業務委託契約を締結する制度の導入
> （5）70歳まで継続的に以下の事業に従事できる制度の導入
> 　　　a.事業主が自ら実施する社会貢献事業
> 　　　b.事業主が委託、出資（資金提供）等する団体が行う社会貢献事業

2．老後の資産運用とは？

　老後の資産運用の考え方のポイントは次のようになっています。

- ・金融資産を「**生活資金**」「**予備資金**」「**余裕資金**」に分けて管理する
- ・ポートフォリオ運用でリスクを軽減する
- ・リスク許容度が在職中より低下するため、**収益性**より**安全性・流動性**を重視する
- ・各金融機関の**健全性**や金融商品の**セーフティネット**にも注意を払う

> セーフティネット？
> 詳しくは16日目に
> 勉強するニャ

3．老後の保障とは

老後の保障の考え方のポイントは次のようになっています。

・死亡保障より医療保障（医療保険、がん保険、介護保険、傷害保険
など）を重視する
・公的年金で不足する分を保険や貯蓄などで準備する
・相続が発生した場合を想定し、残された親族間で円滑な相続が行わ
れるような対策をとる

◆ 高齢者の住まい

1．リバースモーゲージ

リバースモーゲージとは、高齢者が自宅を担保にして老後資金を借りる
ことができる方法です。生きているうちに返済する義務はなく、本人が亡
くなった後に遺族などが担保不動産を売却し、そのお金で借りていたお金
を一括返済することができます。近年需要が増えており、取り扱う金融機
関も増えています。注意するポイントは次のとおりです。

・長生きリスク、担保割れリスク、金利上昇リスクなどがある
・対象者の条件が厳しい
・資金の使い道や対象となる不動産に制限がある

また、厚生労働省の生活福祉資金貸付制度の１つとして、総合支援資金、
福祉資金、教育支援資金と同じく不動産担保型生活資金の貸付けもありま
す。土地・建物を担保として、１ヵ月当たり30万円以内、土地評価の７
割程度を上限として貸付けを受けることができます。

2．高齢者向け住宅等

●サービス付き高齢者向け住宅

「高齢者の居住の安定確保に関する法律」に基づき、バリアフリー構
造などの一定基準を満たし、登録を受けた住宅。状況把握サービスや生

活相談サービスが受けられる。

●グループホーム

　要支援２以上で原則65歳以上の認知症高齢者で、施設がある自治体に住民票を持つ人が入居できる施設。少人数で専門スタッフから介護サービス、機能訓練等を受けながら、料理や掃除などの家事を分担し共同生活を送る。

●介護老人福祉施設（特別養護老人ホーム）

　公的な介護保険施設で、自宅で介護を受けることが難しい原則65歳以上で要介護３以上の人が対象。介護保険が適用されるため、１人当たりの入居費用は割安だが、個室が少ないなど、生活の質の面で問題が指摘されることもある。

◆ 成年後見制度

成年後見制度とは、認知症や知的障害などのために判断能力が不十分な人が、不利益をこうむらないように支援する制度です。法定後見制度と任意後見制度の２つがあります。

1．法定後見制度

　支援する人が、支援される人に代わって契約の取消しなどを行います。

法定後見制度の３つのパターン

	支援する人の呼び方	支援される人の呼び方	支援される人の状態
後見類型	成年後見人	被後見人	重度の精神障害などにより判断能力を欠く.
保佐類型	保佐人	被保佐人	重度の精神障害などにより判断能力が著しく不十分
補助類型	補助人	被補助人	軽度の精神障害などにより判断能力が不十分

2．任意後見制度

　十分な判断能力がある間に本人が自分自身の後見人を選出し、自分の判断能力が不十分になったらその人に援助をしてもらう制度です。あらかじめ公正証書をもって契約します。

・任意後見人には資格制限がなく、複数の個人、法人でも可能
・本人の判断能力が不十分になった場合、家庭裁判所が、後見人の仕事をチェックするための任意後見監督人を選任してから、後見人の職務が行えるようになる

3．成年後見登記制度

　後見人等の権限や法定および任意後見人の内容などを登記したものを、東京法務局がまとめて管理する登録制度です。成年後見人が本人に代わって財産の売買などをするとき、取引相手に登記事項の証明書を見せて、その権限を確認してもらうことがあります。

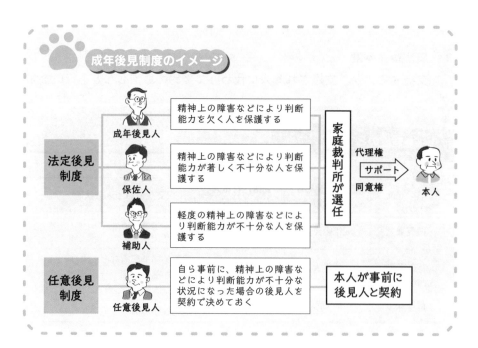

❷ 公的年金制度とは

　日本の公的年金は、国民皆年金であり、日本国内に住所を有する20歳以上60歳未満の人は、原則として全員が何らかの公的年金制度の対象となっています。すべての公的年金加入者には基礎年金番号が付番されており、公的年金の被保険者等や受給者１人につき１つの番号が割り当てられています。日本の年金の構造は、国民年金（基礎年金）を基礎とし、会社員などは厚生年金保険が上乗せされた２階建てとなっています。公的年金ではありませんが、勤務先によっては企業年金もあり、３階建てとなっている場合もあります。

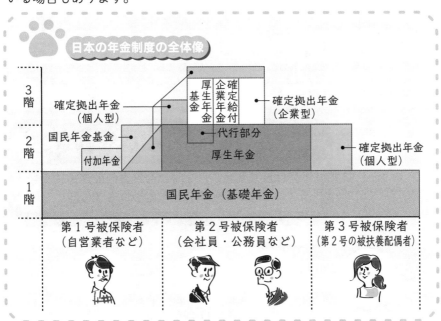

日本の年金制度の全体像

3階	確定拠出年金（個人型）	厚生年金基金／企業年金基金／確定給付	確定拠出年金（企業型）
2階	国民年金基金／付加年金	代行部分／厚生年金	確定拠出年金（個人型）
1階	国民年金（基礎年金）		
	第１号被保険者（自営業者など）	第２号被保険者（会社員・公務員など）	第３号被保険者（第２号の被扶養配偶者）

◆ 公的年金制度と年金給付の種類

公的年金制度には次の２つがあります。

国民年金………全国民共通。20歳以上60歳未満のすべての人が加入
厚生年金保険…民間の会社員や公務員などが加入

また、公的年金の給付には老齢給付、障害給付、遺族給付の3種類があります（→5日目、6日目で学習）。

国民年金の被保険者

国内に住所を有する20歳以上60歳未満の人は、すべて国民年金に加入しなければなりません。次の種別があります。

国民年金強制加入被保険者

種別	対象者
第1号被保険者	20歳以上60歳未満の自営業者、その配偶者。学生など
第2号被保険者	65歳未満の厚生年金の被保険者など、**被用者年金***の加入者(20歳未満または60歳以上の場合も含む)
第3号被保険者	第2号被保険者の被扶養配偶者で、20歳以上60歳未満の人

＊被用者年金…公的年金制度のうち、民間企業や官公庁等に雇用されている人が加入する年金。2016年10月より大企業に勤めているパートタイム労働者の厚生年金適用基準が拡大された。2022年10月より101人以上、2024年10月より51人以上の企業のパートタイム労働者等も厚生年金保険が適用されることになった。

試験ではここが出る！

1号は自営業者等、2号は会社員・公務員、3号は2号の被扶養配偶者。年齢要件も要確認。

厚生年金保険の適用事業所

強制適用事業所	・法人の事業所（事業主のみの場合を含む） ・原則として従業員5人以上の個人事業所
任意適用事業所	強制適用事業所でない事業所で、事業主が従業員の1/2以上の同意を得た上で厚生労働大臣に認可を受けた適用事業所

任意加入被保険者

次の条件に該当する人は、加入は義務づけられていませんが、希望して

一定条件を満たせば65歳になるまで国民年金に任意加入できます。

- ・老齢基礎年金の受給資格のない人
- ・老齢基礎年金の受給資格はあるが、満額受給ができない場合などで、年金額を増やしたい人
- ・日本国籍があっても日本に住所がない人

◆ 特例任意加入

　1965年4月1日以前生まれであり、65歳に達しても老齢基礎年金の受給資格期間が不足しているが、65歳から70歳に達するまでの間に受給資格期間を充足する人は、70歳になるまで国民年金に任意加入できます。

◆ 種別変更

　就職や退職・転職、結婚などで国民年金の種別が変わった場合には、届出が必要になります。

　結婚などで第2号被保険者から第3号被保険者に種別が変更になる場合、扶養する人の勤務先または健康保険組合を経由し、管轄の年金事務所へ第3号被保険者の種別変更の届出を行わなければなりません。

　なお、2005年4月以降、第3号被保険者としての未届期間を届け出ればすべて保険料納付済期間に算入されるようになりました。すでに年金を受け取っている人も対象です（「**第3号被保険者の特例届出制度**」）。

◆ 年金額の改定

　公的年金額の改定は毎年4月に、基本的に前年の物価変動や賃金の変動に応じて行われますが、マクロ経済スライド（公的年金の被保険者の減少や平均寿命の伸びに基づいて年金の給付水準を自動的に調整するしくみ）により、賃金や物価の上昇率よりも年金額の上昇率は低く抑えられます。

◆ 保険料

　公的年金保険の保険料は次ページのとおりです。

種別	保険料
第1号被保険者	月額16,980円（2024年度価格）*
第2号被保険者	（標準報酬月額＋標準賞与額）×18.300%で算出した金額を**労使折半する**＊＊
第3号被保険者	保険料負担はない

＊保険料免除制度等はp.67参照。
＊＊産前産後休業を取得している厚生年金保険の被保険者の厚生年金保険料は、所定の手続きにより、被保険者負担分・事業主負担分ともに免除される。

1．保険料の納付期限

　原則として**翌月末日**までです。第1号被保険者の保険料の納付方法には、金融機関、郵便局、コンビニエンスストア等の窓口での納付のほか、口座振替納付、クレジットカード納付、電子納付があります。納付の時効である2年を経過すると納付できなくなります。第1号被保険者が一定の要件を満たした場合、保険料が免除または猶予される制度があります（→p.67）。

2．前納（第1号被保険者）

　翌月末日納付の例外として、**前納**があります。当月末振替（早割）、6ヵ月前納、1年前納、2年前納があり、保険料をまとめて納めることで割引率が高くなります。

第1号被保険者の保険料の納付期限

原則	翌月末日
例外	①口座振替（当月末日引落し） ②前納（6ヵ月前納、1年前納、2年前納） ｝ 保険料の割引あり
ポイント	保険料が未納の場合、さかのぼって2年以内の分しか支払うことができない

試験では**ここが出る！**

未納保険料の納付期限は 2 年以内。

◆ 共済年金について

　公務員などが加入していた共済年金は、2015年10月から厚生年金に統合され、制度的な差異は厚生年金に揃えて徐々に解消されていきます。保険料率は厚生年金保険料率（上限18.300%）に揃えられ、共済年金の職域加算部分は廃止されます（ただし、経過的職域加算の支給あり）。

Chapter **1** Section **4**

リタイアメント・プランニング、公的年金制度の概要

練習問題

次の各記述のうち、正しいものに〇、誤っているものに×をつけなさい。

リタイアメント・プランニング

1．会社を定年退職した後、安定した資金をつくるために退職金の全額を上場株式に投資した。

2．老後の資金について、金融商品のセーフティネットよりも、各金融機関の健全性に注意しなければならない。

3．リバースモーゲージとは、自宅を担保として銀行等から資金を借りる方法である。

4．成年後見人は、支援される人が直接指名し、任命する。

5．任意後見制度は、軽度の精神障害がある人の代わりに契約や取消しを行うことである。

6. 第3号被保険者には保険料納付義務がない。

7. 老齢基礎年金の受給資格のない65歳以上の者は、一定期間、国民年金に任意加入することができる。

8. 共済年金は、2015年10月から厚生年金に統合されて、制度的な差異は解消されていく。

9. 18歳で会社員のAさんは、国民年金の第2号被保険者となる。

10. 結婚などで第2号被保険者から第3号被保険者に種別が変更になる場合、その年の1月1日時点の住所がある市区町村役場に、種別変更の届出を行わなければならない。

11. 国民年金保険料が未納の場合には、納付期限から3年以内であれば、さかのぼって納付することができる。

解答

1　×　老後の生活資金を補うために、リスクの高い金融商品のみに投資するのは適切ではない。分散投資を心がけるべきである。

2　×　各金融機関の健全性と金融商品のセーフティネットは、同じように気を付けなければならない。

3　○　リバースモーゲージとは金融商品の1つで、自宅を担保として資金を調達する方法である。

4　×　成年後見人は家庭裁判所が選任する。

5　×　任意後見制度は、十分な判断能力がある間に本人が自分の後見人を選出し、判断能力が不十分な状況になったときに備えるものである。

6　○　記述のとおり。なお、第1号被保険者の保険料は月額16,980円、第2号被保険者の保険料は（標準報酬月額＋標準賞与額）×18.300％で算出した金額の労使折半である。

7　○　特例任意加入という。

8　○　共済年金は、2015年10月から厚生年金に統合され、制度的な差異は徐々に解消される。

9　○　20歳未満であっても、厚生年金の被保険者は第2号被保険者となる。

10　×　この場合、扶養する人の勤務先または健康保険組合を経由し、管轄の年金事務所へ第3号被保険者の種別変更の届出を行わなければならない。

11　×　国民年金保険料が未納の場合には、2年以内であれば、さかのぼって納付することが可能である。

てくてく…

5 日目

42

老齢給付

公的年金の給付には
老齢給付、障害給付、遺族給付の３つがあります。
５日目は、まずは老齢給付について
みていきましょう。

❶ 老齢基礎年金

- ◆ 老齢基礎年金の受給資格期間
- ◆ 老齢基礎年金の繰上げ受給・繰下げ受給
- ◆ 老齢基礎年金の年金額

自営業者等も会社員・公務員も専業主婦等も受給する、老齢基礎年金。受給要件、保険料、年金額の計算方法、繰下げ受給・繰上げ受給などを確認しよう。

❷ 老齢厚生年金

- ◆ 老齢厚生年金の受給要件と年金額
- ◆ 老齢厚生年金の繰上げ受給・繰下げ受給
- ◆ 在職老齢年金
- ◆ 離婚時の年金分割制度
- ◆ 老齢年金生活者支援給付金

会社員などが受給する老齢厚生年金。受給要件と年金額の計算方法、受給開始時期の違い、在職老齢年金、繰下げ受給・繰上げ受給などを確認しよう。

❶ 老齢基礎年金

◆ 老齢基礎年金の受給資格期間

公的年金は、原則として**受給資格期間**が**10年以上**あれば、65歳から老齢基礎年金を受給することができます。受給資格期間とは、**保険料納付済期間、保険料免除期間、合算対象期間**（**カラ期間**）（→p.68）の3つを合計したものです。

1．保険料納付済期間
保険料納付済期間とは次のような期間です。

- ・第1号被保険者として国民年金の保険料を納めた期間
- ・第2号被保険者のうち20歳以上60歳未満の期間
- ・第3号被保険者の期間

2．保険料免除期間

　第１号被保険者は、所得が少ないなど保険料を納めることが難しい場合、法定免除や申請による**免除**を受けることができます。その期間は未納の扱いにはならず、免除割合に応じて受給資格期間に算入されます。

保険料の免除と老齢基礎年金額への影響

区分	免除方法	年金額への反映
法定免除	申請不要（届出）	免除期間の1/2
全額免除	申請する （申請免除）	免除期間の1/2
3/4免除		免除期間の5/8
1/2免除		免除期間の3/4
1/4免除		免除期間の7/8

＋α　法定免除と申請免除

法定免除：一定の要件を満たしていれば、保険料が全額免除
　・生活保護の生活扶助を受けている
　・障害基礎年金ならびに被用者年金の障害年金（２級以上）を受けている
　・国立ハンセン病療養所などで療養している
申請免除：所得が少なく、所得要件などを満たして本人が申請した場合に免除
→本人・世帯主・配偶者の前年所得が一定額以下の場合や失業した場合など、国民年金保険料を納めることが経済的に困難な場合に、本人が申請書を提出し、承認されると保険料の納付が免除（全額、４分の３、半額、４分の１）される。

●産前産後の免除制度

　2019年４月１日以降、国民年金第１号被保険者で出産日が2019年２月１日以降の人は、出産予定日または出産日が属する月の前月から４ヵ月間、国民年金保険料が免除されます。多胎妊娠の場合には、出産予定日または出産日が属する月の３ヵ月前から６ヵ月間の国民年金保険料が免除されます。産前産後期間として認められた期間は、将来、被保険者の年金額を計算する際に、保険料を納めた期間として扱われます。

3．合算対象期間（カラ期間）

　合算対象期間とは、任意加入できたのに任意加入しなかった期間など
で、年金額の計算には反映されないけれど受給資格期間には反映される
期間のことです。次のような場合があります。

・厚生年金・共済年金加入者の配偶者で国民年金に任意加入しなかっ
　た期間（1961年4月〜1986年3月の間のうち、20歳以上60歳未
　満の期間）
・1961年4月以前の厚生年金・共済年金加入期間
・第2号被保険者のうち20歳前と60歳以降の期間
・1991年3月以前に20歳以上の学生で、任意加入しなかった期間
　（学生は1991年4月から強制加入）

4．保険料の猶予制度

　法定免除と申請免除によって保険料が免除された期間は、老齢基礎
年金の年金額に反映されますが、**学生納付特例期間と納付猶予期間**
（かつ、追納しなかった期間）については、**年金額に反映されません。**

試験では**ここが出る！**

免除期間は年金額に反映されるが、保険料納付猶
予期間は、追納しないと年金額に反映されない。

●学生納付特例制度

　第1号被保険者で、本人の所得が一定以下（家族の所得は問わない）
の学生が申請した場合、保険料の納付が猶予されます。

●納付猶予制度

　50歳未満の第1号被保険者で、本人および配偶者の所得が一定額以
下の人が申請した場合、保険料の納付が猶予されます。対象者は、従来

は30歳未満でしたが、2016年7月から2030年6月までは50歳未満となっています。

5. 追納

　保険料の免除または猶予を受けた期間については、10年以内なら追納することができます。その場合、保険料の納付期間は老齢基礎年金額に反映されます。

試験では ここが出る！

免除・猶予期間の保険料を追納すれば、年金額に反映される。

◆ 老齢基礎年金の繰上げ受給・繰下げ受給

　老齢基礎年金の受給は原則として65歳からですが、本人の希望によって繰上げ受給や繰下げ受給ができます。

1. 繰上げ受給（60歳から64歳の間で受給を開始する）

　繰上げ受給の場合、**繰上げた月数×0.4%**が年金額から減算されます。受給が早い分、次のようなデメリットがあります。

・減額されたままの金額が生涯続く
・65歳前に障害基礎年金（→p.83）や寡婦年金（→p.87）の受給資格が発生しても受給できない
・遺族年金の受給権が発生しても、65歳になるまでは繰上げ受給年金か遺族年金のどちらか1つしか受給できない

2．繰下げ受給（66歳から75歳の間で受給を開始する）

　繰下げ受給の場合、**繰下げた月数×0.7%**が年金額に加算されます。繰下げ受給をすると増額した年金額を一生受給することになります。受給が遅い分、75歳まで繰り下げれば増額率は1.84倍にアップします。繰下げ請求をせず、66歳以後に、65歳にさかのぼって本来支給の年金をまとめて請求することもできます。なお、手続き時点から5年以上前の年金は時効により受け取れません。しかし、70歳以降に65歳からの年金をさかのぼって受け取ることを選択した場合は、請求の5年前に繰下げ受給の申出があったものとみなして、増額された年金を一括で受け取ることができます。

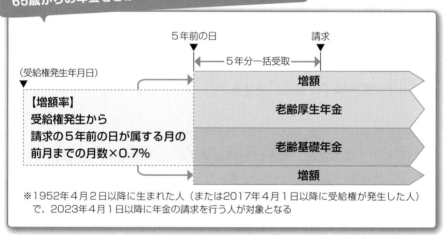

65歳からの年金をさかのぼって受け取るときの特例

5年前の日　　　　請求

←――5年分一括受取――→

（受給権発生年月日）

増額

【増額率】
受給権発生から
請求の5年前の日が属する月の
前月までの月数×0.7%

老齢厚生年金

老齢基礎年金

増額

※1952年4月2日以降に生まれた人（または2017年4月1日以降に受給権が発生した人）で、2023年4月1日以降に年金の請求を行う人が対象となる

◆ 老齢基礎年金の年金額

老齢基礎年金額の満額は**68,000円***（67歳以下の新規裁定者・2024年度の月額）です。

2024年度の年金額の改定（新規裁定者）は、物価変動率（3.2％）が名目手取り賃金変動率（3.1％）よりも高いので名目手取り賃金変動率を用いて計算されます。2024年度のマクロ経済スライドによる調整（▲0.4％）が行われ、2023年度に比べて2.7％増となります。

*1956年4月1日以前生まれの人の満額は月額67,808円。

1．老齢基礎年金の計算

老齢基礎年金の年金額の計算方法は次のとおりです。

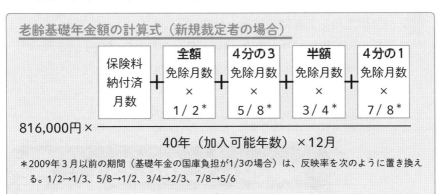

老齢基礎年金額の計算式（新規裁定者の場合）

$$816,000円 \times \frac{保険料納付済月数 + 全額免除月数 \times 1/2^* + 4分の3免除月数 \times 5/8^* + 半額免除月数 \times 3/4^* + 4分の1免除月数 \times 7/8^*}{40年（加入可能年数）\times 12月}$$

*2009年3月以前の期間（基礎年金の国庫負担が1/3の場合）は、反映率を次のように置き換える。1/2→1/3、5/8→1/2、3/4→2/3、7/8→5/6

例 山田さんの老齢基礎年金

たとえば、山田さん（下記）が65歳から受け取れる年金額は、

【山田さんの情報】

①保険料納付済期間　38年　◀━━━ 38年×12ヵ月＝456月

②学生納付特例期間　2年　◀━━━ 年金額に反映されない

（追納していない）

$$816,000 \times \frac{456}{480} = 775,200円$$

2. 付加年金

付加年金とは、**第1号被保険者だけが任意で加入できる**制度です。月額400円を付加保険料として納付すれば、以下の金額が老齢基礎年金額に上乗せされます。付加年金額の2年分と支払った付加保険料は同じなので、2年超受け取ると得になります。

保険料納付免除者や滞納者、国民年金基金に加入している人は付加年金に加入できません。

> 付加年金額＝200円×付加保険料納付期間（月数）

> **例** 付加保険料を2年間支払った場合
> 　2年分の付加保険料：400円×12ヵ月×2年＝9,600円
> 　付加年金額：200円×12ヵ月×2年＝4,800円（年）
> 　2年受け取ると：4,800円×2年＝9,600円
> 　3年受け取ると：4,800円×3年＝14,400円

試験ではここが出る！

付加保険料400円、付加年金200円は頻出。2年以上受け取ればモトがとれる。

3. 振替加算

振替加算とは、老齢厚生年金（退職共済年金）の加給年金額（→p.76）の対象になっていた配偶者の国民年金（基礎年金）に上乗せされるものです。

振替加算の額は、加給年金の対象になっていた配偶者の生年月日によって異なり、1966年4月2日以降生まれの人には支給されません。

❷ 老齢厚生年金

◆ 老齢厚生年金の受給要件と年金額

厚生年金保険に加入していた一定条件を満たす人は、65歳からは老齢厚生年金が受給できます。また、生年月日によっては、60歳から64歳まで特別支給の老齢厚生年金が受給できます。

1. 受給要件と受給開始年齢

特別支給の老齢厚生年金と65歳から受給できる老齢厚生年金の受給資格は老齢基礎年金の受給要件を満たしていることに加え、以下の要件を満たすことが必要です。

老齢厚生年金の受給要件

	特別支給の老齢厚生年金	老齢厚生年金
受給開始年齢	60歳〜64歳	65歳
厚生年金加入期間	1年以上	1ヵ月以上

特別支給の老齢厚生年金のうち定額部分の受給開始年齢は、1941年4月2日以降生まれの男性（会社員の女性は5年遅れ。ただし、公務員の女性は男性と同じ）から段階的に引き上げられています。

さらに、報酬比例部分も段階的に引き上げられ、最終的に、1961年4月2日以降生まれの男性、1966年4月2日以降生まれの女性は、特別支給の老齢厚生年金は受給できず、65歳から老齢厚生年金を受給することになります。

生年月日（西暦）	支給開始年齢		生年月日（西暦）	支給開始年齢	
	定額部分	報酬比例部分		定額部分	報酬比例部分
1941年4月1日以前	60歳	60歳	1949年4月2日～1953年4月1日	支給なし	60歳
1941年4月2日～1943年4月1日	61歳		1953年4月2日～1955年4月1日	支給なし	61歳
1943年4月2日～1945年4月1日	62歳		1955年4月2日～1957年4月1日	支給なし	62歳
1945年4月2日～1947年4月1日	63歳		1957年4月2日～1959年4月1日	支給なし	63歳
1947年4月2日～1949年4月1日	64歳		1959年4月2日～1961年4月1日	支給なし	64歳
			1961年4月2日以降	支給なし	支給なし

※会社員の女性は5年遅れ。公務員は男女同じ。

+α　特別支給の老齢厚生年金の成り立ち

1986年の改正で、老齢厚生年金の支給は65歳からになった。それまでは60歳からだったので、急にもらえなくなって困らないように、60歳から64歳までの"特別支給"の年金がある。

2. 年金額

老齢厚生年金の年金額のしくみを確認しましょう。

老齢厚生年金の年金支給のイメージ図

▼夫60歳　　　　　　　　　　　▼夫65歳

特別支給の老齢厚生年金 (a)報酬比例部分	老齢厚生年金
(b)定額部分	(d)経過的加算
	老齢基礎年金
(c)加給年金額	

▲妻65歳

試験ではここが出る！

年金額の計算は実技で頻出。計算式は提示されるので、計算の流れを覚えておこう。

（a）報酬比例部分

65歳以降に受給できる老齢厚生年金の年金額と同じで、在職中の報酬に応じて計算します。

報酬比例部分の年金額の計算式（本来水準の計算）

報酬比例部分＝①＋②

①平均標準報酬月額* × $\dfrac{7.125 \sim 9.5}{1,000}$ × 2003年3月以前の被保険者期間の月数

②平均標準報酬額** × $\dfrac{5.481 \sim 7.31}{1,000}$ × 2003年4月以降の被保険者期間の月数

※報酬比例乗率　① $\dfrac{7.125 \sim 9.5}{1,000}$　② $\dfrac{5.481 \sim 7.31}{1,000}$　は、生年月日によって異なる。

＊平均標準報酬月額：2003年3月以前の被保険者期間中の標準報酬月額を平均した額。標準報酬月額は、被保険者が事業主から受ける毎月の給料などの報酬の月額を区切りのよい幅で区分したもの。

＊＊平均標準報酬額：2003年4月以降の被保険者期間中の標準報酬月額と標準賞与額の総額を、2003年4月以降の被保険者期間の月数で割ったもの。

（b）定額部分

65歳以降に受給できる老齢基礎年金に相当する額です。在職中の報酬に関係なく決まるので定額部分といいます。

定額部分の年金額の計算式（本来水準の計算・新規裁定者の場合）

定額部分＝**1,701円×生年月日に応じた乗率* ×**

被保険者期間の月数（上限480月）　＊生年月日によって1.000〜1.875。

（c）加給年金額

　原則として厚生年金の被保険者期間20年以上の人が、特別支給の老齢厚生年金の定額部分が支給されたとき、あるいは、定額部分が支給されない場合は65歳になって老齢厚生年金が支給されるときに、生計を維持されている65歳未満の配偶者*や18歳到達年度末までの子ども、または１級・２級の障害の状態にある20歳未満の子どもがいる場合、それぞれの分が加給年金（2024年度234,800円** ３人目以降の子は各78,300円）として加算されます。

> ＊年金上の「配偶者」には、内縁関係にある「夫」「妻」も含まれる。
> ＊＊老齢厚生年金を受けている人の生年月日に応じて、配偶者の加給年金額に34,700円〜173,300円が特別加算される。

（d）経過的加算

　65歳になると老齢基礎年金の支給が始まりますが、20歳前または60歳以降の老齢厚生年金加入分が反映されないため、人によって減額となる場合があります。これを調整するのが経過的加算で、定額部分から老齢基礎年金相当額を差し引いた金額が加算されます。

経過的加算（2024年度価額）

経過的加算額（円未満四捨五入）＝1,701円×被保険者期間の月数

$$-816{,}000円 \times \frac{1961年4月以降で20歳以上60歳未満の厚生年金保険の被保険者期間の月数}{480月}$$

◆　老齢厚生年金の繰上げ受給・繰下げ受給

　特別支給の老齢厚生年金の報酬比例部分が61歳以降に支給される人は、老齢厚生年金の繰上げ受給を請求できます。繰上月数は60月が上限で、繰上げの減額率は、老齢基礎年金と同じく「繰上月数×0.4％」です（最大60月×0.4％＝24％）。老齢厚生年金の繰上げ請求をするときは、その請求と同時に老齢基礎年金の繰上げ受給の請求も行わなければなりません。

　また、老齢厚生年金も繰下げ受給の申し出ができます。ただし、特別支給の老齢厚生年金は繰下げ受給の対象にはなりません。繰下げの増額率

は、老齢基礎年金と同じく「繰下月数×0.7％」です（最大120月×0.7％
＝84％）。繰下げ請求は、老齢基礎年金、老齢厚生年金で同時に行う必要
はなく、いずれかのみ繰り下げることもできます。

試験では**ここが出る！**

繰上げ受給「0.4％」繰下げ受給「0.7％」を用いた計算は頻出。

例 繰上げ受給・繰下げ受給の計算例
・63歳まで（24ヵ月）繰上げした場合の減額率
　24×0.4％＝9.6％
・70歳まで（60ヵ月）繰下げした場合の増額率
　60×0.7％＝42％

◆ 在職老齢年金

　在職老齢年金とは、年金を受給している人が60歳以降も働いていると、
年金の一部または全部が支給されなくなる制度のことです。厚生年金加入
者で、総報酬月額相当額*と基本月額**の合計が50万円（支給停止基準
額）を超える人が対象となります。

　＊総報酬月額相当額…その月の標準報酬月額＋その月以前1年間の標準賞与額の総額÷12
＊＊基本月額（60歳台前半）…加給年金額を除いた特別支給の老齢厚生（退職共済）年金の月額
　　　　　　（60歳台後半）…加給年金額を除いた老齢厚生（退職共済）年金の月額

60歳台前半 (60歳〜64歳)	総報酬月額相当額＋基本月額＞50万円のとき →年金額が減額調整される
60歳台後半 (65歳〜69歳)	総報酬月額相当額＋基本月額＞50万円のとき →年金額（老齢厚生年金）が減額調整される 　ただし、老齢基礎年金は減額されない
70歳以降	60歳台後半と同じ。ただし、年金保険料の納付はない

＊在職老齢年金が満額受給できる場合
　①勤務先が厚生年金の適用事業所に該当しない
　②適用事業所でも、通常社員の労働時間の3/4未満で働く者など
　③自営業の場合　など

◆ 離婚時の年金分割制度

　2007年4月以降に離婚した場合は、夫婦間の合意、または裁判所の決定によって、**婚姻期間中の厚生年金**（夫婦の報酬比例部分の合計）を分割することができます。分割割合の上限は**1/2**で、夫婦で決めることができます（合意分割）。

　2008年5月以降に離婚した場合は、**夫婦間の合意がなくても2008年4月以降の第3号被保険者期間について、第2号被保険者の厚生年金の1/2**を分割することができます（3号分割）。

	合意分割	3号分割
年金分割の 対象期間	全婚姻期間	2008年4月以降の婚姻期間で、第3号被保険者であった期間
夫婦間の合意	必要（裁判所の決定でも可）	不要
分割割合	最大1/2	1/2

◆ 老齢年金生活者支援給付金

　「年金生活者支援給付金制度」は、消費税引上げ分を活用し、公的年金等の収入金額や所得が一定基準額以下の人に対する生活支援を目的として、年金に上乗せして給付金が支給される制度で、老齢年金生活者支援給付金、障害年金生活者支援給付金（→p.85）、遺族年金生活者支援給付金（→p.89）があります。

1．支給対象

　老齢年金生活者支援給付金は、以下の3つの支給要件をすべて満たしている人が対象となります。

> 支給対象
> ①65歳以上の老齢基礎年金の受給者である
> ②同一世帯の全員が市町村民税非課税である
> ③前年の公的年金等の収入金額*とその他の所得との合計額が878,900
> 　円以下である
> ＊ 障害年金・遺族年金等の非課税収入は含まれない。

2．給付額

　月額5,310円（2024年度）を基準に保険料納付済期間等に応じて算出され、原則として次の①、②の合計額となります。

> 給付額
> ①保険料納付済期間に基づく額（月額）
> 　＝5,310円×保険料納付済期間／被保険者月数480月
>
> ②保険料免除期間に基づく額（月額）
> 　＝11,333円×保険料免除期間／被保険者月数480月

練習問題

次の各記述のうち、正しいものに〇、誤っているものに×をつけなさい。

老齢基礎年金

1. 老齢基礎年金を繰上げ受給していると、寡婦年金の受給資格が発生しても受給できない。

2. 繰上げ受給をした場合、一生涯減額された同じ受給額が続く。

3. 受給者の生年月日に応じて、老齢基礎年金に加算される振替加算の額が決定する。

老齢厚生年金

4. 特別支給の老齢厚生年金が支給されるための条件の1つに、厚生年金保険の被保険者期間が3年以上ということがある。

5. 在職老齢年金は、総報酬月額相当額と基本月額の合計が50万円以下の場合には、全額が支給される。

解答

1 〇 障害基礎年金の場合も同様に、受給できない。
2 〇 なお、繰下げ受給をした場合は受給額は増額する。
3 〇 配偶者（老齢厚生年金等の被保険者）の生年月日ではないことに注意。
4 × 1年以上が正しい。
5 〇 在職老齢年金は、総報酬月額相当額と基本月額の合計が50万円超の場合は、老齢厚生年金額が減額調整される。

けっこう
進んだニャ

大事なところだから
眠っちゃだめだニャ

6日目

42

Chapter **1** ライフプランニング Section **6**

障害給付・遺族給付、
併給調整

5日目では、公的年金のうち老齢給付について学びましたね。
6日目では、残りの障害給付と遺族給付、
そして、年金の併給調整について知識を定着させましょう。

❶障害給付

- ◆ 障害基礎年金
- ◆ 障害厚生年金
- ◆ 障害年金生活者支援給付金

3つの受給要件（初診日・障害状態・保険料納付要件）を確認しよう。特に保険料納付要件は頻出。

❷遺族給付

- ◆ 遺族基礎年金（国民年金）
- ◆ 寡婦年金と死亡一時金
- ◆ 遺族厚生年金
- ◆ 遺族年金生活者支援給付金

受給資格期間（25年）をまず確認。受給できる遺族の条件（被保険者との関係、年齢等）を押さえておこう。

❸年金の請求手続きと併給調整等

- ◆ 年金の裁定請求
- ◆ 年金の受給開始と受給期間
- ◆ 年金の併給調整
- ◆ 公的年金と税金

年金の裁定請求先、年金の振込月、併給調整など、具体的な受給方法を確認しておこう。

❶ 障害給付

　所定の障害状態になった場合に支給される障害給付としては、国民年金の障害基礎年金、厚生年金の障害厚生年金があります。

◆ 障害基礎年金

　障害基礎年金を受給するためには、次の①〜③のすべての要件を満たすことが必要です。

> **障害基礎年金の受給要件**
>
> ①初診日に国民年金の被保険者であること*¹
>
> ②障害認定日*²に1級または2級の障害状態にあること
>
> ③保険料納付要件を満たしていること
>
> *1 ただし、国民年金の被保険者でない20歳未満の期間に初診日のある傷病に係る障害については、20歳以後、障害等級に該当する程度の障害の状態にあるときは支給される。
>
> *2 障害認定日…初診日から起算して1年6ヵ月を経過した日、またはその期間中に治癒した（症状が固定した）場合はその日を指す。

保険料の納付要件は以下のとおりです。

> **障害基礎年金保険料の納付要件**
>
> ・初診日の前日に、初診日がある月の前々月までの被保険者期間で、保険料納付済期間と保険料免除期間を合わせた期間が2/3以上あること
>
> ・上記に該当しない場合は、初診日が2026年3月31日までの場合、初診日において65歳未満であれば、初診日の前日において、初診日がある月の前々月までの直近1年間に、保険料の未納がないこと

年金額は以下のとおりです。

> **障害基礎年金の年金額**
>
> 1級…1,020,000円（2級の金額の1.25倍）
>
> 2級…816,000円（老齢基礎年金と同額）
>
> 子の加算：2人目まで234,800円、3人目以降78,300円（2024年度価額）
>
> * 公的年金制度における「子」の年齢要件 ・18歳到達年度の末日（3月31日）を経過していない子
> ・20歳未満で障害年金の障害等級1級または2級の子
>
> ** 20歳前に傷病を負った人の障害基礎午金には、前午の所得による支給制限がある

◆ 障害厚生年金

　厚生年金の被保険者が障害等級1級または2級に該当した場合、国民年金から障害基礎年金、厚生年金から障害厚生年金の2つが受給できます。障害厚生年金には、厚生年金の被保険者期間中に初診日があるという条件がつき、また、障害等級3級や、障害手当金（一時金）もあります。

　障害等級1級・2級の場合、配偶者加給年金額が加算されます。

　障害厚生年金を受給するためには、次の①〜③のすべての要件を満たすことが必要です。

障害厚生年金の受給要件
①初診日に厚生年金の被保険者であること
②障害認定日に1級から3級の障害状態にあること
③保険料納付要件を満たしていること

年金額は以下のとおりです。

障害厚生年金の年金額
1級…報酬比例部分*×1.25＋配偶者加給年金額（234,800円）
2級…報酬比例部分*＋配偶者加給年金額（234,800円）
3級…報酬比例部分*のみ（最低保障額612,000円）（2024年度価額）
＊被保険者期間が300月（25年）未満の場合、300月で計算。

◆ 障害年金生活者支援給付金

1. 支給対象

以下の2つの要件をいずれも満たしている人が対象となります。

支給対象

①障害基礎年金の受給者である

②前年の所得*が4,721,000円**以下である

　*障害年金等の非課税収入は年金生活者支援給付金の判定に用いる所得には含まれない。
　**扶養親族の数に応じて増額。

---

2. 給付額

給付額は以下のとおりです。

給付額（2024年度）

障害等級1級：6,638円（月額）

障害等級2級：5,310円（月額）

---

❷ 遺族給付

◆ 遺族基礎年金（国民年金）

国民年金の被保険者や老齢基礎年金の受給権者が亡くなった場合、一定の要件を満たす遺族は遺族基礎年金を受給できます。

支給要件………次の１から４のいずれかの要件を満たしている者が死亡したとき

1. 国民年金の被保険者である間に死亡したとき[※1]

2. 国民年金の被保険者であった60歳以上65歳未満の者で、日本国内に住所を有していた者が死亡したとき[※1]

3. 老齢基礎年金の受給権者であった者が死亡したとき[※2]

4. 老齢基礎年金の受給資格を満たした者が死亡したとき[※2]

[※1] 死亡日の前日において、保険料納付済期間（保険料免除期間を含む）が国民年金加入期間の３分の２以上あることが必要。ただし、死亡日が2026年３月末日までのときは、死亡した者が65歳未満であれば、死亡日の前日において、死亡日が含まれる月の前々月までの直近１年間に保険料の未納がなければ受けられる。

[※2] 保険料納付済期間、保険料免除期間および合算対象期間を合計した期間が25年以上ある者に限る。

遺族の範囲……死亡した者に生計を維持されていた、子のある配偶者または子

年金額…………老齢基礎年金と同じ816,000円。子の加算については２人目まで１人につき234,800円、３人目以降78,300円（2024年度価額）

◈ 寡婦年金と死亡一時金

第1号被保険者のみ、遺族基礎年金を受けられない遺族には寡婦年金や死亡一時金があり、両方を受給できる場合は、どちらか一方を選択しなければなりません。

1. 寡婦年金

寡婦年金とは、保険料を10年以上支払った夫（第1号被保険者）が年金を受給せずに死亡した場合に妻が受給できる年金のことです。

寡婦年金の概要

①夫が亡くなった場合に支給される

　→妻が亡くなった場合、夫には支給されない

②10年以上の婚姻期間があった妻のみ、受け取ることができる

③受給期間は妻が60歳から65歳に達するまで

④年金額は夫の老齢基礎年金額の3/4

---

2. 死亡一時金

死亡一時金とは、第1号被保険者として保険料を納付した期間が合計3年以上ある人が、年金を受け取らずに死亡した場合、遺族基礎年金を受け取ることができない場合に、保険料納付済期間等に応じた一定額が遺族に支給されるものです。子のない妻は死亡一時金を受給できます。

◆ 遺族厚生年金

厚生年金保険の被保険者や老齢厚生年金の受給権者が亡くなった場合等に、遺族基礎年金に遺族厚生年金を上乗せして受給できます。さらに、一定の条件を満たした妻は、中高齢寡婦加算や経過的寡婦加算が加算される場合もあります。なお、夫死亡時に30歳未満で子のない妻に対する遺族厚生年金は、5年間の有期年金となっています。

試験ではここが出る！

「30歳未満で子のない妻」の遺族厚生年金は5年間の有期年金。中高齢寡婦加算の要件も要チェック。

遺族厚生年金の概要

遺族の範囲		死亡した者によって生計を維持されていた配偶者または子、父母、孫、祖父母の順で受給できる。受給していた者が死亡した場合や再婚した場合、その者の遺族厚生年金の受給権は消滅する
支給要件	短期要件	・厚生年金保険の被保険者が死亡した時 ・厚生年金保険の被保険者であった者が、資格喪失後、被保険者期間中に初診日がある傷病により当該初診日から起算して5年を経過する日前に死亡した時 ・1級または2級の障害厚生年金の受給権者が死亡した時
	長期要件	・老齢厚生年金の受給権者が死亡した時 ・老齢厚生年金の受給資格期間を満たしている者が死亡した時
年金額		死亡時点で計算した老齢厚生年金の報酬比例部分の額の3/4相当額＊

＊短期要件に該当する場合、被保険者期間の月数が300月に満たないときは300月で計算する。

1. 中高齢寡婦加算

中高齢寡婦加算とは、夫の死亡当時40歳以上65歳未満の妻、または夫の死亡時に40歳未満だった子のある妻が、遺族基礎年金を受けられなくなった時点で40歳以上だった場合、40歳以後65歳未満の間、遺族厚生年金に加算されるもの（2024年度は612,000円）です。なお、遺族基礎年金が支給されている間は、中高齢寡婦加算が支給停止されます。

2．経過的寡婦加算

　経過的寡婦加算とは、妻が65歳になって中高齢寡婦加算が支給されなくなった後、**1956年4月1日以前**生まれの妻に、生年月日に応じた一定額が加算される制度です。

◆ 遺族年金生活者支援給付金

1．支給対象

　以下の2つの要件をいずれも満たしている人が対象となります。

支給対象

①遺族基礎年金の受給者である

②前年の所得*が4,721,000円**以下である

　　＊遺族年金等の非課税収入は年金生活者支援給付金の判定に用いる所得には含まれない。
　　＊＊扶養親族の数に応じて増額。

2．給付額

　給付額は以下のとおりです。

給付額（2024年度）

5,310円（月額）

ただし、2人以上の子が遺族基礎年金を受給している場合は、
5,310円を子の数で割った金額がそれぞれに支払われる

---

❸ 年金の請求手続きと併給調整等

公的年金を受給するためには、受給者が自分で裁定請求<ruby>裁定請求<rt>さいていせいきゅう</rt></ruby>（年金の請求）を行います。在職老齢年金で支給停止となる場合も裁定請求書による手続きが必要です。

◈ 年金の裁定請求

年金は加入していた年金の種類によって請求先が異なります。

年金の裁定請求先（加入制度別）

加入制度		請求先
国民年金		住所地の市区町村の国民年金課
	第3号被保険者の期間がある人	年金事務所
厚生年金		年金事務所
国民年金と厚生年金	最後が厚生年金	年金事務所
	最後が国民年金	年金事務所
厚生年金（旧共済年金）		加入した各共済組合もしくは年金事務所

＋α 年金の振込月

年金は偶数月の各15日に2ヵ月分が振り込まれる。

◈ 年金の受給開始と受給期間

老齢年金の受給期間は、誕生月の翌月から死亡した月までです。60歳または65歳に達した日（＝誕生日の前日）に受給権が発生します。

🔶 年金の併給調整

公的年金では1人1年金が原則です。2つ以上の年金の受取りが可能になった場合、受給する年金を1つ選択しなければなりません。これを併給調整といいます。ただし、次のようにいくつか例外も見られます。

1. 国民年金と厚生年金の併給調整

次の組み合わせにおいては1人1年金の原則の例外となります。

国民年金と厚生年金の併給調整

○：併給可能　　×：併給不可

	老齢厚生年金	障害厚生年金	遺族厚生年金
老齢基礎年金	○	×	65歳以上は併給
障害基礎年金	65歳以上は併給	○	65歳以上は併給
遺族基礎年金	×	×	○

試験では**ここが出る！**

同じ種類の基礎年金と厚生年金は併給できるのがポイント。

2. 老齢厚生年金と遺族厚生年金の併給

65歳以上で、遺族厚生年金と老齢厚生年金を受け取れる場合は、まず、自分の老齢厚生年金を受け取り、遺族厚生年金*は、老齢厚生年金よりも高額な場合に、その差額を受け取ります。遺族厚生年金よりも老齢厚生年金の額のほうが高い場合は、遺族厚生年金は全額支給停止になります。

*遺族厚生年金の額…65歳以上で配偶者が死亡し遺族厚生年金を受け取る場合は、次の①②を比較し、いずれか高い額が遺族厚生年金の額となる。
　①遺族厚生年金の全額
　②遺族厚生年金×2/3　＋　老齢厚生年金×1/2

> **例** 老齢厚生年金と遺族厚生年金が受け取れる場合の計算例
>
> ケース１） 遺族厚生年金が54万円、老齢厚生年金が80万円の場合
>
> 　①54万円
>
> 　②54万円×2/3+80万円×1/2＝76万円
>
> 　∴①＜②なので、遺族厚生年金の額は76万円
>
> しかし、老齢厚生年金80万円＞遺族厚生年金76万円なので、
>
> 老齢厚生年金を全額受給して、遺族厚生年金は全額支給停止。
>
> ケース２） 遺族厚生年金が78万円、老齢厚生年金が60万円の場合
>
> 　①78万円
>
> 　②78万円×2/3+60万円×1/2＝82万円
>
> 　∴①＜②なので、遺族厚生年金の額は82万円
>
> 遺族厚生年金額82万円のうち、老齢厚生年金分60万円が支給停止と
>
> なり、差額22万円が支給される。
>
> **【遺族厚生年金と老齢厚生年金の受け取り方のイメージ】**
>
>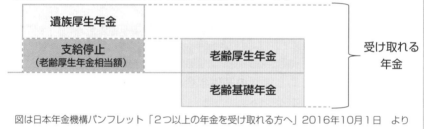
>
> 図は日本年金機構パンフレット「2つ以上の年金を受け取れる方へ」2016年10月1日　より

3. 雇用保険と厚生年金の併給調整

●特別支給の老齢厚生年金と雇用保険の基本手当

　雇用保険の基本手当を受給している間は、特別支給の老齢厚生年金は全額支給停止となります。

●在職老齢年金と雇用保険の高年齢雇用継続給付

　年金を受給しながら厚生年金保険に加入している人が高年齢雇用継続給付を受給している場合、在職老齢年金は標準報酬月額に応じて減額されます。さらに60歳以降の標準報酬月額の割合に応じて、標準報酬月

額の6％相当額を限度に、在職老齢年金が支給停止になります。

◆ 公的年金と税金

保険料を支払ったときは、支払った保険料は全額が社会保険料控除として控除されます。

年金を受給したときは、老齢基礎年金、老齢厚生年金、企業年金制度（厚生年金基金、確定給付企業年金、確定拠出年金、国民年金基金、小規模企業共済など）などの老齢給付は、雑所得として課税対象となります（公的年金等控除の適用あり）。障害給付、遺族給付（寡婦年金・死亡一時金・障害手当金も含む）は非課税です。

Chapter **1** Section **6**

障害給付・遺族給付、併給調整

練習問題

次の各記述のうち、正しいものに〇、誤っているものに×をつけなさい。

障害給付

1. 障害基礎年金の受給権者が、その者によって生計を維持されている65歳未満の配偶者を有する場合、その者には配偶者加給年金額が加算される。

2. 障害基礎年金は保険料納付要件をすべて満たせば支給される。

3. 障害等級3級の人は障害基礎年金を受給することができない。

遺族給付

4. 寡婦年金と死亡一時金は併せて受給することができる。

5. 夫の死亡当時38歳で子のない妻は、遺族厚生年金に加算して中高齢寡婦加算を受け取ることができる。

6. 遺族基礎年金は、子のない妻には支給されない。

7. 特別支給の老齢厚生年金は、その受給権者が雇用保険の基本手当を受給している間は支給停止となる。

8. 老齢基礎年金、老齢厚生年金の受給において、老齢基礎年金のみが雑所得として課税対象となる。

解答

1　×　障害基礎年金に配偶者加給年金はない。配偶者に対する加算があるのは、障害厚生年金（1級・2級のみ）である。

2　×　障害基礎年金を受給するためには、初診日に国民年金の被保険者であるなど、他の要件も満たす必要がある。

3　○　障害等級3級の人は障害厚生年金は受給することができるが、障害基礎年金は受給できない。

4　×　どちらも受給できる場合はどちらかを選択する。

5　×　中高齢寡婦加算の年齢要件は夫死亡時に40歳以上65歳未満なので、38歳の妻には中高齢寡婦加算は支給されない。

6　○　なお、遺族厚生年金は、子のない妻にも支給される。

7　○　雇用保険の基本手当が優先される。

8　×　老齢基礎年金、老齢厚生年金のどちらも雑所得として課税対象となる。

あと1日だ
ニャ

あと1日で
Chapter 1は
マスターだニャ

7 日目

42

企業年金等

企業年金の確定給付型年金と
確定拠出年金を押さえたら、
中小法人の資金計画、ローンとカードについても
理解を深めましょう。

❶ 企業年金等

- ◆ 企業年金の概要
- ◆ 確定給付型年金
- ◆ 確定拠出年金
- ◆ 企業年金と税金
- ◆ 自営業者などの年金

国民年金加入者なら原則だれもが利用できるようになった確定拠出年金の仕組みを理解し、拠出額の違いも確認しておこう。

❷ 中小法人の資金計画

- ◆ 資金調達のプランニング
- ◆ 資金調達の種類と特徴

直接金融と間接金融の違い、資金調達の方法、決算書の種類を確認しておこう。

❸ ローンとカード

- ◆ 貸付制度を利用した無目的ローン（フリーローン）
- ◆ おもなカード（決済手段）と返済方法
- ◆ キャッシングやカードローン
- ◆ 総量規制

クレジットカードの一括払いは手数料不要など、返済方法の特徴をチェック。「総量規制」の概要も確認しておこう。

❶ 企業年金等

◆ 企業年金の概要

　企業年金とは、企業が公的年金に加えて任意に設けている制度です。従業員の老後の生活をより安定させることを目的としており、確定給付型年金と確定拠出年金に分類できます。

企業年金の分類

	確定給付型			確定拠出型
	厚生年金基金	確定給付型年金		確定拠出年金（企業型）
		基金型	規約型	
運営主体	厚生年金基金	基金	事業主	原則事業主
掛金拠出者	事業主（加入者負担がある場合もある）			原則事業主
運用結果に対する責任	事業主			加入者個人

確定給付型と確定拠出型との違い

確定給付型…年金の受給額が確定している

確定拠出型…掛金の拠出額が確定している

◆ 確定給付型年金

確定給付型年金とは、あらかじめ年金の給付額が確定している年金制度のことです。厚生年金基金や確定給付企業年金があります。

1. 厚生年金基金

厚生年金基金は、厚生年金保険からの老齢給付の一部を国に代わって行い（代行）、さらに企業独自の年金給付を上乗せして給付を行うものです。この代行部分は必ず**終身年金**となります。

2014年4月1日に基金制度の見直しに関する改正法が施行され、基金の新設禁止などが規定されました。

2. 確定給付企業年金

確定給付企業年金（DB）は、従業員が受け取る年金の額があらかじめ決まっている年金制度のことで、現在、最も普及しています。

確定給付企業年金には、厚生年金基金の受け皿としての**基金型**と、適格退職年金（2012年3月末廃止）の受け皿としての**規約型**があります。

3. 中小企業退職金共済制度（中退共）

中小企業退職金共済制度は、独自の退職金制度を持つことが厳しい中小企業を支えるための制度です。掛金は、全額事業主が負担（掛金月額は従業員１人当たり３万円が上限）しますが、一部を国が負担する制度があります。原則として従業員は全員加入で、役員、個人事業主およびその配偶者は加入できません。

なお、同居親族であっても使用従属関係が認められれば、その同居親族も加入できるようになっています。

従業員が退職したときには、独立行政法人勤労者退職金共済機構から直接退職金が支払われます。退職者が退職日に60歳以上であるなどの要件を満たした場合は、退職者の請求により退職金の全部または一部を分割払いにすることもできます。

◆ 確定拠出年金

確定拠出年金（DC）は、原則として、国民年金に加入している人は、すべて加入することができます。加入できる制度や掛金の上限は、働き方や勤務先の企業年金の制度により異なります（p.99、100参照）。

大きく分けて、企業年金の１つで事業主が掛金を拠出する（マッチング拠出の分や選択制DCの場合は従業員が拠出）企業型と、個人が任意で加入し、本人が掛金を拠出する個人型（iDeCo）の２つのタイプがあります。いずれの場合も、運用は加入者自身が行い、その運用成果により、将来受け取る年金額も異なります。

個人型（iDeCo）の掛金は上限額の範囲内で、毎月5,000円から1,000円単位で決めることができます。個人型（iDeCo）の加入者の掛金に上乗せして、企業年金を実施していない中小企業事業主が拠出する「iDeCo＋」もあります。

用語　　マッチング拠出

「企業型」は原則、企業が掛金を拠出するが、これに加えて従業員が自分で掛金を上乗せして給与天引きで積み立てることができる制度。

確定拠出年金のポイント

①転職・退職などの際に原則資産の移換が必要（ポータビリティ）

②掛金拠出時、運用時、受取り時にそれぞれ税制優遇がある

③国民年金の保険料未納者、免除者は加入することができない

確定拠出年金(DC)の企業型と個人型の概要

		企業型	個人型（iDeCo）
加入対象者		確定拠出年金を導入している企業の従業員 （規約により70歳未満まで）	原則65歳未満*の 公的年金の被保険者
加入		原則全員加入（規約に基づく）	任意加入
掛金の拠出		原則として企業(規約により従業員の拠出〈マッチング拠出〉も可能) 選択型DC（給与財源DCや賞与財源DC）の場合は従業員	加入者個人で拠出
給付		老齢給付金、障害給付金、死亡一時金の3種類 老齢給付金は、60歳から75歳までに受給開始。ただし60歳から受給するためには10年以上の通算加入者等期間が必要 ※一定の要件を満たせば脱退一時金も可	
運用時課税		非課税	
税制	掛金	企業：損金算入 個人：全額が小規模企業共済等掛金控除	
	給付	老齢給付：年金…雑所得（公的年金等控除の適用あり） 一時金…退職所得（退職所得控除の適用あり） 死亡一時金：原則として相続税の課税対象。 死亡後3年を超えて支給が確定した場合は受取人の一時所得	

＊60歳以上は、第2号被保険者もしくは国民年金に任意加入している人

試験ではここが出る！

老齢給付金を60歳から受給するには10年以上の
通算加入者等期間が必要。

		企業の限度額(月額)	個人の限度額(月額)
企業型	企業型DCのみ	55,000円	事業主掛金の金額を超えない。かつ、事業主掛金と従業員掛金(マッチング拠出)を合計して法定の上限を超えない
	企業型DC+確定給付企業年金等	27,500円	
個人型	自営業者等(第1号被保険者)	−	68,000円*
	勤務先に企業年金のない会社員	−	23,000円
	企業型DCのある会社員	−	20,000円**
	確定給付企業年金等のある会社員	−	12,000円**
	公務員	−	12,000円
	専業主婦等(第3号被保険者)	−	23,000円

※個人型年金の掛金は毎月定額を拠出するのが基本だが、掛金の拠出を1年単位で考え、加入者が年1回以上、任意に決めた月にまとめて拠出(年単位)することも可能。

＊国民年金基金や付加保険料と合わせての限度額となる。

＊＊企業型DCの事業主掛金とiDeCoの掛金、これらの合計額がそれぞれ以下の表のとおりであることが必要である。また、企業型DCにおいて加入者掛金を拠出(マッチング拠出)している場合などには、iDeCoに加入できない。

	企業型DC加入者がiDeCoに加入する場合(月額)	企業型DCと確定給付型の加入者がiDeCoに加入する場合(月額)
企業型DCの事業主掛金(①)	55,000円以内	27,500円以内
iDeCoの掛金(②)	20,000円以内	12,000円以内*
①+②	55,000円以内	27,500円以内**

＊2024年12月以降は20,000円以内

＊＊2024年12月以降は「55,000円−他制度(DBなど)掛金相当額」以内

◆ 企業年金と税金

加入者負担分の保険料や掛金の控除は、以下のようになります。

受け取った年金は公的年金と同じく雑所得として課税されます。

厚生年金基金 ──────→	社会保険料控除
確定給付企業年金 ──────→	生命保険料控除
確定拠出年金 ──────→	小規模企業共済等掛金控除

◆ 自営業者などの年金

　自営業者などの年金制度には小規模企業共済や国民年金基金、確定拠出年金（個人型）があります。

１．小規模企業共済

　小規模企業共済とは、常時使用する従業員が20人（商業とサービス業では５人）以下の個人事業主や会社の役員等が、退職金などを用意する共済制度です。

> **小規模企業共済のポイント**
> ・掛金は**月額1,000円〜 70,000円**
> ・全額が**小規模企業共済等掛金控除**の対象となる
> ・給付：一時金として受け取る共済金→退職所得扱い
> 　　　　年金形式で受け取る共済金　→公的年金等控除の対象

２．国民年金基金

　国民年金基金は、国民年金の第１号被保険者の上乗せ年金制度で、**「全国国民年金基金」**と職種ごとの**「職能型国民年金基金」**の２形態があり、どちらか１つの基金に加入することができます。

　原則として、国民年金保険料の未納者や免除者、付加保険料を払っている人は加入できません。なお、2013年４月１日より加入対象が拡大され、国民年金の任意加入被保険者（60歳以上65歳未満の人）や海外に居住している人で国民年金に任意加入している人も加入できるようになりました。加入時の年齢や性別により掛金の額は異なります。受給する年金には公的年金等控除が適用されます。万一、早期に亡くなった場合は、家族に遺族一時金が支給されます。

> **国民年金基金のポイント**
> ・掛金は確定拠出年金と合わせて**月額68,000円まで**
> ・掛金の全額が**社会保険料控除**の対象となる
> ・加入は口数制で、１口目は終身年金Ａ型、Ｂ型のいずれかを選択
> ・国民年金基金に加入すると付加保険料は納めることができない

❷ 中小法人の資金計画

　資金調達には、資金の出し手から直接資金を調達する**直接金融**と、資金の出し手との間に金融機関が介在する**間接金融**があり、中小法人（資本金1億円以下）は間接金融が多くなっています。

◆ 資金調達のプランニング

　FPとして、個人事業主や中小法人の経営者に対応しなければならない場合があります。そのときのために基本的な企業の財務分析や資金調達の方法について把握しておきましょう。

◆ 資金調達の種類と特徴

　直接金融と間接金融のしくみについて見ていきましょう。

1. 直接金融

　企業が株式や社債を発行し、資金の出し手から直接資金を調達する方法です。

直接金融の種類と特徴

株式の発行	新しく発行した株式を投資家に買ってもらうことで資金調達をする。株主割当増資、第三者割当増資、公募増資がある
私募債の発行	債券を発行して、50人未満の特定の投資家に買ってもらうことで資金調達をする
その他	ベンチャーキャピタル＊の利用やコマーシャル・ペーパー＊＊など

　＊ベンチャー企業への資金提供を行う投資会社。
＊＊優良企業が短期資金調達を行うための、無担保の約束手形。

2. 間接金融

　金融機関を通じて間接的に資金を調達する方法です。民間金融機関、公的金融機関、地方自治体の融資などがあります。

間接金融の種類と特徴

民間 金融機関	手形貸付 （手形借入）	手形を発行し、発行した手形を担保に金融機関から融資を受ける。ある程度信用力のある法人が利用できる
	証書貸付 （証書借入）	金銭消費貸借契約証書を交付して金融機関から融資を受ける。おもに、1年以上の長期資金を借入するときに利用する
	当座貸越 （当座借越）	融資の限度額を設定し、その範囲で自由に借りたり返済したりできる
	インパクトローン	資金使途に制限のない、外貨建ての融資
公的 金融機関	**日本政策金融公庫**などがあり、「民間貸付けよりも融資限度額が大きい」「固定金利なので安心」「利率が低い」「返済期間が長い」などの特徴がある	
地方自治体	・国の助成を受け都道府県が行う**貸付制度や助成制度**などのほか、地方自治体が単独で行うものがある ・基本的に信用保証協会の保証が必要。この保証がついた融資を**マル保融資**という。利用時には業種に応じた資本金または常時使用する従業員の要件がある	

3. その他の資金調達

　その他に、次のような資金調達があります。

その他の資金調達の種類と特徴

企業間信用	買掛金として物を購入したり、約束手形を発行したりする取引形態
ファイナンス・ リース	企業が必要な機械や設備などを、リース会社が代わりに購入し賃貸（リース）する契約で、資金調達と同じ効果が見込める
ファクタリング （債権買取）	・企業のもつ売掛債権をファクタリング会社などが買い取り、回収を代行する方法のこと ・売掛債権を譲渡した企業は売掛債権を早期に資金化できるメリットがある

　企業の財政状態や経営成績は財務諸表（決算書）によって開示されます。資金管理を行う資金表には、資金運用表、資金移動表、キャッシュフロー計算書、資金繰り表（資金の過不足をチェックする）などがあります。

決算書…①貸借対照表、②損益計算書、③株主資本等変動計算書、④個別注記表、⑤付属明細書、⑥キャッシュフロー計算書*

＊キャッシュフロー計算書…現金等の現在額および全体の増減額を「営業活動」「投資活動」「財務活動」の３つの分野において示したもの。

---

❸ ローンとカード

◆ 貸付制度を利用した無目的ローン（フリーローン）

　貸付制度を利用した無目的ローンには、銀行の総合口座貸越やゆうちょ銀行の貯金担保自動貸付があり、どちらも自動的に融資が受けられ貸付金利も低利です。このほか、保険の契約者貸付制度*もあります。

＊生損保の保険の加入者が対象の、解約返戻金の80％〜90％をベースに融資する制度。

貸付制度を利用した無目的ローン

総合口座貸越 （銀行等）	①定期預金等を担保に合計預金残高の90％（最高200万円）までが一般的。金融機関によって異なる ②融資利率は、通常、預金金利+0.5％
貯金担保自動貸付 （ゆうちょ銀行）	定額貯金・定期貯金等を担保に合計貯金残高の90％（最高300万円）まで

◆ おもなカード（決済手段）と返済方法

カード（決済手段）のしくみ

●カード（決済手段）の種類

クレジットカード	利用者の返済能力について審査があり、信用に基づいて発行される。買い物などの利用代金はクレジットカード会社が支払い、後日、クレジットカード会社に利用代金を支払うことになる。返済方法によって、金利・手数料がかかる。原則、18歳以上であれば契約ができる
デビットカード	加盟店での買い物などの利用代金が、その都度即時あるいは数日後に、そのカードを発行した銀行等の利用者の口座から引き落とされる
電子マネー	現金の情報をICカードに記録したもので、支払い前にチャージ（入金）しておくプリペイド（前払い）タイプと、クレジットカード等で決済する後払いのタイプがある
コード決済	バーコードやQR コードを使って支払う方法。コードは商品・サービスを提供する店舗側の情報や利用者側の支払い情報などに関連づけられており、コードを通して利用金額とともに読み込むことで、決済アプリやクレジットカードから利用額が引き落とされる。消費者がスマートフォンにコードを表示させて店側で読み取る消費者提示型と、店側がコードを表示する方式の店舗提示型がある

●返済方法の種類

一括払い	利用代金を1回払いで返済する方法。一般にクレジットカードを一括払いで利用した場合には、日本では金利・手数料はかからない
分割払い	購入代金を数回に分けて支払う方式。元利均等方式と元金均等方式がある
リボルビング方式	利用限度額の範囲内で、利用金額や件数にかかわらず、毎月、原則として一定金額あるいは一定割合を支払っていく方式。未返済残高に対して利息が発生する
アドオン方式	借入当初の元金に対して返済期間と所定の年利率を掛けて利息額を算出し、元金と利息の総額を返済回数で割って毎回の返済額を決める方式

◆ キャッシングやカードローン

担保不要で貸付けする無担保ローンには、キャッシングやカードローン、使途自由のフリーローンなどがあります。一般的に、有担保で使途が限定されているローンに比べると金利は高めです。

キャッシング	クレジットカード会員などに対して行う小口融資。クレジットカードを使ってATMから融資が受けられる
カードローン	銀行やクレジットカード会社、消費者金融会社などが、返済能力などを審査したうえで発行するリボルビング方式の無担保ローン。キャッシュカードや貸付専用のカードを使ってATMから融資が受けられる

◆ 総量規制

貸金業法により、貸金業者（消費者金融業者等）から個人が融資を受ける場合には融資額の総量規制が実施されています。総量規制により、1人当たりの無担保借入額（利用枠設定の場合は利用枠、キャッシングサービスの限度額を含む）の合計額は、申込者の希望する金額の範囲内で、かつ、他社の借入残高と合算して年収額の1/3以内に制限されます。

クレジットカードでキャッシングした場合も総量規制の対象となりますが、商品を購入（ショッピング）する行為は、総量規制の対象とはなりません。

また、銀行や信用金庫等からの借入は、貸金業法の規制対象ではないので、総量規制は適用されません。

企業年金等

練習問題

次の各記述のうち、正しいものに〇、誤っているものに×をつけなさい。

企業年金等

1．確定拠出年金は、国民年金の保険料免除者も加入することができる。

2．国民年金の第3号被保険者は、確定拠出年金（個人型）の加入者になることはできない。

3．確定拠出年金の老齢給付金は、加入者すべてが60歳から受給できる。

4．確定拠出年金の掛金は、全額が小規模企業共済等掛金控除の対象となる。

5．国民年金基金の掛金は、小規模企業共済等掛金控除の対象となる。

中小法人の資金計画

6．企業が株式や債券を発行して資金調達する方法を、間接金融という。

7．当座貸越は、融資の限度額を設定し、その範囲内で自由に借りたり返済したりすることができる資金調達方法である。

8．ファクタリングは、企業間の商取引で生じた売掛債権をファクタリング会社が買い取り、回収を代行する方法である。

ローンとカード

9．アドオン方式は、利用限度額の範囲内で、利用金額や件数にかかわらず、毎月原則として一定金額、あるいは一定割合を支払っていく返済方法である。

解答

1　✕　確定拠出年金は、国民年金の保険料未納者や保険料免除者は加入できない。

2　✕　2017年1月からは専業主婦などの第3号被保険者や公務員なども確定拠出年金（個人型）の加入者になれるようになった。

3　✕　原則60歳からだが、60歳から受給するためには通算加入者等期間が10年以上必要なため、通算加入者等期間が10年未満の場合は、加入期間に応じて、受給可能年齢が繰り下げられる。

4　○　確定拠出年金の掛金は、全額が小規模企業共済等掛金控除の対象となる。

5　✕　社会保険料控除の対象となる。

6　✕　株式や債券を発行し、資金の出し手から直接資金調達する方法は、直接金融という。

7　○　当座貸越（当座借越）は、民間金融機関が行う間接金融の1つである。

8　○　ファクタリング（債権買取）は、売掛債権を早期に資金化できるのが特徴である。

9　✕　設問は、リボルビング方式の説明である。

「でるとこ攻略問題集」
にもチャレンジするニャ！
→問題集p.12-43,
p.192-217

準備はできたかニャ？

8日目

42

Chapter **2** リスク管理 Section **1**

リスクマネジメントと保険制度全般の理解

この章では、リスクマネジメントの流れを理解し、
リスクの処理技術について掘り下げたあと、
保険制度全般の学習へと展開していきます。
リスクマネジメントを行うことで、
避けることができないリスクに備えることはとても重要です。

❶ リスクマネジメント

◆ リスクマネジメントの流れ
◆ リスクの処理技術

> リスクの処理技術について、出題されることがあるので押さえておこう。

❷ 保険制度全般

◆ 社会保険制度と民間保険
◆ 保険とコンプライアンス（法令遵守義務）
◆ 保険契約に対するセーフティネット
◆ 保険募集の形態

> 保険に関する法律は頻出。保険契約のセーフティネットについても確認しておこう。

❸ リスク管理と保険

◆ 個人のリスク管理と保険
◆ 企業のリスク管理と保険

> 企業のリスクに対応する保険種類は頻出。どんな場合にどんな補償があるのか確認しておこう。

❶ リスクマネジメント

　私たちが生きていく上で、これから起きるかもしれない**リスク**に対して備えることをリスクマネジメントといいます。

◆ リスクマネジメントの流れ
　リスクマネジメントは、次の手順で行われます。

① **リスクの発見・確認**
発生するリスクを洗い出す

② **リスクの測定・評価**
そのリスクがもたらす損害規模などを
ランク付けする

③  **リスクへの対応**
個々のリスクの対処計画を立てる

④  実行・見直し
リスクの対処計画を実行し見直す

◆ リスクの処理技術

　リスクの処理技術（前ページの③に該当）には、大きく分けてリスク・コントロールとリスク・ファイナンシングの2つがあります。リスクをコントロールするだけでは不十分なので、それを補完するためにリスク・ファイナンシングがあります。

1．リスク・コントロール

　最小の費用で、損失の発生を未然に防止したり、損失規模を最小限にしたりするための手法です。以下のような種類があります。

リスク・コントロールの種類

種類	内容	事例
回避	リスクを生じさせないこと	テロを避けるため海外出張をやめた
損失防止	発生頻度を軽減させること	住宅を耐火、耐震構造にした
損失軽減	損失の規模を軽減させること	調理場に消火器を設置した
分離	資産、業務等を分散させること	商品を複数場所で保管する
移転	リスクを物理的に他に移すこと	会社内の業務を別の会社に外注した

2．リスク・ファイナンシング

　損害を復旧させるために最小の費用で金銭的な対応をすることです。リスクそのものを変えることはできません。

リスク・ファイナンシングの種類

種類	事例
借入れ	資金が必要になった場合に備えて銀行と当座貸越契約を締結する
引当金	取引先の貸倒れに備えて貸倒引当金を計上しておく
経常費	機械が故障した場合、「修理代」などを日常の経費として処理する
自家保険	自家保険のしくみを作り、経費予算計上による損失に対応する
キャプティブ	企業などでキャプティブ（保険子会社）を設立し、リスクに備える
保険	地震発生に備えて地震保険に加入する

❷ 保険制度全般

◆ 社会保険制度と民間保険

　保険制度には、**社会保険**（公的年金や公的医療保険など）と**民間保険**（民間の会社が保険者）の2つがあります。民間保険は、社会保険を補うための保険で、人間の生命に関するリスクに備える生命保険（第一分野）と、人間もしくは物の損害に関するリスクに備える損害保険（第二分野）があります。また、第一分野と第二分野の中間に位置する、医療・介護・傷害などに関する保険を、第三分野の保険といいます。

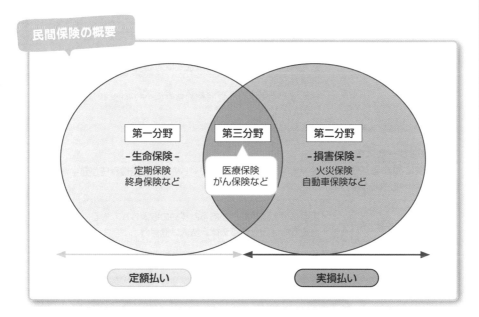

民間保険の概要

第一分野
－生命保険－
定期保険
終身保険など

第三分野
医療保険
がん保険など

第二分野
－損害保険－
火災保険
自動車保険など

定額払い　　　実損払い

◆ 保険とコンプライアンス（法令遵守義務）

以下のように、契約者を保護するための法律や制度があります。

保険に関するおもな法律

保険業法	・保険業を行う者（保険会社）は、内閣総理大臣の登録を受ける必要がある ・共済契約には適用されない ・保険募集の禁止行為違反に対する罰則などを規定 　＜保険募集のおもな禁止行為＞ 　①虚偽の説明行為　　　　　　②契約内容の違法な比較行為 　③告知義務違反を勧める行為　④契約の不当な乗換え募集行為 　⑤特別な利益の提供行為　　　⑥威迫、業務上の地位の不当利用 　⑦契約者配当、剰余金分配の予想等の行為　　　　　　　　　など ・クーリングオフ制度（→p.144）
保険法	・保険契約に関する基本的なルール ・契約時には保険会社から求められた事項について告知が必要 　（告知を求められた事項以外まで告知する必要はない） ・契約者は、遺言により保険金受取人を変更可能（被保険者の同意が必要） ・保険法の規定よりも保険契約者等に不利な内容の約款の定めは無効となる ・共済契約にも適用される
金融サービスの提供に関する法律（金融サービス提供法）	・重要事項の説明義務違反に対しては損害賠償責任が発生
消費者契約法	・重要事項の誤認などがあると契約の取消しができる ・消費者の保護を図る法律。法人は適用外

試験ではここが出る！

保険募集の際、どんな行為が禁止されているのかチェック。

◆ 保険契約に対するセーフティネット

1. ソルベンシー・マージン比率

　ソルベンシー・マージン比率とは、予測を超えるリスクに対して、どれくらい保険金の支払能力があるかを示したものです。この値が大きいほどリスクに対して支払余力があるということになり、保険会社の信用力をはかる目安となります。ソルベンシー・マージン比率が200%を下回った保険会社に対しては、金融庁による早期是正措置の対象となり、経営改善するよう促されます。

ソルベンシー・マージン比率の計算式

$$\text{ソルベンシー・マージン比率(\%)} = \frac{\text{ソルベンシー・マージン総額}}{\text{リスクの合計額}\times 1/2} \times 100$$

2. 保険契約者保護機構

　保険契約者保護機構とは保険会社が破たんした場合に契約者を保護するための制度です。国内で営業するすべての保険会社は、原則として強制加入となっており、加入窓口が銀行等であっても保険であれば保険契約者保護機構による保護の対象となります。生命保険会社と損害保険会社のそれぞれに保険契約者保護機構が存在します。少額短期保険業者や共済は加入していません。

　加入している生命保険会社が破たんした場合、原則として**責任準備金**の90%まで補償されます。ただし、破たん保険会社から救済保険会社（または機構）に保険契約が移転される場合、予定利率が変更されたり短期の解約にペナルティーが科されたりすることがあります。

保険契約者保護機構の保険契約移転のしくみ

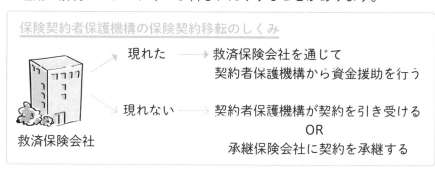

救済保険会社

現れた → 救済保険会社を通じて契約者保護機構から資金援助を行う

現れない → 契約者保護機構が契約を引き受ける
OR
承継保険会社に契約を承継する

契約の種類	補償の範囲	
生命保険の補償	全契約の責任準備金の90% （高予定利率契約を除く*）	
損害保険の補償	保険金支払	解約返戻金・満期返戻金
自賠責・地震保険	補償割合100%	
自動車保険	破たん後3ヵ月間は 保険金の100% （3ヵ月経過後は80%）	補償割合80%
火災保険		
その他の損害保険 （賠償責任保険など）		
短期傷害・海外旅行傷害保険		
年金払積立傷害保険	補償割合90%*	補償割合90%*
上記以外の傷害・所得補償・ 医療・介護（費用）保険		補償割合90%* （積立型保険の積立部分 は80%）

＊予定利率が高い契約の場合は、90%から追加で引き下げられる場合もある。

◆ 保険募集の形態

保険募集は、法令上「保険契約の締結の代理または媒介を行うこと」とされており、保険会社以外による販売も認められ、保険代理店、銀行や証券会社など（保険窓口販売）でも保険販売が行われています。実際に募集に携わる人は、生命保険募集人として、内閣総理大臣の登録を受けなければなりません。また、保険会社から独立して、媒介のみを行う（契約を結ぶことはできない）保険ブローカー（保険仲立人）もいますが、その場合も生命保険募集人の登録が必要です。

＋α　保険契約締結の「代理」と「媒介」の違い

保険契約の申込みに対して、
・「代理」→生命保険募集人が承諾をすれば契約は成立
・「媒介」→保険会社が承諾をすれば契約は成立

❸ リスク管理と保険

◆ 個人のリスク管理と保険

個人のリスクにはそれぞれ次のような保険で対応することができます。

個人のリスクと保険

リスクの種類	対応する保険の例
死亡リスク	終身保険、養老保険、定期保険。**必要保障額***の算定が不可欠
長生きリスク	個人年金保険
疾病・障害リスク	医療保険、介護保険、所得補償保険、医療特約、**特定疾病保障保険**、リビング・ニーズ特約
事故・災害リスク	火災保険、自動車保険、傷害保険
第三者への賠償	個人賠償責任保険

* 必要保障額…遺族の生活資金等から公的遺族給付・死亡退職金・配偶者の収入等を控除して求めた額。

過去出題例

- 遺族生活資金の準備 ──→ 終身保険、定期保険、
  定期付終身保険、収入保障保険、
  逓減定期保険

- 相続税の納税資金準備 ──→ 終身保険

- 子どもの教育資金 ──→ こども（学資）保険

- 老後資金 ──→ 個人年金保険

- 病気・介護 ──→ 医療（費用）保険
  介護保障（費用）保険

- 個人事業主の就業不能 ──→ 所得補償保険

- 地震による自宅の火災や倒壊 →地震保険（火災保険に付帯）

- 同居家族のケガ ──→ 家族傷害保険

生命保険会社

損害保険会社

◆ 企業のリスク管理と保険

企業のリスクには次のような種類があります。

企業のリスクと保険

何に対するリスクか	リスクの内容の例	保険の種類の例
人	従業員の死亡、業務上災害	労働災害総合保険
モノ	火災、地震、台風	動産総合保険、機械保険
収入	倒産、営業停止処分	利益保険
第三者への賠償	製造物責任	生産物賠償責任保険

企業のリスクにはそれぞれ次のような保険で対応することができます。

企業のリスクに対するおもな損害保険

労働災害総合保険	従業員の労働災害について、政府労災保険に上乗せして加入する
動産総合保険	事業用の動産が対象。偶発的な事故などによる損害を補償する
機械保険	火災等以外の偶発的な事故によって生じた損害が対象
利益保険	火災などの事故や災害によって事業を休止した場合の損失を補償する
会社役員賠償責任保険 （D&O保険）	取締役や会社役員が業務上行った行為などが原因で損害賠償を請求された場合に備える
生産物賠償責任保険 （PL保険）	企業の製品が原因で発生した事故で、他人に損害を与えた場合に備える。製造物責任法（PL法）上のものに限定せず、他の法律上の損害賠償責任も対象
施設所有（管理）者 賠償責任保険	ビルなどの施設の所有や使用、管理に関する不備で賠償責任を負ったときに補償する
請負業者賠償責任保険	施設工事などの請負業者が、作業に伴う事故によって他人に損害を与えた場合に補償する
受託者賠償責任保険	他人から預かった受託物を保管もしくは管理している間に誤って壊したり、汚したり、紛失したり、または盗まれたりして、預けた人に元の状態では返還できなくなり、会社が賠償責任を負うことになった場合に生ずる損害を補償する

リスクマネジメントと保険制度全般の理解

練習問題

次の各記述のうち、正しいものに〇、誤っているものに×をつけなさい。

リスクマネジメント

1. リスクマネジメントの流れは、リスクの測定→対応→確認→実行・見直しの順で進めていく。

2. 地震の発生に備えて地震保険に加入することは、リスク・コントロールの「移転」にあたる。

保険制度全般

3. 「保険法」は、生命保険契約や損害保険契約だけでなく、保険契約と同等の内容を有する共済契約も適用対象となる。

4. ソルベンシー・マージン比率が200%未満の場合、早期是正措置の対象とされる。

5. 加入している生命保険会社が破たんした場合、契約している保険は全額補償される。

リスク管理と保険

6. 40代は、一般的に子どもの教育費などの出費もかさむ時期なので、子どもが小さいときよりも、高額な生命保険に加入したほうがよい。

7. 来店客が、レストランで調理した料理を原因とする食中毒により入院した場合に備えて、「施設所有（管理）者賠償責任保険」に加入した。

8. 「請負業者賠償責任保険」では、被保険者が営む飲食店の店舗の床が清掃時の水で濡れていたことにより滑って転倒した来店客がケガをしたことについて、法律上の損害賠償責任を負った場合、補償の対象となる。

9. 貸しビル業を営む事業者が、火災により所有するビル内に設置した機械が損害を被った場合には、「機械保険」の補償対象となる。

解答

1 × リスクの確認→測定→対応→実行・見直しの順が正しい。
2 × リスク・ファイナンシングの「保険」にあたる。
3 ○ 「保険法」は、生命保険契約や損害保険契約だけでなく、共済契約や少額
       短期保険契約にも適用される。
4 ○ ソルベンシー・マージン比率は保険会社の信用力をはかる目安となる。
5 × 原則として責任準備金の90％までが補償される。
6 × 一般的に必要保障額は、末子が誕生したあたりがもっとも高くなり、その
       後、子どもが成長していくにつれて逓減していくので、保険金額も下げて
       いくのが合理的である。
7 × レストランなどが提供した料理により食中毒を起こした場合の損害に備え
       るためには、生産物賠償責任保険に加入する。
8 × 「請負業者賠償責任保険」は、請負業者が作業に伴う事故によって他人に
       損害を与えた場合に補償する保険である。本問の場合は、管理する施設内
       におけるさまざまな事故により発生する損害賠償責任に備えて加入する保
       険である「施設所有（管理）者賠償責任保険」に加入していれば、補償対
       象となる。
9 × 「機械保険」は、機械設備が何らかの原因で損害を受けたり故障したりし
       た場合に備えて加入する保険だが、火災や（火災による）爆発や破裂によ
       る損害は補償されない。したがって、貸しビル業を営む事業者が、火災に
       より所有するビル内に設置した機械が損害を被った場合備えるには、「火
       災保険」に加入する。

なかなか
やるニャ

9 日目

42

タマには
立ち止まって
みるのもいい
ニャ

Chapter **2** リスク管理 │ Section **2**

生命保険の
基礎知識と商品

FPとして業務を行うなかで、
顧客から「さまざまな生命保険商品を見てみたい」
と相談されることが多々あります。
そういった要望に応えられるように、
この章では、生命保険の基礎知識を再確認し、
生命保険の商品について理解を深めましょう。

❶ 生命保険の基礎知識

- ◆ 生命保険の種類
- ◆ 保険料のしくみと決まり方
- ◆ 剰余金と配当金のしくみ
- ◆ 生命保険の基礎用語

保険料の算出の原則となる法則や3つの予定利率は頻出。純保険料・付加保険料についても確認。

❷ 生命保険商品

- ◆ 個人向け保険商品

基本的な生命保険商品の、保険金額の増減、保険期間、保険料の払い方を確認し、どんな場合に適した商品かを理解しておこう。

❸ 個人年金保険

- ◆ 個人年金保険とは

個人年金保険の受け取り方、定額・変額の個人年金保険の違いを確認しておこう。

❹ かんぽ生命の保険・共済・少額短期保険業者

- ◆ かんぽ生命
- ◆ 共済
- ◆ 少額短期保険業者

おもな共済の代表的な商品の特徴、少額短期保険の特徴（1年以内、1,000万円以下）を覚えておこう。

❶ 生命保険の基礎知識

◆ 生命保険の種類

生命保険はどのようなときに保険金が支払われるかにより次の3つに分

類されます。また、保険期間中に、保険金額が変動するか否かにより**定額保険**と**変額保険**に分類されます。

生命保険の種類

種類	内容	保険商品（例）
死亡保険	被保険者が死亡または高度障害になった場合に保険金が支払われる	**定期保険、終身保険**など
生存保険	保険期間が終了するまで被保険者が生存していた場合に保険金が支払われる	**個人年金保険、こども保険**など
生死混合保険	死亡保険と生存保険を組み合わせたもの	**養老保険**など

用語　定額保険と変額保険

定額保険…契約時に保険金額を定め、保険期間中にその保険金額が変わらない保険。「一般勘定」で運用する。

変額保険…保険期間中に資産の運用実績等に応じて保険金額が変動する保険。「特別勘定」で運用する。

◆ 保険料のしくみと決まり方

　生命保険料は、大数の法則と収支相等の原則に基づいて、3つの予定基礎率を用いて算出されています。

保険料算出の原則

大数の法則………数少ない事象では不確かなことでも、数多くの事象を集めて大きな数でみると、一定の法則があること

収支相等の原則…契約者全体が支払う保険料の総額（収入）と保険会社の運用収入の合計が、保険会社が受取人全体に支払う保険金の総額（支出）と必要となる保険会社の経費の合計額と等しくなるように、保険料を計算すること

契約者が支払う保険料は、保険会社が支払う保険金に充てられる**純保険料**と、保険会社の経費や利益など、保険制度を運営する事業費に充てられる**付加保険料**に分かれます。さらに**純保険料**は、死亡保険金の支払いに充てられる**死亡保険料**と、生存保険料（満期保険金や**生存給付金**に充当）に分かれます。

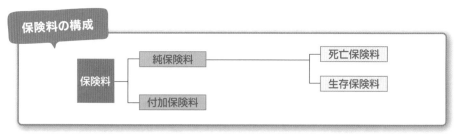

保険料の構成

保険料 ─┬─ 純保険料 ─┬─ 死亡保険料
　　　　│　　　　　　 └─ 生存保険料
　　　　└─ 付加保険料

純保険料は**予定利率**と**予定死亡率**を計算基礎とし、付加保険料は**予定事業費率**を計算基礎とします。

3つの予定基礎率

予定利率	保険会社が運用によって得られる予想収益の割合	予定利率が高いほど、保険料が**安くなる**
予定死亡率	統計に基づいて算出された性別、年齢別の死亡者数の割合	予定死亡率が**低い**ほど、保険料が**安くなる**
予定事業費率	保険会社が保険事業に必要な費用の割合	予定事業費率が**低い**ほど、保険料が**安くなる**

試験ではここが出る！

「予定〇〇率が高い（低い）ほど」保険料はどうなるのか、覚えよう。

◆ 剰余金と配当金のしくみ

　保険料は、3つの予定基礎率をもとに計算されますが、毎年の決算の結果、予定と実際の差によって利益が生じることがあります。これを剰余金といい、発生した剰余金は、一定の条件にしたがって契約者に還元されます。これが配当金です。

1．剰余金

　剰余金は次の3種類に区分され、剰余金の3利源といわれます。

利差益…実際の運用利率が予定利率を上回った場合の利益

死差益…実際の死亡率が予定死亡率を下回った場合の利益

費差益…実際の事業費率が予定事業費率を下回った場合の利益

2．配当金

　決算で剰余金が発生した場合、20%以上を配当金として契約者に還元します。

配当金の受取方法

積立	配当金を受け取らずに積み立てておく。いつでも引き出せるが、いったん受け取った配当金を再度預け入れることはできない
買増	配当金で保険を買い増し、保険金額を増やす
相殺	保険料と配当金を相殺する方法。その差額分が支払う保険料になる
現金支払い	配当金を毎年現金で受け取る

●配当からみた保険の分類

保険は、配当の支払方法から次の3つに分類されます。

配当による保険の分類

有配当保険	剰余金をもとに契約後3年目の契約応当日から**毎年配当**を行う
準有配当保険（5年ごと利差配当型）	5年ごとに、利差益の剰余金による配当のみを行う。契約後6年目の契約応当日から分配される
無配当保険	配当を行わないと定められている。保険料が安いのがメリットだが、今後、金利が上昇しても恩恵が受けられないというデメリットがある

用語 契約応当日

保険期間中に迎える、契約日に対応する日。

●配当金の受取り

配当金は、毎年度末の決算日に契約後1年を超えているものに対して割り当てられ、実際の支払いはその後に到来する契約応当日になります。2024年5月1日に有配当保険に加入した場合、第1回の配当金が受け取れるのは加入後3年目の2026年5月1日となります。

◆ 生命保険の基礎用語

生命保険の専門用語は、おもに以下の内容を押さえておきましょう。

生命保険の基礎用語

主契約…………生命保険の基本となる部分

特約……………主契約に付加して契約するもの

保険契約者……保険会社と契約を結び、契約上の義務と権利を持つ人

被保険者………保険の対象となっている人

保険金受取人…保険契約者から指定された、保険金を受け取る人

診査……………保険契約に際し、加入申込者（被保険者）に対して医師が行う身体検査

保険料…………保険契約者が保険の対価として保険会社に払い込むお金

保険金…………死亡時や満期時に保険会社から支払われるお金

保険事故………保険金の支払いが発生する出来事（死亡や入院など）

給付金…………入院や手術をした際に保険会社から支払われるお金

責任準備金……保険会社が将来の保険金・給付金の財源として積み立てるもの

解約返戻金……保険契約を途中で解約した場合などに保険契約者に払い戻されるお金

❷ 生命保険商品

生命保険の主契約は、定期保険、終身保険、養老保険の3つが基本となっており、他の商品はこれらの変形と考えられます。

◆ 個人向け保険商品

1. 保障性を重視した保険商品

● 定期保険

・一定期間のみの保障

・保険料は掛捨てで満期保険金がない

・終身保険や養老保険に比べて保険料が安い

・平準定期保険、逓減定期保険、逓増定期保険、収入保障保険などがある

試験では ここが出る！

さまざまな種類の定期保険の特徴は要チェック。

平準定期保険…保険金額が一定の定期保険

逓減定期保険…契約当初の保険金額から徐々に減少する。保険料は一定

逓増定期保険…契約当初の保険金額から徐々に増加する。保険料は一定

収入保障保険…保険金が年金形式で毎年または毎月に分けて、一定期間または保険満了時まで支払われる。一括で受け取ることもできるが、年金形式で受け取る場合の受取総額よりも受取額は少なくなる

定期保険のイメージ

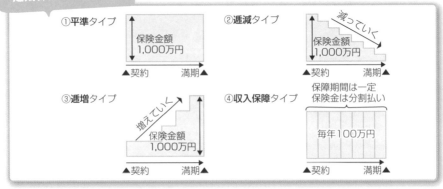

①平準タイプ　保険金額1,000万円　▲契約　満期▲

②逓減タイプ　減っていく　保険金額1,000万円　▲契約　満期▲

③逓増タイプ　増えていく　保険金額1,000万円　▲契約　満期▲

④収入保障タイプ　保障期間は一定　保険金は分割払い　毎年100万円　▲契約　満期▲

●終身保険

・保障が一生涯続き、必ず保険金を受け取ることができる

・長期間継続した後に解約すると、解約返戻金を受け取ることができる

・早期に解約すると、解約返戻金は払込保険料総額を下回る

・定期保険に比べて保険料が高い

・払込終了後、死亡保障の代わりに**年金受取り**や**介護保障**などに変更できる場合もある

・保険料払込期間中に解約した場合の返戻率が低く（6〜7割程度）設定されている、低解約返戻金型終身保険もある。他の条件が同一なら一般的な終身保険に比べて保険料は安い

・告知または医師の診査が不要で、健康状態にかかわらず加入できる無選択型終身保険もあるが、保険料は割高である

・外貨で保険料を払い込み、外貨で保険金・解約返戻金を受け取る外貨建終身保険もある。為替リスクはあるが、円換算特約を付加した場合、円貨で受け取れる

＋α　**外貨建て一時払い終身保険**

契約時に、保険料を一時金で払い込み（月払いや年払いはできない）、予定利率が高い米ドルや豪ドル等で運用する終身保険のこと。さまざまなタイプがあるが、一般的に、死亡保険金は一時払い保険料相当額（外貨建て）以上となる。
相続対策や運用目的で加入する人がほとんどだが、為替リスクのほか、解約時には「市場価格調整」や「解約控除」がかかる場合もあり、運用として考えると元本割れになる場合もあるので注意が必要。

終身保険のイメージ

死亡保険金

責任準備金

契約　　　　払込満了

払込満了後に年金受取りや介護保険への移行も可能

●定期保険特約付終身保険（定期付終身保険）

・定期保険を特約として、主契約の終身保険と組み合わせた死亡保険。
　割安な保険料で一定期間の大型保障が得られる

・「**全期型**」と「**更新型**」がある

・更新型は医師の診査なしで更新できるが、保険料は更新時の年齢および
　び保険料率で再計算されるので高くなる

定期付終身保険のイメージ

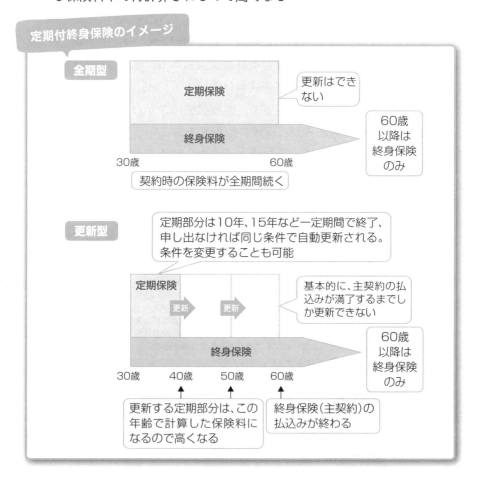

全期型

定期保険

更新はできない

終身保険

30歳　　　60歳

60歳以降は終身保険のみ

契約時の保険料が全期間続く

更新型

定期部分は10年、15年など一定期間で終了、申し出なければ同じ条件で自動更新される。条件を変更することも可能

定期保険

更新　更新

基本的に、主契約の払込みが満了するまでしか更新できない

終身保険

30歳　40歳　50歳　60歳

60歳以降は終身保険のみ

更新する定期部分は、この年齢で計算した保険料になるので高くなる

終身保険（主契約）の払込みが終わる

●利率変動型積立終身保険（アカウント型保険）

・保険を**保障部分**と**積立部分（アカウント部分）**に分け、ライフプランに応じて自由な組み合わせができる

・保険料はいったんアカウント部分に充当され、そこから定期保険特約や医療特約などの保障部分の保険料を支払う

・払込終了後、それまでの積立金を原資として、終身保険に無診査で移行できる

・積立金は所定の範囲内で一時金を投入したり、引き出したりすることができる

アカウント型保険のイメージ

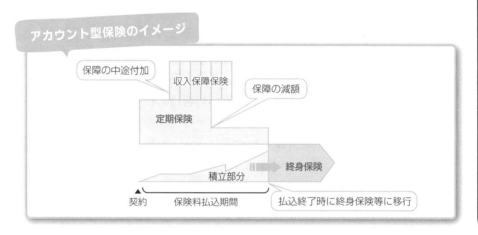

2．保障性と貯蓄性を組み合わせた保険商品

●養老保険

・被保険者が死亡した場合には**死亡保険金**が、満期まで生存した場合には**同額**の**満期保険金**が支払われる

・定期保険や終身保険に比べて保険料が高い

・受け取る満期保険金が払い込む保険料の総額を下回ることもある

・定期保険特約付養老保険もある

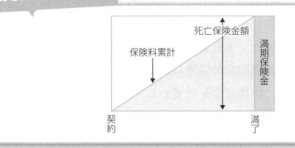

養老保険のイメージ

死亡保険金額
保険料累計
満期保険金
契約
満了

●こども（学資）保険

・子どもの教育資金準備のための保険で、子どもを被保険者、親など
　が契約者となる連生保険（1つの契約に被保険者が複数いる保険）

・一般的には、保険期間中に契約者が死亡・高度障害になると以後の
　保険料の払込みが免除となるが、その場合にも祝金や満期保険金は
　契約どおり受け取れる

・受け取る祝金・満期保険金の総額が払い込んだ保険料の総額を下回
　ることもある

・育英年金（保険期間中に契約者が死亡した場合、育英費用として毎
　年支払われる年金）が支払われるものもある

試験ではここが出る！

こども保険の特徴は、ライフプランニング（教育
資金の準備）で問われることもある。

3. 投資性の高い保険商品

●変額保険

・**特別勘定**で運用される（国内外の株式や債券で運用）

・有期型（満期がある）と終身型（満期がない）がある

・資産の運用実績により、保険金額は毎月増減し、解約返戻金は毎日増減する

・死亡・高度障害保険金は、契約時の基本保険金額が保証される

・満期保険金・解約返戻金は最低保証がないので、基本保険金額を下回ることもある

用語 一般勘定と特別勘定

一般勘定…予定利率を契約者に保証しているタイプの保険の資産を運用する勘定。運用のリスクは保険会社が負う。

特別勘定…運用実績に応じて支払われる保険金などの金額が変動するタイプの保険の資産を運用する勘定。

変額保険のイメージ

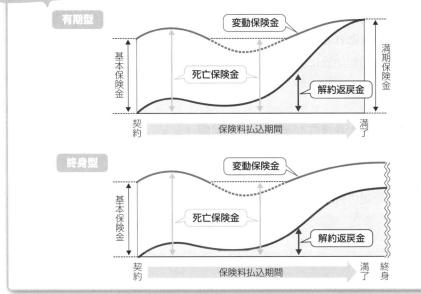

❸ 個人年金保険

◆ 個人年金保険とは

個人年金保険は老齢期の資金を準備する目的の保険で、国民年金などの公的年金を補完する役割があります。年金受取開始前に死亡した場合は、一般的に払込保険料相当額の死亡給付金が支払われます。

1. 受取方法によるおもな種類と特徴

●終身年金

- ・被保険者が生きている限り年金が受け取れる
- ・確定年金や有期年金よりも保険料が高い
- ・保証期間付終身年金＊が主流

＊保証期間中に被保険者が死亡した場合、残りの保証期間に対応する年金または一時金が遺族に支払われる。

●確定年金

- ・被保険者の生死にかかわらず一定期間（5年、10年、15年など）年金が受け取れる
- ・年金受給開始後に死亡した場合は遺族に支払われる

●有期年金

- ・被保険者が生きている限り一定期間（5年、10年、15年など）年金が受け取れる
- ・他の個人年金よりも保険料が安い
- ・保証期間付有期年金もある

●夫婦年金

・夫婦のどちらかが生きている限り一生涯、年金が受け取れる
・連生保険で、終身年金の一種
・いずれか一方が死亡しても年金額は減少しない

個人年金保険のポイント

受取期間	種類	保証期間	メリット	デメリット
一定期間	確定年金		一定期間、生死を問わず年金が受け取れる	一定期間のみの年金のため、期間終了後は年金がなくなってしまう
	有期年金	なし	年金受取期間内に生存している限り受け取れる。他の個人年金に比べて保険料が安い	年金受取期間内に死亡した場合、その後の年金原資は遺族に支払われない
		あり	保証期間内に死亡した場合、残った保証期間に対する年金原資が遺族に支払われる	保証期間経過後に死亡した場合、その後の年金原資は遺族に支払われない
一生涯	終身年金	なし	生存している限り年金が受け取れる	有期年金・確定年金に比べて保険料が高い
		あり	保証期間内に死亡すると、残りの保証期間に対する年金原資が遺族に支払われる	保証期間がある分、保証期間のない終身年金よりも保険料が高い
	夫婦年金	なし	夫婦のいずれかが生存している限り、年金が受け取れる	他の個人年金に比べて保険料が高い。また離婚時などには不利
		あり	保証期間内に2人が死亡すると、残りの保証期間に対する年金原資が遺族に支払われる	保証期間がある分、保証期間のない夫婦年金よりも保険料が高い。また離婚時などには不利

2. 投資性のある年金

●変額個人年金保険

- 特別勘定で運用され、国内外の株式や債券に投資するので、受け取る年金額は運用実績によって変動する
- 年金受取前の被保険者に対する死亡給付金は一般的には払込保険料相当額が保証されるが、受取年金額や解約返戻金は保証されないのが一般的（受取年金総額や年金原資を最低保証している商品もある）
- 受取方法は保証期間付終身年金または確定年金（→p.134）が一般的

＋α 変額保険にかかる費用

費用は積立金額から差し引かれるので意識しづらいが、次のような諸経費がかかる。
- 契約初期費用
- 保険関係費用
- 運用関係費用
- 解約控除　　　など

試験では ここが出る！

変額年金保険は、一般に死亡給付金額は保証されるが、年金額や解約返戻金額は保証されない。

●外貨建て個人年金保険

- 保険料や年金額がアメリカドルや豪ドルなどの外貨建て
- 将来受け取る外貨建てでの年金額は確定している
- 将来受け取る円建ての年金額は確定していない（為替リスクあり）

一般的な定額個人年金保険と変額個人年金保険の比較

種類	定額個人年金保険	変額個人年金保険
年金額	契約時に将来の年金額が決まる	運用実績によって将来の年金額が増減する
解約返戻金の保証	ある	ない
中途解約時の解約控除	ない	一定期間ある
保険料の運用コスト	ない	ある
運用リスク	保険会社が負う	契約者が負う
相続時の税金（年金受取前）	生命保険の非課税枠を使用することができる	生命保険の非課税枠を使用することができる
将来のインフレ対応	対応しにくい	対応できる可能性が高い

❹ かんぽ生命の保険・共済・少額短期保険業者

◆ かんぽ生命

　かんぽ生命は、2007年10月に日本郵政公社の民営、分社化でできた日本郵政グループの生命保険会社です。なお、民営化前に加入した簡易生命保険契約は、独立行政法人郵便貯金・簡易保険管理機構に継承され、契約内容（保険期間や保険金額等）は変わらず、保険金支払いなどの政府保証も契約が消滅するまで継続されます。

かんぽ生命の保険商品の特徴

・保険金の加入限度額は原則として、死亡保険で1,000万円（15歳以下の人は700万円まで、加入後4年経過した20歳以上55歳以下の人は2,000万円まで）、個人年金保険で90万円（契約が継続中の簡易生命保険を通算した金額）

・加入にあたっての医師の診査は不要（告知は必要）

・職業上の制限事項がなく、保険料も一律

・加入後1年6ヵ月を経過して不慮の事故などで死亡・高度障害になったときには、基本保険金額の2倍の額が支払われる「倍額保障制度」がある

・最高で日額15,000円の入院給付特約を付加できる

◆ 共済

　共済制度は、各種団体がさまざまな商品を扱っていますが、代表的な共済は以下の4つです。民間の生命保険にあたる生命共済と、損害保険にあたる損害共済の両方を取り扱っているのが特徴です。

おもな共済

JA共済 （全国共済農業協同組合連合会）	・監督官庁は農林水産省で、農業協同組合の共済事業 ・契約できるのは原則として組合員だが、一般の人も利用できる ・保険種類・契約可能額ともに民間保険会社とほぼ同様の商品を扱っている ・性別、年齢によって掛金が設定されている
こくみん共済 coop （全国労働者共済生活協同組合連合会）	・監督官庁は厚生労働省で組合員が対象（出資金を支払えばだれでも組合員になれる） ・代表的な商品は「こくみん共済」。バリエーション豊富だが、基本タイプは1年更新の定期共済であり、年齢や性別にかかわらず掛金は同額。更新可能年齢であれば、告知なしで更新できる ・せいめい共済、住まいる共済、マイカー共済などもある
全国生協連 （全国生活協同組合連合会）	・県民共済が代表的 ・監督官庁は厚生労働省で、多くの都道府県で実施している ・一定の年齢の範囲であれば性別・年齢にかかわらず掛金は一律で、医師の診査は不要 ・死亡保障と医療保障を組み合わせた総合保障型のほか、こども型や熟年型、そのほか各種特約がある
CO・OP共済 （日本生活協同組合連合会）	・監督官庁は厚生労働省で、組合員が対象（出資金を支払えばだれでも組合員になれる） ・代表的な商品は「たすけあい」「あいぷらす」

◆ 少額短期保険業者

　保険業のうち、少額かつ短期の保険のみを扱う保険事業者を少額短期保険業者といいます。少額短期保険業者の扱う生命保険商品や医療保険商品は保険期間1年以内、損害保険商品は保険期間2年以内で、保険金額は被保険者1人当たり総額1,000万円以下に限定されています。

生命保険の基礎知識と商品

練習問題

次の各記述のうち、正しいものに〇、誤っているものに×をつけなさい。

生命保険の基礎知識

1. 生命保険は、加入期間中の運用実績に応じて保険金額が変動するかどうかによって、定額保険と変額保険に分類することができる。

2. 保険料は、「予定利率」が高いほど高くなる。

3. 保険契約日にかかわらず、契約応当日は自由に設定することができる。

生命保険商品

4. 逓減定期保険は、保険期間の経過とともに保険料が逓減していく。

5. アカウント型保険は、積立金を一定の範囲内で自由に引き出すことができる。また、まとまった金額を一時金として積み立てることもできる。

6. こども保険の契約者が死亡すると、あらかじめ指定した受取人に死亡給付金が支払われる。

7. 変額保険（終身型）は、一般に契約時に定めた保険金額（基本保険金額）の保証はなく、運用実績によっては、死亡保険金の額が基本保険金額を下回ることがある。

個人年金保険

8. 変額個人年金においては、運用実績にかかわらず、解約返戻金の額は最低保証されるが死亡給付金は保証されない。

9. 定額個人年金保険では、年金開始までは基本、年金額は確定しない。

かんぽ生命の保険・共済・少額短期保険業者

10. かんぽ生命の保険金の新規加入限度額は、簡易生命保険と別枠で被保険者（16歳以上）1人につき1,000万円となる。

11. 少額短期保険業者と結ぶ保険契約は、生命保険契約者保護機構または損害保険契約者保護機構による保護の対象となる。

解答

1 ○ 定額保険は、運用実績によらず一定の金額が保証されている。変額保険は、加入後の保険会社の運用実績によって、保険金額や解約返戻金が変動する。

2 × 保険料は、「予定利率」が高いほど安くなる。

3 × 保険契約日が4月1日の場合、年払いの人の契約応当日は毎年4月1日となるよう保険契約日に対応している。

4 × 保険金額は逓減していくが、保険料は一定である。

5 ○ アカウント型保険は、保険を保障部分と積立部分（アカウント部分）に分け、自由に組み合わせることができる。

6 × こども保険の被保険者が死亡した場合には死亡保険金が支払われるが、契約者が死亡しても死亡給付金は支払われない。契約者が死亡した場合は、その後の保険料払込みは免除され、所定の時期に祝金や満期保険金が支払われる。

7 × 変額保険の死亡保険金には一般に最低保証（基本保険金）があるため、死亡保険金の額が基本保険金額を下回ることはない。解約返戻金には最低保証はない。

8 × 変額個人年金において解約返戻金の額は最低保証されない。死亡給付金は最低保証される。

9 × 定額個人年金保険では、契約時に基本年金額は確定する。

10 × 加入限度額は簡易生命保険で契約した全額と通算される。

11 × 少額短期保険業者は保険契約者保護機構の会員ではなく、生命保険契約者保護機構または損害保険契約者保護機構による保護の対象とはならない。

ボリューム
たっぷり
だったニャ

がんばれ、
がんばれ

10日目

42

生命保険契約と
保障の見直し

顧客のニーズに応じて、生命保険を見直すことも
FPの重要な仕事です。
この章では、生命保険契約の基本的なルールを学び、
さらに出題頻度が高い「告知義務」や「責任開始日」
などの理解を深めていきましょう。

❶ 生命保険契約

- ◆ 約款と「ご契約のしおり」
- ◆ 告知と告知義務
- ◆ 契約の承諾と責任開始日
- ◆ クーリングオフ制度

保険契約が成立するための3つの条件や責任開始日、クーリングオフ制度など、基本事項を覚えよう。

❷ 保険料の払込み

- ◆ 保険料の払込方法
- ◆ 猶予期間
- ◆ 契約の失効・復活

一時払いと全期前納の違い、保険料が払えなかった場合の猶予期間、契約が失効する条件・復活させる条件をチェック。

❸ 生命保険の見直し

- ◆ 保障額を増額する場合
- ◆ 保障額を減額する場合
- ◆ 保険料の支払いが困難な場合
- ◆ 現金が一時的に必要になった場合
- ◆ 保険が不要になった場合

保障額の増額・減額、転換・解約の方法、払済保険や延長保険のしくみを理解しよう。

❶ 生命保険契約

◆ 約款と「ご契約のしおり」

　約款とは契約書のようなもので、保険会社と契約者の間で取り交わすお互いの権利義務を規定しています。保険種類ごとに作成されます。

　ここから重要事項を抜き出して、わかりやすく解説したものが「**ご契約のしおり**」です。申込時にはこの「ご契約のしおり」のほか、契約概要や注意喚起情報が必ず手渡され、重要事項の説明を受けたら、申込書の所定の箇所に契約者が署名します。

◆ 告知と告知義務

契約にあたっては、保険契約者または被保険者には告知義務があるため、現在の職業や最近3ヵ月以内の通院、治療状況、また過去5年以内の健康状態や病歴などの質問に対してありのままに答えなければなりません（告知を求められた事項のみでよい）。告知方法には告知書扱いや診査扱いなどがあります。事実と違うことを答えると告知義務違反となり、保険会社はその契約を解除することができます。ただし、解除権は、以下の場合に消滅します。

> ①契約が契約日から2年（保険法においては5年）を超えて有効に継続した
> ②会社が告知義務違反を知ってから1ヵ月以内に解除を行わなかった

解除の際に解約返戻金があれば支払われますが、解除前に保険事故が発生したとしても、保険金や給付金は支払われません。

◆ 契約の承諾と責任開始日

顧客の加入の申込みを保険会社が認めることを承諾といいます。また、保険会社が保険金・給付金の支払いなど、契約上の責任を開始する日を責任開始日といいます。責任開始日は以下の3つがすべて完了したときです。

> ①保険契約の申込み
> ②告知（医師の診査）
> ③第1回保険料（充当金）の払込み

◆ クーリングオフ制度

　クーリングオフとは、一定期間であれば消費者側から無条件で契約を一方的に解除することができる制度です。保険業法上においては以下のような特徴があります。

・当日*を含めて8日以内（保険会社によってはもっと長いことも）に文書を郵送する（FAXや、メール等の電磁的記録でも可）

・郵送の場合の申し出の日は、郵便局の消印で判定する

・保険契約は、契約当初にさかのぼって**無効**となる

・払込保険料は**全額返金**される

・次の場合はクーリングオフの適用除外となる

　・保険期間が1年以下である契約
　・医師の診査を終了したとき
　・法令による加入が義務づけられている契約（自賠責保険）
　・法人が契約者である、または事業のための契約であるとき　など

＊契約の申込みの撤回についての書面を交付した日、または申込みをした日のいずれか。

頭を冷やすことも
クーリングオフというニャ。
つまり、消費者に冷静になって
考える時間を与えるための
制度だニャ！

❷ 保険料の払込み

◆ 保険料の払込方法

保険料の払込方法は、おもに次のように分けられます。

保険料の払込方法

月払い	毎月支払う方法
半年払い	半年ごとに支払う方法。月払いよりも安い
年払い	毎年1回支払う方法。半年払いよりも安い
一時払い	・契約の際に保険期間全体の保険料を支払う ・被保険者が保険期間の途中で死亡したときでも保険料の返還がない ・生命保険料控除は支払った年1回だけしか受けることができない
全期前納	・全保険期間分の保険料を保険会社に預けておき、年1回の支払日に預けたお金から保険料が支払われる ・被保険者が保険期間の途中で死亡したときにはそれ以降の保険料が返還される ・生命保険料控除は毎年受けることができる

+α　団体扱保険

企業等の従業員の一定数以上が加入し、月々の給与から天引きして保険料を保険会社に支払う保険のことで、保険料は団体扱保険に分類されるのが最も安くなる。

◆ 猶予期間

　契約者は保険料を払込期日までに払い込む必要があります。ただし、支払いが遅れても、一定期間は保険会社が保険料の支払いを待つので、契約の効力がすぐに失われるわけではありません。この一定期間を猶予期間といいます。

　猶予期間は、保険料の払込方法（回数）によって異なります。

1．月払いの場合

　猶予期間は、**払込期月の翌月初日**から**末日**までとなります。

2．半年払い、年払いの場合

　猶予期間は、**払込期月の翌月初日**から**翌々月の月単位の契約応当日**まで。ただし、契約応当日が2月、6月、11月の各末日の場合には、それぞれ4月、8月、1月の各末日までとなります。

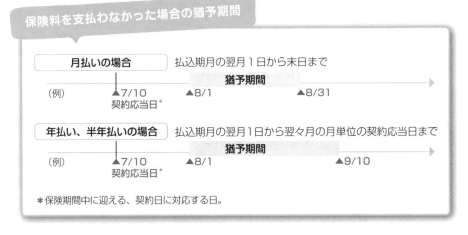

なお、猶予期間中に保険金の支払事由が生じた場合は、未払保険料と利息を差し引いて、保険金や給付金が支払われます。

◆ 契約の失効・復活

1. 失効

払込猶予期間を過ぎても保険料の払込みがなく、（自動）振替貸付（→p.149）が適用されない場合、保険契約に関するすべての権利を失います。これを失効と呼びます。

2. 復活

失効してから3年（変額保険は3ヵ月）以内に、契約を失効前の状態に戻すことです。この場合、医師の診査または告知が必要です。また、失効期間中の未払保険料をまとめて払い込むことが必要（保険会社によってはその間の利息も必要）です。なお、復活した場合の保険料は失効前の保険料と同額です。

❸ 生命保険の見直し

生命保険を見直す方法には次のようなものがあります。

◆ 保障額を増額する場合

1. 追加契約

今までの契約を継続しながら新たな契約を追加します。

2. 特約の中途付加制度、中途増額制度

中途付加制度は、現在加入している保険の保障額はそのままで、事故や病気などの備えを追加する方法です。中途増額制度は、定期保険、養老保険、終身保険などの主要契約部分を増額する方法です。増額部分の満期は元の契約と同一となり、その分の保険料は増額時の年齢および保険料率で計算します。

３．契約転換制度

　現在の契約を転換価格（責任準備金や積立配当金などの合計額）で下取りして、同じ保険会社の新たな保険に契約し直す方法です。既契約の転換価格を新契約の一部に充当するため、通常の新規契約よりも保険料が安くなります。保険料は、転換したときの年齢の料率・予定利率が適用されます。転換時には告知・診査が必要となりますので、健康状態によっては転換できない場合もあります。

◆ 保障額を減額する場合

　主契約・特約のいずれも減額の対象となります。保障額を減らした部分は解約したものとして取り扱われ、それに対応する解約返戻金があれば受け取ることができます。

◆ 保険料の支払いが困難な場合

１．払済保険への変更

　払済保険とは、保険料の払込みを中止して、保険期間を変えず、その時点での解約返戻金をもとに、元の契約と同じ種類の一時払いの保険（または養老保険）に変更する方法です。払済保険に変更後は保険料の支払いはなくなりますが、保険金額は低くなります。大きな保障がいらなくなった場合に有効な方法です。保険期間は変わりませんが、付加していた特約は消滅します。

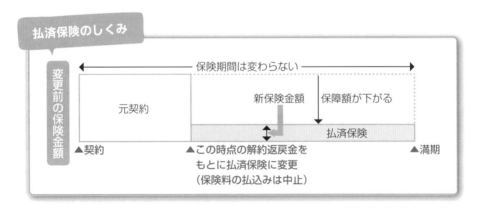

払済保険のしくみ

2. 延長（定期）保険

　保険料の払込みを中止して、その時点での解約返戻金をもとに、一時払いの定期保険に変更する方法です。死亡保険金額は元の保険と同じですが、解約返戻金の額によって、保険期間が元の契約期間より短くなる場合には、その期間満了をもって契約は消滅し、元の契約期間を超える場合には元の保険期間にとどめ、満了日に生存保険金が支払われます。収入が減ったなど生活が苦しくなったときに有効な方法です。付加していた特約は消滅します。

　払済保険、延長（定期）保険は一定期間内であれば契約を変更前の状態に戻すことができ、これを**復旧**といいます。復旧には、診査または告知と、復旧部分の積立不足分の払込みが必要です。復活とは異なります。

延長（定期）保険のしくみ

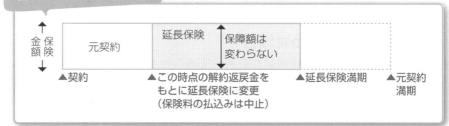

試験ではここが出る！

払済保険、延長保険は説明を入れ替えて出題されやすい。

3. 自動振替貸付制度

　解約返戻金がある保険契約について保険料の払込みが困難な場合に生命保険会社に保険料を立て替えてもらうものです。立て替えられた保険料には所定の利息がつきます。なお、自動振替貸付を受けた保険料も、生命保険料控除の対象となります。

◆ 現金が一時的に必要になった場合

1. 契約者貸付

　契約者貸付は、解約返戻金を担保にして、契約者が解約返戻金の一定範囲内で貸付けを受けることができる制度です。貸付けを受けた場合は、会社所定の利率で利息を支払う必要があります。返済はいつでも可能です。解約時や満期保険金受取時の金額から未返済の貸付元利金を差し引くことで返済に充てることもできます。契約者貸付制度利用中に被保険者が死亡した場合には、死亡保険金等の金額から未返済の貸付元利金を差し引いた額が保険金受取人に支払われます。

2. 配当金の引出し

　現金が必要になったとき、配当金の受取方法が積立であれば、いつでも全部または一部を引き出すことができます。

◆ 保険が不要になった場合

　契約者は、いつでも保険契約を解約することができます。解約すると、保険種類や経過年数により解約返戻金や配当金が支払われ（ない場合もある）、契約は消滅します。

Chapter **2** Section **3**

生命保険契約と保障の見直し

練習問題

次の各記述のうち、正しいものに〇、誤っているものに×をつけなさい。

生命保険契約

1. 書面による告知で契約申込みと第1回保険料充当金の支払日、告知日が2024年8月1日、保険会社の契約承諾日が8月21日であるとする。被保険者が8月16日に交通事故で死亡した場合、保険金は支払われない。

2. 保険契約者や被保険者が故意に告知義務に違反した場合、保険会社は、原則として、いつでも保険契約を解除することができる。

3. 失効した保険契約を復活させるときに本人が健康であれば医師の診査や健康状態の告知は不要である。

保険料の払込み

4. 全期前納の場合、生命保険料控除を毎年受けることができる。

5. 生命保険料の支払方法が月払いの場合、払込みの猶予期間は払込期月の翌月初日から翌々月末日までとなる。

生命保険の見直し

6. 延長（定期）保険とは、保険料の払込みを中止して、その時点での解約返戻金をもとに、保険金額を変えないで一時払いの定期保険に切り換えることである。

7 収入が減り、大きな保障も必要なくなったときは、払済保険に変更するとよい。

8. 自動振替貸付を受けた生命保険の生命保険料は、生命保険料控除の対象にならない。

9. 契約者貸付は、解約返戻金を担保として、契約者が解約返戻金の一定範囲内で貸付けを受けることができる制度である。

解答

1　✕　契約申込み・第1回保険料支払い・告知が完了した2024年8月1日が責任開始日のため保険金は支払われる。

2　✕　保険契約者や被保険者が故意または重大な過失により告知義務に違反した場合、契約日から2年以内であれば、保険会社は保険契約を解除することができる。いつでも解除できるわけではない。

3　✕　復活する場合は、医師の診査または健康状態の告知が必要。

4　○　これに対して「一時払い」は、支払った年1回だけしか生命保険料控除を受けることができない。

5　✕　生命保険料の支払方法が月払いの場合、払込みの猶予期間は払込期月の翌月初日から翌月末日までとなる。

6　○　付加されていた特約は消滅する。

7　○　払済保険に変更した後は、以後の保険料の支払いはなくなるが、保険金額は低くなる。

8　✕　自動振替貸付を受けた生命保険の生命保険料も、生命保険料控除の対象になる。

9　○　契約者貸付を利用した場合は、会社所定の利率で利息を支払う必要がある。

ごほうびに
するニャ

11 日目

42

しっかり
休んでるか
ニャ？

第三分野の保険と各種特約

第一分野の保険を扱う生命保険会社と、
第二分野の保険を扱う損害保険会社は
お互いの分野に関わることはできませんが、
第三分野にはどちらの会社も参入することができます。
そのため、さまざまな商品開発が進むようになりました。
それぞれの特徴を見比べて
よりよい選択ができるようにしましょう。

❶第三分野の保険と各種特約

◆ 第三分野の保険とは
◆ 各種特約

第一分野（生命保険）と第二分野（損害保険）の間に位置する、医療保険などの各商品の特徴を覚えよう。

❷保険証券

◆ 保険証券の見方

保険証券から、主契約と特約、それぞれの内容と保険金額、保険料払込方法・払込期間などの情報を読み取ろう。

❶ 第三分野の保険と各種特約

◆ 第三分野の保険とは

医療・介護・傷害などに関する保険を第三分野の保険といいます。

1. 医療保険

医療保険には次のような特徴があります。

・病気やケガによる入院や手術の際に、給付金を受け取ることができる
・**定期型**と**終身型**がある
・定期型は、歳満了タイプと更新型がある
・更新タイプは、更新時に告知・診査は不要だが、保険料がアップする
・正常分娩や美容整形に伴う費用は対象外

主契約（終身保険や定期保険など）に付加して加入する医療特約も医療保険と同じように、病気やケガによる入院や手術を保障します。

医療保険と医療特約の違い

	医療保険	医療特約
給付金が出る条件	・継続入院の1日目から 　┌ケガの場合5日以上 　└病気の場合8日以上 ・1泊2日の短期入院、日帰り入院タイプもある ・入院日数にかかわらず、入院一時金が出るタイプもある	・ケガ・病気の場合5日以上の継続入院で5日目から（4日分は対象外） ・1泊2日の短期入院、日帰り入院タイプもある
支払限度日数	1回の入院につき*60日、120日、360日、730日など	1回の入院につき*60日、120日など
通算限度日数	730日、1,000日、無制限など	730日程度
死亡保険金	少額が受け取れる商品もある	なし
保障期間	80歳までや、一生涯の保障など	
メリット	見直ししやすい	死亡保障等も必要な場合、手続が簡単または一度で済む
デメリット	別途保険料が必要	主契約とセットなので見直しに制限がある

＊退院の翌日から180日以内に同一の疾病で再入院した場合は「1回の入院」の扱いとなる。

＋α　限定告知型医療保険

限定された告知項目に該当しなければ契約可能な医療保険で、健康状態の告知や医師の診査を必要とする一般の医療保険と比較すると、より高リスクな人でも加入できる。ただし、保険料は割高になる。

2．介護保障保険

　寝たきりや認知症により一定の状態が継続した場合、**介護一時金**や**介護年金**あるいは**介護費用保険金**等を受け取ることができる保険です。次のような特徴があります。

・**定期型**と**終身型**がある
・介護保障に特化したタイプのほか、死亡保険金とセットになったタイプや、健康であれば健康祝金が支払われるタイプもある
・公的介護保険の要介護状態の認定基準とは関係なく、**保険会社独自の基準**で一時金や年金が支払われる。最近は、公的介護保険の要介護認定と連動して給付を行うタイプが多い

３．がん保険

　医療保険の中でもがんに特化したもので、おもにがん診断給付金、がん入院給付金、がん手術給付金、がん通院給付金、がん死亡保険金などの保障が受けられます。特定疾病保障保険と違い、がん保険は給付金が支払われても契約は消滅しません（がん診断一時金のみのタイプを除く）。次のような特徴があります。

- ・保険料は他の医療保険に比べて安い
- ・がんによる入院給付金に上限日数はない
- ・免責期間（一般的に保障開始まで90日間または３ヵ月間）がある
- ・**定期型**と**終身型**がある

試験では ここが出る！

がん保険は「免責期間（90日または３ヵ月）」「入院給付金の日数制限なし」が問われる。

４．所得補償保険（就業不能保険）

　国内・海外を問わず病気やケガにより就業できなくなった間の所得を補償する保険です。入院の有無は問われず、自宅療養でも保険金が支払われます。就業によらずに発生する不動産収入や配当収入のみの場合は、補償の対象となりません。

５．医療費用保険

　病気やケガの入院で実際にかかった費用のうち、健康保険などの対象外の費用や自己負担した費用を一定の範囲内で補償します。

　生命保険会社の医療保険との違いは実損てん補による額が支払われることと、更新型で終身型がない点です。

◆ 各種特約

特約とは、保険の主契約を補完するもので、単独で加入することはできません。保険会社によって種類や保障内容、名称等が異なります。

1．事故・病気に備える特約

おもな事故・病気に備える特約

特約の名称	給付金が支払われる状況
災害割増特約	不慮の事故（事故の日より180日以内）、特定感染症で死亡、高度障害状態になったとき
傷害特約	死亡、または不慮の事故で事故から180日以内に所定の障害状態になったときに障害等級に応じて給付金が支払われる
災害入院特約	不慮の事故で180日以内に入院したとき
疾病入院特約	病気で入院したときに入院給付金。病気や不慮の事故で手術をしたときに、手術給付金
成人病（生活習慣病）入院特約	がん、急性心筋梗塞、脳卒中、高血圧性疾患、糖尿病などの成人病で入院したとき
女性疾病入院特約	女性特有の病気（子宮や乳房の病気、甲状腺の障害）などで入院したとき
通院特約	入院給付金の支払対象となる入院をして、退院後もその入院の直接の原因となった病気やケガの治療を目的として通院したとき（入院前の通院に給付金を支給する保険会社もある）
先進医療特約	療養を受けた時点において厚生労働大臣が承認する先進医療に該当する治療を受けたとき。特約付加後、新たに承認された先進医療も対象になる

試験ではここが出る！

先進医療特約は「療養を受けた時点」で厚生労働大臣が承認する先進医療が対象。

2．生前給付保険・特約

　生前に保険金が支払われるものには、次のようなものがあります。生前給付の保険や特約は、それぞれ支払われる条件が異なるので注意しましょう。

●リビング・ニーズ特約

　余命6ヵ月以内と診断された場合、死亡保険金の一部（または全部。3,000万円を限度）を**生前に受け取れる**特約です。特約を付加するための**保険料は必要ありません**が、保険金を受け取る際には保険金から6ヵ月分の保険料と利息が差し引かれます。

　給付請求は**一度**しかできません。保険金受取後に6ヵ月以上生存していても、保険金を返還する必要はありません。

試験ではここが出る！

リビング・ニーズ特約は「保険料無料」「余命6ヵ月」「3,000万円を限度」がポイント。

●特定疾病保障保険・特約（3大疾病保障保険・特約）

　がん・急性心筋梗塞・脳卒中にかかり、また一定期間所定の状態が継続した場合に、余命期間には関係なく特定疾病保険金が支払われます。通常の定期保険や終身保険よりも保険料が割高で、**保険金を受け取ったら保険契約は終了**となります。

　特定疾病保険金を受け取ることなく特定疾病以外の病気等が原因で死亡した場合でも、同額の死亡保険金を受け取ることができます。

●指定代理請求人制度

　被保険者の同意を事前に得たうえで、被保険者本人に代わって配偶者、もしくは3親等内の親族などが生前給付金を受け取る制度のこと。入院給付金や手術給付金、**リビング・ニーズ特約**、**特定疾病保障保険**、**がん保険**などで利用されます。

❷ 保険証券

◆ 保険証券の見方

FPにとって保険証券の読み取りは、実務において必要不可欠です。

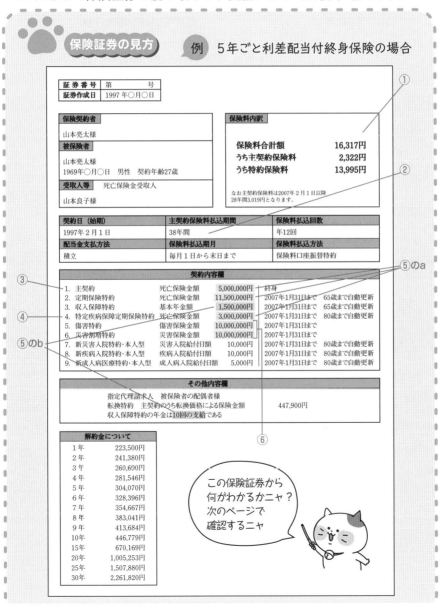

保険証券の見方　例　5年ごと利差配当付終身保険の場合

証券番号	第　　　　号
証券作成日	1997 年○月○日

保険契約者
山本亮太様

被保険者
山本亮人様
1969年○月○日　男性　契約年齢27歳

受取人等　死亡保険金受取人
山本良子様

保険料内訳

保険料合計額　　　　16,317円
うち主契約保険料　　　2,322円
うち特約保険料　　　13,995円

なお主契約保険料は2007年2月1日以降
28年間3,019円となります。

契約日（始期）	主契約保険料払込期間	保険料払込回数
1997年2月1日	38年間	年12回
配当金支払方法	保険料払込期月	保険料払込方法
積立	毎月1日から末日まで	保険料口座振替特約

契約内容欄

1. 主契約	死亡保険金額	5,000,000円	終身	
2. 定期保険特約	死亡保険金額	11,500,000円	2007年1月31日まで	65歳まで自動更新
3. 収入保障特約	基本年金額	1,500,000円	2007年1月31日まで	65歳まで自動更新
4. 特定疾病保障定期保険特約	死亡保険金額	3,000,000円	2007年1月31日まで	80歳まで自動更新
5. 傷害特約	傷害保険金額	10,000,000円	2007年1月31日まで	
6. 災害割増特約	災害保険金額	10,000,000円	2007年1月31日まで	
7. 新災害入院特約・本人型	災害入院給付日額	10,000円	2007年1月31日まで	80歳まで自動更新
8. 新疾病入院特約・本人型	疾病入院給付日額	10,000円	2007年1月31日まで	80歳まで自動更新
9. 新成人病医療特約・本人型	成人病入院給付日額	5,000円	2007年1月31日まで	80歳まで自動更新

その他内容欄

指定代理請求人　被保険者の配偶者様
転換特約　主契約のうち転換価格による保険金額　　　447,900円
収入保障特約の年金は10回の支給である

解約金について	
1 年	223,500円
2 年	241,380円
3 年	260,690円
4 年	281,546円
5 年	304,070円
6 年	328,396円
7 年	354,667円
8 年	383,041円
9 年	413,684円
10 年	446,779円
15 年	670,169円
20 年	1,005,253円
25 年	1,507,880円
30 年	2,261,820円

① ② ③ ④ ⑤のa ⑤のb ⑥

この保険証券から
何がわかるかニャ？
次のページで
確認するニャ

●読み取りのポイント

　保険証券の読み取りには、「保険料はいつまででいくら支払うか」「どんなときに、どの保険や特約から、保険金や給付金がいくら支払われるか」ということがポイントになります。

〈 例 の場合〉

保険種類	定期保険特約付終身保険
①保険料はいくらか?	16,317円（27歳～36歳） 更新の都度、特約部分の保険料はアップする
②保険料はいつまで支払うか?	65歳まで（払込期間38年） ＊入院特約を80歳まで継続する場合は、払込終了時に以後の分をまとめて支払うか、80歳まで年払いが必要
③主契約の保険金額はいくらか?	500万円
④特定疾病保険金はいくら付加されているか?	300万円
⑤各種特約を更新し、65歳前に特定疾病保険金を受け取ることなく病気で死亡した場合に支払われる保険金はいくらか?	ⓐ　一時金受取 　　500万円（主契約）＋1,150万円（定期保険特約）＋300万円（特定疾病特約）＝1,950万円 ⓑ　年金受取 　　150万円×10回＝1,500万円 ⓒ　ⓐ＋ⓑ 　　1,950万円＋1,500万円＝3,450万円
⑥各種特約を更新し、65歳前に特定疾病保険金を受け取ることなく事故で死亡した場合に支払われる保険金はいくらか?	ⓒ＋1,000万円（傷害特約） ＋1,000万円（災害割増特約）＝5,450万円

●主契約である終身保険の保険料払込方式の区分

　「平準保険料払込方式」では、保険料払込期間中、保険料は一定ですが、「ステップ保険料払込方式」では、保険料払込期間の途中で保険料が上がります。

第三分野の保険と各種特約

練習問題

次の各記述のうち、正しいものに〇、誤っているものに×をつけなさい。

第三分野の保険と各種特約

1. 人間ドックで入院した場合、医療保険の入院給付金を受け取ることができる。

2. がん保険は、一般的に契約開始後60日の免責期間があり、その期間中に被保険者ががんと診断された場合、保険金・給付金は支払われない。

3. 民間会社の介護保険において、公的介護保険の要介護認定を支払要件としている商品はない。

4. 所得補償保険は、被保険者が病気だけでなくケガなどで就業不能になった場合にも適用される。

5. 先進医療特約において、加入後に新しく厚生労働大臣の承認がおりた先進医療技術は支払いの対象外である。

6. リビング・ニーズ特約は、余命6ヵ月以内と診断された場合、死亡保険金の一部（または全部）を生前に受け取れる特約であり、特約付加のための保険料は必要ない。

7. 特定疾病保障保険は、特定疾病以外の病気等が原因で死亡した場合でも同額の死亡保険金を受け取ることができる。

保険証券

8. p.159の保険証券によると、主契約保険料は65歳まで2,322円である。

9. p.159の保険証券によると、被保険者が現状でがんで入院した場合、日額10,000円の入院給付金が受け取れる。

解答

1 × 治療を目的としない入院の場合は入院給付金を受け取ることができない。

2 × 免責期間は90日あるいは3ヵ月間である。

3 × 要介護状態の認定基準は、基本的に保険会社が独自に判断するが、公的介護保険の要介護認定と連動して保険が支払われる商品もある。

4 ○ 入院の有無は問われず、自宅療養でも保険金が支払われる。

5 × 療養を受けた時点で新しく認められている先進医療技術は支払いの対象となる。

6 ○ 生前給付金として死亡保険金の全部を支払われた場合、主契約は消滅する。

7 ○ 特定疾病保障保険は通常の定期保険や終身保険よりも保険料が割高で、保険金を受け取ったら保険契約が終了となる。

8 × 「ステップ保険料払込方式」なので37歳からは3,019円となる。

9 × 新疾病入院特約の10,000円と新成人病医療特約の5,000円、合計15,000円が受け取れる。

やればできるニャ！

12日目

42

調子が
出てきた
ニャ

Chapter **2** リスク管理 | Section **5**

生命保険と税金

前半では、生命保険を支払うときや受け取るときに
どのような課税関係が生じるかを学びます。
後半は法人契約の生命保険について理解を深めます。
法人の場合も個人と同じように、
生命保険を活用してさまざまなリスクに備えることができます。

❶ 生命保険商品と税金

- ◆ 保険料（支払い）と税金
- ◆ 保険金（受取り）と税金
- ◆ 個人年金保険と税金

保険料支払時の保険料控除制度、契約者と保険金受取人の組み合わせによる税区分の違い、非課税になる保険金・給付金を押さえておこう。

❷ 法人契約の生命保険

- ◆ 役員、従業員向けの保険
- ◆ 法人契約の生命保険と税務

保険の種類や、被保険者や受取人がだれかによって支払保険料や受取保険金の経理処理が異なるので注意しよう。

❶ 生命保険商品と税金

◆ 保険料（支払い）と税金

　生命保険の保険料を支払った場合、一定額が生命保険料控除として、その年の保険料負担者の所得から控除されます。その分課税所得が少なくなり、所得税と住民税が軽減されます。なお、生命保険料控除の対象となる契約は、受取人が本人・配偶者・一定の親族である者に限られます。

1. 対象となる生命保険契約

　2012年1月1日以降の契約から、一般の生命保険契約、介護医療保険契約、個人年金保険契約の3つが生命保険料控除の対象となっています。なお、少額短期保険の保険料は、控除の対象となりません。

生命保険料控除の対象となっている保険契約

一般の生命保険契約	・生命保険会社と契約した生命保険契約であること（ただし、保険期間が5年未満の貯蓄保険や団体信用生命保険、財形保険は対象外）
介護医療保険契約	・第三分野の保険のうち、医療保険、がん保険、介護保険、所得補償保険などで保険金等の受取人が保険契約者またはその配偶者、その他親族である契約
個人年金保険契約	以下の要件をすべて満たしている、個人年金保険料税制適格特約が付加されている契約のこと。 ・年金受取人が保険契約者またはその配偶者で被保険者と同一人であること ・保険料払込期間は10年以上（一時払いは対象外） ・終身年金、もしくは年金の種類が確定年金（有期年金）の場合、年金支払開始日における被保険者の年齢は60歳以上で、かつ年金支払期間が10年以上あること（終身年金の場合は年齢を問わない）

 ＋α　生命保険料控除の対象の有無

・個人年金保険料控除の対象とならない個人年金保険の保険料は、一般の生命保険料控除の対象となる。
・変額個人年金保険の保険料は、一般の生命保険料控除の対象となる。
・身体の傷害のみに起因して保険金・給付金が支払われる災害割増特約・傷害特約、災害入院特約の特約保険料は、一般の生命保険契約・介護医療保険契約のどちらの対象にもならない。

2．対象となる保険料

　その年の1月1日から12月31日までに払い込んだ正味払込保険料＊の合計額です。また**前納**の場合は、当該年分の支払保険料相当額が毎年控除の対象となり、**一時払い**の場合は、支払保険料全額を支払った年だけ（1回限り）控除の対象となります。

＊払込保険料から配当金等を差し引いたもの。

3．控除額

　2010年度の税制改正により、契約時期によって適用される控除額が異なります。2011年12月31日までに結んだ契約は旧契約（所得税なら

最高5万円。合計最高10万円)、2012年1月1日以降に結んだ契約は新契約(所得税なら最高4万円。合計最高12万円)の控除額となります。

 ＋α 旧契約を更新した場合

2011年以前に結んだ契約を更新した場合には、新制度の控除額が適用される。

新旧生命保険料控除額(最高額)

契約の時期		一般の生命保険料控除	介護医療保険料控除	個人年金保険料控除	合計
2011年12月31日以前	所得税	最高5万円	—	最高5万円	最高10万円
	住民税	最高3.5万円	—	最高3.5万円	最高7万円
2012年1月1日以降	所得税	最高4万円	最高4万円	最高4万円	最高12万円
	住民税	最高2.8万円	最高2.8万円	最高2.8万円	最高7万円

2012年1月1日以降に締結した保険契約の控除額

	年間の支払保険料等	控除額
所得税	20,000円以下	支払保険料等の全額
	20,000円超　40,000円以下	支払保険料等×1/2＋10,000円
	40,000円超　80,000円以下	支払保険料等×1/4＋20,000円
	80,000円超	一律40,000円
	年間の支払保険料等	**控除額**
住民税	12,000円以下	支払保険料等の全額
	12,000円超　32,000円以下	支払保険料等×1/2＋6,000円
	32,000円超　56,000円以下	支払保険料等×1/4＋14,000円
	56,000円超	一律28,000円

試験ではここが出る！

控除額の計算式は提示されるので暗記は不要。最高控除額は覚えておこう。

＋α　新・旧両契約に加入している場合

新契約と旧契約の両方に加入している場合、控除の種類ごとに下記のいずれかを選択して申告する。

		控除上限額
①	旧契約のみ申告	所得税5万円、住民税3.5万円
②	新契約のみ申告	所得税4万円、住民税2.8万円
③	旧契約と新契約の両方を申告	所得税4万円、住民税2.8万円

◆ 保険金（受取り）と税金

1. 死亡保険金と税金

死亡保険金については、契約形態によって、**相続税、贈与税、所得税**のいずれかの課税対象になります。

●相続税の対象となる場合

保険契約者と被保険者が同じで、保険金受取人が異なる場合、相続税の課税対象となります。ただし、相続人が受け取った場合、以下で算出された金額が**非課税**となります。

> 500万円×法定相続人の数

 ＋α　生命保険契約に関する権利の評価額

保険金支払事由が発生していない生命保険を相続した場合、生命保険契約の権利の評価額は、解約返戻金相当額となる。

●贈与税の対象となる場合

保険契約者と被保険者および保険金受取人が異なる場合、贈与税の対象となります。

> **贈与税の課税対象額**＝保険金＋積立配当金－基礎控除（110万円）

●所得税の対象となる場合

保険契約者と保険金受取人が同じ場合、一時所得として所得税・住民税の課税対象となります。

> 相続税はp.519、所得税はp.321も見ておくニャ！

一時所得の金額＝
　（死亡保険金＋積立配当金 －払込保険料総額）－特別控除額（50万円）
課税総所得金額に算入する金額＝一時所得の金額×1/2

2．満期保険金・解約返戻金と税金

　契約者（保険料負担者）と保険金等の受取人が同一の場合の満期保険金・解約返戻金は、一時所得として所得税・住民税の対象となります。また、契約者（保険料負担者）以外の人が満期保険金を受け取った場合は贈与税の課税対象となります。

保険金の課税関係

死亡保険金の課税関係

保険契約者	被保険者	受取人	税金
A	A	Aの相続人	**相続税**（保険金非課税枠有）
A	A	Aの相続人以外	**相続税**（保険金非課税枠無）
A	B	A	**所得税**（一時所得）・**住民税**
A	B	C	**贈与税**

満期保険金・解約返戻金の課税関係

保険契約者	被保険者	受取人	税金
A	だれでもよい	A	**所得税**（一時所得）・**住民税**
A	だれでもよい	A以外	**贈与税**

試験ではここが出る！

契約者・受取人の組み合わせによる税金の違い（相続税、贈与税、所得税・住民税）は頻出。

3．金融類似商品

保険期間5年以下の一時払養老保険などの金融類似商品は、既払込保険料と満期保険金・解約返戻金の差益に対して、一律20.315%（所得税15.315％＋住民税5％）の源泉分離課税となります。

4．給付金と税金

入院給付金や手術給付金、介護保険金、高度障害給付金などは、被保険者やその配偶者、もしくは直系血族または生計を一にするその他の親族が受け取った場合には**非課税**です。

5．生前給付金と税金

特定（3大）疾病保険金やリビング・ニーズ特約保険金を、被保険者または指定代理請求人が受け取った場合は**非課税**です。ただし、被保険者死亡後に保険金が現金として残れば、現金財産として**相続税**の対象となります（「死亡保険金に係る非課税限度額」の適用外）。

試験では**ここが出る！**

入院給付金やリビング・ニーズ特約保険金など、非課税となる給付金をチェック！

◆ 個人年金保険と税金

1．年金開始前の税金

年金支払開始前に被保険者が死亡し、死亡給付金が支払われた場合、死亡保険金と同様に、相続税、所得税（一時所得）、贈与税のいずれかの対象になります。

2．年金開始時の税金

保険契約者（保険料負担者）と年金受取人の関係によって、次のような課税関係になります。

年金受取時の課税関係

契約者	被保険者	受取人	年金開始時の課税	毎年の年金時の課税
A	A	A	なし	所得税・住民税
A	B	A	なし	所得税・住民税
A	B	B	贈与税	なし*

＊ 年金開始時に贈与税としてすべて支払った場合。

所得税がかかる場合：雑所得として課税

雑所得の金額＝年金年額 － 必要経費

必要経費＝年金年額×（正味払込保険料総額
÷年金受取総額またはその見込額）

贈与税がかかる場合：下記の金額に対して課税

年金受給権の評価額×（年金受取人以外が負担した保険料の総額
÷正味払込保険料総額）

試験ではここが出る！

個人年金の契約者と受取人の組み合わせによる税区分の違い（所得税・住民税、贈与税）も要確認。

3．年金受取開始後に一括して受け取る場合の課税

確定年金……………………年金原資を一括して受け取るので契約は終了し、一時所得として課税

保証期間付終身年金…保証期間分の年金を一括して受け取っても保証期間後に生存していれば年金が再開されるため雑所得として課税

❷ 法人契約の生命保険

　法人も個人と同じようにさまざまなリスクを抱えていますが、生命保険を活用することでそれに備えることができます。

◆ 役員、従業員向けの保険

　役員向けの保険としては終身保険や長期の平準定期保険、逓増定期保険などが、従業員向けの保険では総合福祉団体定期保険や養老保険などが利用されています。

1．経営者・役員向け保険

（1）終身保険

　発生時期が予測できない死亡、相続に対しては、保障期間が一生涯の終身保険が適しています。また、終身保険には保障機能とともに貯蓄機能もあるので、生存退職時点の解約返戻金を退職金原資に充当することもできます。

（2）長期の平準定期保険

　中小企業の経営者向けの長期契約の定期保険です。経営者の死亡・高度障害に対して大きな保障があるとともに、解約返戻金を会社の資金繰りに使用することも可能です。何も起きなかった場合は、解約返戻金を退職金原資に充当することもできますが、保険期間満了時には解約返戻金はゼロとなり、満期保険金はありません。

（3）逓増定期保険

　インフレヘッジ機能があり、企業の成長期における事業保障資金の財源などに活用できます。また、長期の平準定期保険と同様に、中途解約で支払われる解約返戻金を退職金原資に充当することもできますが、保険期間満了時には解約返戻金はゼロとなり、満期保険金はありません。

用語　インフレヘッジ機能

インフレが進行しているとき貨幣価値の下落で受ける損失を防ぐ機能。

2．従業員向け保険

（1）総合福祉団体定期保険

　法人が契約者、役員・従業員が被保険者、被保険者の遺族（ヒューマン・ヴァリュー特約を付加すれば法人）が受取人となる、1年更新の定期保険で、従業員が死亡したときの死亡退職金や遺族弔慰金などの支払いに使います。被保険者の同意が必要ですが、無診査で加入できます。法人が負担した保険料は全額損金算入でき、従業員に対する課税はありません。

用語　ヒューマン・ヴァリュー特約

役員・従業員が死亡・高度障害となった場合に、法人に死亡保険金・高度障害保険金が支払われる特約。特約の付加には被保険者の同意が必要。役員・従業員が死亡等したことで生じた法人の損失を補てんし、新たな従業員を雇用する費用などに充てることを目的とした特約。

（2）養老保険

　従業員の福利厚生を目的として法人が養老保険に加入した場合は、従業員の定年退職金と死亡退職金を同時に準備することができます。

◆ 法人契約の生命保険と税務

法人契約の生命保険は次のような経理処理が行われます。

1．法人契約の保険料の経理処理

定期保険や医療保険など貯蓄性のない保険は原則として損金算入、養老保険や終身保険など貯蓄性のある保険は保険料積立金として資産計上されます。

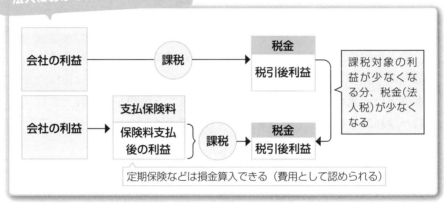

法人における保険料の経理処理

定期保険などは損金算入できる（費用として認められる）

保険による経理処理は次のようになっています。

（1）終身保険

終身保険の経理処理

保険種類	保険金受取人		主契約保険料
	満期保険金	死亡保険金	
終身保険	―	法人	資産計上
	―	役員・従業員の遺族	損金算入

+α　法人が終身保険の保険料を支払ったときの経理処理

例　終身保険の年間保険料が60万円（保険金の受取人は法人）の場合

借方	貸方
保険料積立金【資産】　60万円	現金・預金　60万円

（2）養老保険

養老保険の経理処理

保険種類	保険金受取人		主契約保険料
	満期保険金	死亡保険金	
養老保険	法人	法人	資産計上
	役員・従業員	役員・従業員の遺族	損金算入
	法人	役員・従業員の遺族	1/2資産計上 1/2損金算入 （ハーフタックスプラン）

　法人契約の養老保険において、保険契約者は法人、被保険者は役員・従業員全員、満期保険金受取人は法人、死亡保険金受取人は被保険者の遺族という場合、支払保険料の1/2に相当する金額が**資産計上**され、残額が福利厚生費として損金算入される処理のことを**ハーフタックスプラン**といいます。

　被保険者を特定の者のみとしている場合は、福利厚生費ではなく給与として扱われるので注意しなければなりません。

＋α　法人が養老保険（ハーフタックスプラン）の保険料を支払ったときの経理処理

例　養老保険の年間保険料が60万円（死亡保険金受取人は役員・従業員の遺族）の場合

借方		貸方	
保険料積立金【資産】	30万円	現金・預金　60万円	
福利厚生費【損金】	30万円		

（3）定期保険

　定期保険は原則、貯蓄性がないものとして、全額を損金に算入できます。しかし、定期保険であっても、逓増定期保険や長期の平準定期保険等の保険料には相当多額の前払部分の保険料が含まれるため、一定の前半期間では保険料の一部を資産計上し、その後取り崩していきます。

定期保険・第三分野の保険の経理処理

最高解約返戻率50%超85%以下の場合の資産計上期間と計上額、取崩期間は押さえておこう。

＜最高解約返戻率＊が50％以下の場合＞

契約者	被保険者	死亡保険金受取人	保険料の経理処理
法人	役員・従業員	法人	全額損金算入
		役員・従業員の遺族	「福利厚生費」として損金算入＊＊

＊最高解約返戻率とは、その保険の保険期間を通じて、解約返戻率が最も高い割合となる期間のその割合をいう
＊＊特定の者のみを被保険者とする場合は「給与」として損金算入

＜最高解約返戻率が50％超の場合＞

契約者：法人　　被保険者：役員・従業員　　死亡保険金受取人：法人

最高解約返戻率	資産計上期間	資産計上額（残額を損金算入）	取崩期間
50％超70％以下	保険期間の当初4割の期間	支払保険料×4/10	保険期間の4分の3の経過後から、保険期間の終了の日まで
70％超85％以下		支払保険料×6/10	
85％超	原則として、保険期間開始日から最高解約返戻率となる期間の終了日まで	①保険期間の当初10年間 支払保険料×最高解約返戻率×9/10 ②11年目以降 支払保険料×最高解約返戻率×7/10	解約返戻金が最も高くなる期間の経過後から、保険期間の終了の日まで

取崩しのイメージ図

| 資産計上 | 損金算入 |
| 損金算入 | 全額損金算入 |

←──── 資産計上期間 ────→　←──── 取崩期間 ────→

※資産計上期間または取崩期間以外の期間は、支払保険料の全額を損金に算入
※取崩期間は、支払保険料の全額を損金算入するとともに、資産計上されている前払保険料の累計額を取崩期間で均等に取り崩して損金算入

（4）個人年金保険

受取人はすべて法人	原則として資産計上
死亡給付金・年金とも受取人が従業員または遺族	原則として給与・報酬として損金算入
死亡給付金は遺族が受取人年金は法人が受取人	1/10損金算入、9/10資産計上

（5）第三分野の保険

　最高解約返戻率が50％以下で全員加入の場合は、福利厚生費として全額損金算入します。

　最高解約返戻率が50％超で全員加入の場合は、長期の定期保険と同様に最高解約返戻率に応じて資産計上・取崩し処理をします。

2．保険金等の経理処理
●受取人が法人の場合

　死亡保険金や満期保険金の受取人が法人の場合、受け取った金額を資産に計上し、すでに資産計上している保険料を資産の減少として計上します。死亡時に受け取った金額と資産に計上している保険積立金との差額は、雑収入または雑損失とし、収益（益金）または損失（損金）の発生として計上します。中途解約して解約返戻金を受け取った場合も同様です。法人が受け取った保険金を退職金として従業員に支払いを決定した際には損金算入します。

+α　法人が保険金を受け取ったときの経理処理

例　法人（契約者・保険金受取人）が、終身保険（既払込保険料総額150万円）を解約して解約返戻金160万円を受け取った場合

借方	貸方
現金・預金　160万円	保険料積立金【資産】　150万円 雑収入【益金】　10万円

176

●受取人が被保険者または被保険者の遺族の場合

　法人としては入出金がありませんので、法人の経理処理は不要です。保険料は給与・報酬として損金算入します。ただし、配当積立金が資産計上されている場合、その額を取り崩し、雑損失として損金算入します。

試験ではここが出る！

資産計上分がない定期保険等の死亡保険金は、保険金の全額が雑収入になる。

法人における保険金等の経理処理

役員・従業員の遺族が直接受け取った場合

死亡保険金	「みなし相続財産」として相続税の課税対象となる（「死亡保険金に係る非課税限度額」が適用される）
高度障害保険金・給付金	全額非課税

法人が直接受け取った場合

死亡保険金・高度障害保険金　給付金・配当金	雑収入として益金算入する
入院給付金	全額を雑収入として益金算入する
解約金	解約返戻金から資産計上分を引いた差額を益金（または損金）算入する

法人が直接受け取って役員・従業員に支払った場合

死亡退職金・弔慰金	原則として損金算入する
見舞金	福利厚生費として損金算入する

＋α　入院給付金等の経理処理

入院給付金や手術給付金を法人が受け取った場合は、その全額を益金（雑収入）に算入する。個人が受け取る入院給付金等は非課税だが、法人税法では非課税ではない。

練習問題

次の各記述のうち、正しいものに○、誤っているものに×をつけなさい。

生命保険商品と税金

1. 所得税では、一般の生命保険契約、介護医療保険契約、個人年金保険契約の各保険料控除の合計適用限度額は100,000円である。

2. 終身保険の契約者および死亡保険金受取人が夫、被保険者が妻の場合、夫が受け取る死亡保険金は一時所得として所得税の課税対象となる。

3. 入院給付金を受け取った場合、一時所得として所得税の課税対象となる。

法人契約の生命保険

4. 契約者・死亡保険金受取人を法人とし、被保険者を役員・従業員とする最高解約返戻率が40％の長期の定期保険の保険料の経理処理は、保険期間の当初4割の期間は支払保険料の4/10を資産計上する。

5. 全役員を被保険者、法人を死亡保険金受取人とする一時払終身保険の保険料は、払込時に保険積立金として資産に計上した後は、保険料についての経理処理は行われない。

6. 法人契約の死亡保険金を役員・従業員の遺族が直接受け取った場合、全額非課税になる。

解答

1 × 120,000円が正しい。
2 ○ 死亡保険金の保険契約者と保険金受取人が同じ場合、一時所得として所得税が課税される。
3 × 入院給付金等は、被保険者やその配偶者、直系血族あるいは生計を一にする親族が受け取る場合は非課税である。
4 × 最高解約返戻率が50％以下なので、支払保険料の全額を損金算入する。
5 ○ 保険料を損金算入するタイプの保険を前納した場合は、「前払保険料（費用）」として資産計上し、毎事業年度に当該年度分を損金に算入する。
6 × 相続税が課税される。

13日目

42

お勉強は
楽しいニャ

Chapter **2** リスク管理 | Section **6**

損害保険の
基礎知識と商品

今日の学習では、損害保険の概要を押さえ、
それぞれの商品についての理解を深めましょう。
損害保険と関係の深い失火責任法、自賠責保険、
製造物責任法にも触れていきます。

❶ 損害保険の基礎知識

- ◆ 損害保険の役割
- ◆ 損害保険のしくみ

馴染みのない損害保険用語を商品内容説明で見つけたら、振り返って確認して覚えよう。

❷ 損害保険商品

- ◆ 損害保険と法律
- ◆ 火災保険
- ◆ 自動車保険
- ◆ 傷害保険
- ◆ 賠償責任保険

火災保険・地震保険の商品内容は頻出。自動車保険や傷害保険は、どんな事故のときにどの保険から保険金が支払われるのか、例を覚えておこう。

❶ 損害保険の基礎知識

◆ 損害保険の役割

　生命保険が人を対象にしているのに対して、損害保険はおもに**人・物・賠償責任**を対象にしています。損害保険は、偶然の事故や災害に対して、多数の人が保険料を出し合い、相互にリスクを負担することで万一の経済的負担を軽減・安定させる制度です。

◆ 損害保険のしくみ

1. 損害保険の保険料の決まり方

損害保険は、生命保険と同じく、大数の法則と収支相等の原則が基本になっています。それに損害保険特有のものとして公平の原則（給付・反対給付均等の原則）と利得禁止の原則があります。

公平の原則………それぞれが危険の度合いに応じた保険料を負担しなければならない

利得禁止の原則…被保険者は保険によって利益を得てはならない

保険会社に実際に支払う保険料（営業保険料）も、生命保険料と同様に、純保険料と付加保険料に分かれます。純保険料は保険部分に充当されるもので、予定損害率に基づいて計算されます。損害率とは、収入保険料に対する支払った保険金の割合のことです。付加保険料には保険会社の人件費などの事業費が含まれています。

2. 損害保険の種類

損害保険は次の4つが基本ですが、これらを組み合わせた損害保険商品も多数あります。

損害保険の分類

物保険	火災保険、自動車保険（車両保険）、動産総合保険など
人保険	傷害保険、自動車保険（搭乗者傷害保険、自損事故保険）など
賠償責任保険	個人賠償責任保険、自賠責保険など
その他の保険	利益保険、店舗休業保険、所得補償保険など

3. 損害保険の基礎用語

損害保険の専門用語は、おもに次ページの内容を押さえておきましょう。

約款・契約に関する用語

被保険利益	保険の目的と被保険者との間に存在する利害関係のこと
通知義務	当初の契約内容に**変更が生じた**場合、契約者が保険会社に連絡する義務のこと
免責	保険金が支払われない、保険契約上の事由のこと
保険の目的	保険をつける対象のこと。火災保険での建物・家財など

契約金に関する用語

再調達価額	再度、保険の対象物と同じレベルのものを新築・購入するときに必要な金額のこと。新価ともいう
時価(額)	再調達価額から使用による消耗分を差し引いた金額
保険価額	保険事故が発生した場合に被保険者がこうむる可能性のある損害の最高見積額のこと
保険金額	保険契約の際に設定する契約金額のこと。保険会社から支払われる保険金の限度額

保険料・保険金およびその他に関する用語

超過保険	保険金額が保険価額よりも大きい保険 →実損てん補
全部保険	保険金額が保険価額と同じ保険 →実損てん補
一部保険	保険金額が保険価額よりも小さい保険 →比例てん補
実損てん補	損害が生じた際、保険金額を限度に**損害額全額**を保険金として支払うこと
比例てん補	保険事故によって損害が生じた際、保険をつけていた対象の価格より、保険金額が不足している場合、その**不足している割合**に応じて保険金を減額して支払うこと
免責金額	損害が発生しても、保険会社が保険の支払責任を負わないことを免責という。免責金額は、損害が発生したときに被保険者等が自己負担する額として契約時に設定する金額のこと
全損	修理、回収に必要な費用が再調達価額（または時価額）を超えるような場合のこと
過失相殺	被害者側に過失があれば、その過失割合に応じて損害賠償額を減額すること
再保険	保険会社が、保険契約に基づく保険金の支払責任の一部分またはすべてを別の保険会社に転嫁すること

❷ 損害保険商品

◆ 損害保険と法律

1．失火の責任に関する法律（失火責任法）

失火責任法では、失火者に**重大な過失**がない限り、民法で定められた**不法行為責任**を問われることはないので、賠償責任を負う必要はありません。

火災を出した本人にとっては近隣への**賠償を免れる**という意味になりますが、もらい火をした人にとっては、火元に対して**賠償責任を請求できない**ということを意味します。つまり、自分が火災を出さない自信があっても、火災保険を契約しておく必要があるということです。

ただし、次のような場合は失火責任法の**例外**となっており、賠償責任を負うことになります。

・爆発事故（失火責任法の適用対象外）
・借家人の起こした火災（ただし、借家人は家主に対して**債務不履行責任を負う**）など

用語　不法行為責任

民法709条による、加害者が被害者に対して賠償責任を負うという一般的な賠償責任。

用語　債務不履行責任

借りたものを返す義務、約束したことを履行する義務などを規定。

2. 自動車損害賠償保障法（自賠法）

　自動車損害賠償保障法（自賠法）は被害者救済を目的として定められた自動車の運行上の法律です。民法の特別法となっています。加害者が無過失責任（過失の有無にかかわらず問われる責任）を負うという、**無過失責任の原則**に基づいています。政府の保障事業の実施により、ひき逃げ・無保険者等による事故にあった被害者の救済も図っています。

　原動機付自転車を含む、すべての自動車が自動車損害賠償責任保険（自賠責保険）に強制加入することになっています。

自動車保険に
ついてはp.188で
詳しく学習するニャ！

3. 製造物責任法（PL法）

　製造物責任法（PL法）は、消費者が製品の欠陥によって生命、身体または財産に損害をこうむったことを証明した場合に、製造業者に対して損害賠償を求めることができる法律です。これにより、製造者はたとえ過失がなくても責任を負わなければなりません。

　製造業者等である企業は、損害賠償による損害を補償するために、**生産物賠償責任保険（PL保険）**を利用しています。

◆ 火災保険

補償対象は、火災や爆発事故、自然災害による**直接損害**や、それらに付随する臨時費用や片付け費用などの**間接損害**です。

1. 火災保険の特徴と種類

火災保険の特徴

・**建物**と**家財**は**別々**に保険金額を設定して契約する

・**補償型**（掛捨て型）と満期返戻金のある**積立型**がある

・**明記物件**は契約時に申告しなければならない

・建物の構造、所在地（都道府県別）、用途により保険料が異なる

・自家用車は火災保険の対象とならない

・保険契約者、被保険者の故意もしくは重大な過失、法令違反による火災等は対象外

用語 家財

建物内に収容される家財一式。家具や家電、衣服など日常生活に使う動産、絵画、骨董品、貴金属など。

用語 明記物件

1個または1組の価格が30万円超の貴金属・骨董など。

●火災保険の種類

　火災保険は、**新型火災保険**によって補償が一本化されています。おもな火災保険の種類は次のとおりです。

おもな火災保険の種類と特徴

住宅火災保険	・専用住宅と家財 ・火災・落雷・破裂・爆発・風災、ひょう災・雪災、放火が原因の火災 ・臨時費用などの間接被害 ・**水災は補償されない**
住宅総合保険	・専用住宅と家財 ・地震、噴火、津波以外が原因の火災 ・住宅火災保険で補償される損害のほか、物体の落下、飛来、水漏れ、盗難、水災など
団地保険 （マンション保険）	・耐火構造共同住宅と家財 ・**住宅総合保険**とほぼ同じだが水災は補償されない ・傷害保険と個人賠償責任保険がセットになっている
普通火災保険	・店舗、店舗兼住宅などの建物と収容動産 ・**住宅火災保険**とほぼ同じだが、修理付帯費用も支払われる
店舗総合保険	・店舗、店舗兼住宅などの建物と収容動産 ・**住宅総合保険**とほぼ同じだが、修理付帯費用も支払われる

2. 火災保険の支払保険金額と価額協定保険特約

●火災保険の支払保険金額

　火災保険において、契約時に設定する保険金額は、**時価（保険価額）**を基本にしています。

　保険金額が時価（保険価額）の一定額＊以上の場合、保険金額を限度に、実際の損害額が支払われます。一定額未満の場合、次の計算式で算出された保険金が支払われるので、保険事故が起きても、損害額の一部しか保険金が支払われないことがあります（一部保険）。

　また、対象となる建物や家財に複数の保険契約が存在した場合、契約者は、保険価額を超えて保険金を受けることはできません。

＊住宅火災保険や住宅総合保険の場合は保険価額の80％の保険会社が多い。

火災保険の支払保険金（比例てん補）の計算式

$$\text{支払われる保険金} = \text{実際の損害額} \times \frac{\text{保険金額}}{\text{保険価額} \times 80\%^*}$$

＊保険会社や種類によって異なる。

●価額協定保険特約

　持ち家や事務所などが万が一火災にあっても、元通りに復元できるだけの保険金が支払われる特約。建物だけではなく、家財にも付帯することができます。建物は**再調達価額**、家財は**再調達価額または時価**で保険がつけられます*。

＊100%、80%、60%のいずれかで保険金額を設定。ただし家財を再調達価額とする場合は100%。

3．地震保険

地震保険の特徴

保険の目的	住宅と家財、ただし1個または1組の価額が30万円超の貴金属や骨董などは対象外
保険料	建物の構造、所在地によって異なる ・「建築年割引」「耐震等級割引」「免震建築物割引」「耐震診断割引」の割引制度があるが、いずれの割引も重複して適用することはできない。割引率は「耐震等級割引」および「免震建築物割引」の50%が最大 ・各損害保険会社の保険料は同じ
保険金額	・主契約の保険金額の30%〜50%の範囲内で任意に定める（建物5,000万円、家財1,000万円が上限） ・保険金は損害の程度によって判定し、全損（保険金額の100%）・大半損（同60%）・小半損（同30%）・一部損（同5%）の定額払い

試験ではここが出る！

地震保険の保険金額は頻出、損害の程度による違いもチェック。

地震保険の対象となるのは、**住居用建物**（専用住宅および併用住宅）および家財で、火災保険で補償されない地震・噴火・津波を原因とする火災や損壊などによる損害を補償します。単独では加入できないので、**火災保険の特約**として契約しなければなりません。既存の火災保険への中途付帯も可能です。

◆ 自動車保険

1. 自動車損害賠償責任保険（自賠責保険）

自賠責保険は原則として、すべての自動車の保有者が加入する義務のある**強制保険**となっています。この保険は、対人賠償事故のみ*が対象で、対物賠償や自損事故、車両事故、ひき逃げ、無保険車は対象外です。飲酒運転や無免許でも免責となりません。

*自分の家族（配偶者・親・子）が被害者でも条件を満たせば補償される。

自賠責保険の支払限度額		
死亡事故	死亡による損害	1名につき3,000万円
	死亡に至るまでの傷害による損害	1名につき120万円
傷害事故	傷害による損害	1名につき120万円
	後遺障害による損害	1名につき75万円〜4,000万円

試験ではここが出る！

自賠責保険の支払限度額「3,000万円」「120万円」を覚えよう。

2. 任意加入の自動車保険

任意加入の自動車保険の、対人賠償保険、対物賠償保険においては、飲酒運転や無免許運転であっても保険金が支払われます。しかし、対人賠償保険の被害者が被保険者の配偶者、子、親等の場合、保険金は支払われません。任意保険は次ページの7種類の保険の組み合わせにより構成されています。

　なお、近年では、運転者の年齢・運転歴・自動車の使用目的・年間走行距離などによって、保険料に格差を設けた「リスク細分型自動車保険」や、契約の自動車1台ごとの事故等の発生状況に応じて保険料の割引・割増を適用する「ノンフリート等級制度」などにより、補償内容の差別化が図られています。

任意の自動車保険の種類と補償内容

	保険種類	補償の内容
相手への賠償	対人賠償保険	自動車事故で他人を死傷させ、法律上の賠償責任を負った場合、自賠責保険を**上回る部分**の金額が支払われる
	対物賠償保険	自動車事故で他人の財産に損害を与え、法律上の賠償責任を負った場合、保険金が支払われる
本人や家族の傷害	自損事故保険	電柱に衝突するなど、**自損事故のため自賠責保険の対象外**となる場合、保険金が支払われる
	無保険車傷害保険	加害者が対人賠償保険をつけていないなど、**賠償能力が十分ではない**自動車との事故の場合、代わりに保険金が支払われる
	搭乗者傷害保険	自動車の搭乗者（運転者・同乗者）が自動車事故により死傷した場合、保険金が支払われる
	人身傷害補償保険	自動車事故で死亡・傷害などの被害をこうむった場合、被保険者の過失の有無に関係なく、示談を待たずに保険金の全額が支払われる。被保険者やその家族が歩行中や自転車に乗っているときの自動車事故に対して保険金が支払われるタイプもある
車両	車両保険	所有する自動車が衝突、火災、盗難など偶然な事故によって損害をこうむった場合、保険金が支払われる。洪水や高潮、台風による損害は対象となるが、地震・噴火・津波は対象外

試験ではここが出る！

過失の有無に関係なく支払われる人身傷害補償保険は頻出。車両保険は地震・噴火・津波は対象外。

	特　徴
リスク細分型 自動車保険	一般的に事故率の低い中高齢者は、保険料が割安となり、若年齢者は割高になる傾向がある
ノンフリート 等級制度	1等級 ～ 20等級の20段階に区分され、等級が高いほど保険料は安くなる。1年間、保険を使った事故がなければ次年度に等級が1等級上がるが、事故を起こすと、次年度の等級が3等級または1等級下がる

保険金支払い例	次年度の等級
自動車同士の衝突によって対人賠償保険および対物賠償保険の保険金が支払われた	3等級ダウン
車が盗難にあい、車両保険の保険金が支払われた	1等級ダウン
人身傷害（補償）保険もしくは搭乗者傷害保険の保険金のみが支払われた（ノーカウント事故となる）	1等級アップ

◆　傷害保険

「急激・偶然・外来」という3つの要件を満たす事故によるケガを傷害といいます。傷害保険は、傷害による通院、死亡、後遺障害などを対象に保険金が支払われるものです。後遺障害保険金は、事故日から180日以内に負傷により所定の後遺障害が生じた場合に支払われます。

1．おもな傷害保険の商品

おもな傷害保険

普通傷害保険	・国内外を問わず、日常生活の中で起こるさまざまな事故による傷害を補償する保険 ・死亡保険金や後遺障害保険金などがある ・**病気や細菌性食中毒は対象外** ・地震、噴火、津波を原因とする傷害は対象外 ・家族全員*を対象とする家族傷害保険もある
交通事故傷害保険	・国内外を問わず、おもに交通事故や、道路通行中の物の落下や倒壊などによる傷害を補償する保険 ・家族全員*の交通傷害などを補償するファミリー交通傷害保険もある

＊本人（生計維持者）のほか、事故発生時のその配偶者、本人または配偶者と生計を一にする同居の親族、および本人または配偶者と生計を一にする別居の未婚の子。保険期間中に契約者本人に子が生まれた場合、その子は自動的に被保険者となる。

国内旅行傷害保険	・国内旅行を目的に、住居を出発してから帰宅するまでの傷害を補償する保険 ・細菌性食中毒は補償の対象となる ・地震などによる傷害は対象外	
海外旅行傷害保険	・海外旅行を目的に、住居を出発してから帰宅するまでの傷害を補償する保険 ・細菌性食中毒、地震、噴火、津波による傷害も補償の対象となる	

普通傷害保険と旅行傷害保険の違い

	病気	細菌性食中毒	地震・噴火・津波
普通傷害保険	×	△	△
国内旅行傷害保険	×	○	△
海外旅行傷害保険	△	○	○

○…対象　△…特約で対象　×…対象外

試験ではここが出る！

「地震・噴火・津波」「細菌性食中毒」が補償対象になるかが出題のポイント。

2．死亡保険金

　傷害保険の死亡保険金は、事故から180日以内に死亡した場合、後遺障害保険金は、ケガにより事故の日から180日以内に後遺障害が生じた場合に支払われます。

3．傷害保険の保険金と保険料

　傷害保険の保険金は定額払いで、各保険種類によって引受限度額が設定されています。また、保険料は**性別・年齢の差がなく**、職業、職種の危険度によって料率が定められています。ただし、交通事故傷害保険、海外（国内）旅行傷害保険は一律です。加入時には告知が必要です（診査は不要）。

　保険金は、健康保険、生命保険、労災保険、加害者からの賠償金とは関係なく支払われます。

◆ 賠償責任保険

賠償責任保険は、偶然の事故により他人の身体または財物に損害を与え法律上の損害賠償責任を負った場合に補てんする保険です。

1．個人向けの賠償責任保険

個人賠償責任保険は、個人が住居の管理や日常生活上の偶然の事故によって第三者に損害を与え、法律上の賠償責任を負担することになった損害を補償する保険です。次のようなポイントがあります。

> ・業務上、自動車事故、同居親族などに関する賠償は対象外
> ・被保険者の範囲には、本人と配偶者および本人またはその配偶者と生計を同じにする同居親族や別居の未婚の子も含まれる
> ・借り物・預り品は対象とならない*
> > ＊借り物は補償対象外とする保険会社が多いが、最近は借り物も補償対象とする個人賠償責任保険も発売されている。

保険金支払いの対象事例

対象と**なる**事例	・ベランダから植木鉢を落とし他人にケガをさせた ・ペットが近所の人にかみついてケガをさせた ・サッカーをしていて隣の家のガラスを割った ・マンションで水漏れを起こし階下に被害を与えた
対象と**ならない**事例	・友人を殴ってケガをさせた（暴力） ・酔っぱらって近所の店の看板を壊した（泥酔） ・配達途中、商品を落として壊した（業務上）

試験では**ここが出る！**

保険金支払い事例で、正誤を問う問題が出題される。

2. 法人向けの賠償責任保険

法人向けの賠償責任保険は、製造物責任法（PL法）の施行に伴い、生産物賠償責任保険（PL保険）のほかに、会社役員賠償責任保険（D&O保険）などがあります。（→p.118）

Chapter **2** Section **6**

損害保険の基礎知識と商品

練習問題

次の各記述のうち、正しいものに〇、誤っているものに×をつけなさい。

損害保険の基礎知識

1．事業者は保険によって利益を得てはならないという原則を、「利得禁止の原則」という。

2．加入者から損害保険会社に支払われる保険料は危険保険料といわれている。

3．再調達価額とは、保険の対象物と同じレベルのものを新築・購入するときに必要な金額のことで、新価ともいう。

損害保険商品

4．借家に住んでいるＡさんが、軽過失の失火により借家を全焼させてしまった。この場合Ａさんには、家主のＢさんに対する損害賠償責任は生じない。

5．被害者の重大な過失によるものであっても、火災保険の補償の対象となる損害であれば保険金は支払われる。

6．地震保険で家財も対象にした場合、地震で建物が損壊した直後に起こった家財の溶解も補償されている。

7．自賠責保険は、死亡事故のみを補償する強制保険である。

8．家族傷害保険は、家族全員を被保険者として引き受ける傷害保険で、国内・国外を問わず、日常生活の中で起こる事故・疾病について補償する。

9. 飼い犬が近所の人にかみつき、ケガをさせた場合は、個人賠償責任保険の対象となる。

解答

1 × 被保険者は保険によって利益を得てはならないという原則を、「利得禁止の原則」という。
2 × 営業保険料が正しい。
3 ○ 再調達価額は、損害保険の契約金に関する重要語句である。
4 × 軽過失であっても、借家人が失火により借家を焼失した場合は、家主に対する損害賠償責任が生じる。
5 × 被保険者の重大な過失、故意、法令違反により火災を起こした場合、保険金は支払われない。
6 × 地震保険の場合は、家財の盗難による損害は補償されない。
7 × 自賠責保険は、対人賠償事故のみを対象とする強制保険で、死亡事故や傷害事故が対象となる。
8 × 傷害保険では、疾病は補償の対象外である。
9 ○ 偶然の事故によって他人に損害を与え、賠償責任を負った場合に対象となる

よく
できました！

14日目

42

最後に全体を
ふりかえって
みるニャ！

損害保険と税金

今日の学習では、損害保険で
押さえておきたい保険料控除や税金、
法人契約の経理処理などについて
理解を深めましょう。

❶ 損害保険と税金

- ◆ 個人契約の損害保険と税金
- ◆ 法人契約の損害保険と税金
- ◆ 賠償金と税金
- ◆ 災害時の税金と損害保険

保険料控除制度や非課税となる保険金の種類などを確認しておこう。

❶ 損害保険と税金

◆ 個人契約の損害保険と税金

保険料の支払いと保険金の受取りでは、次のように課税されます。

1．地震保険料控除

地震保険は火災保険に付帯して加入するため、その火災保険の地震保険料部分が対象になります。地震保険の加入促進を目的に地震保険料控除が設けられています。複数年分の保険料を一括で支払った場合は「一括払保険料÷保険期間（年）」が毎年の控除対象額となります。

地震保険料控除

	所得税	住民税
対象保険料 （控除限度額）	地震保険料の全額 （最高５万円）	地震保険料の1/2に相当する金額 （最高２万５千円）

2. 損害保険料控除

2006年度の税制改正によって、従来の損害保険料控除は廃止されました。しかし、次の条件をすべて満たす**長期損害保険**については、地震保険料控除の対象となります。

> **用語**　　**長期損害保険**
>
> 過去に長期損害保険料控除の対象となった契約のこと。
> 従来の制度は廃止されたが、経過措置が取られている。

対象となるための条件

・2006年12月31日までに締結した長期の契約である
・保険期間が10年以上あり、満期返戻金（年金払積立傷害保険の給付金を含む）がある
・2007年1月1日以降に、契約の変更をしていない

---

3. 個人契約の保険金と税金

保険金の受取りは、課税される場合と非課税の場合があります。

●**火災保険**…家屋や家財等、資産の損害に対して受け取った保険金は**非課税**です。

●**傷害保険**

①死亡保険金

生命保険と同様、個人が死亡保険金を受け取った場合、保険契約者、被保険者、保険金の受取人がだれであるかによって次ページのような課税関係があります。

保険契約者	被保険者	保険金受取人	税金
A	A	Aの相続人	**相続税**（保険金非課税枠有）
A	A	Aの相続人以外	**相続税**（保険金非課税枠無）
A	B	A	**所得税**（一時所得）・**住民税**
A	B	C	**贈与税**

②後遺障害保険金・入院保険金・通院保険金

保険料負担者がだれであるかを問わず、本人あるいは家族が受け取った場合は非課税です。

●自動車保険…保険の種類によって次のような課税関係があります。

自動車保険の課税関係（個人契約）

対人・対物賠償保険	被保険者に支払われる保険金は非課税
車両保険	被保険者に支払われる保険金は非課税
搭乗者傷害保険	傷害保険と同じ
自損事故保険	傷害保険と同じ
無保険車傷害保険	被保険者やその配偶者、父母、子どもが受け取る保険金は非課税

●医療や介護の費用…医療費用、介護費用保険金、所得補償保険金は非課税です。

試験ではここが出る！

非課税になる保険金をチェックしておこう。

4．個人契約の満期返戻金・配当金と税金

基本的に生命保険と同じく、次のようになります（→p.168）。

<u>満期・解約返戻金の課税関係</u>

・契約者＝受取人…所得税（一時所得）

　＊保険料の払込方法が一時払または一時払に準ずるもので保険期間が5年以下、補償倍率が
　　5倍未満である場合は金融類似商品とみなされ、受取金額と払込保険料との差益に対して
　　20.315％の源泉分離課税となる。

・契約者 ≠ 受取人…贈与税

個人契約の保険金に対する課税

損害を補てん するための保険金	火災保険、自動車保険（車両保険）、医療費用保険など	非課税
賠償金（賠償保険金）	個人賠償責任保険、自動車保険（対人・対物賠償保険）、見舞金など	非課税
傷害保険の死亡保険金	傷害保険、自動車保険（搭乗者傷害保険、自損事故保険）	課税

◆ 法人契約の損害保険と税金

法人契約の損害保険料や保険金に関する経理処理は次のようになります。

1. 法人契約の保険料の経理処理

法人が支払う損害保険料は、原則として**損金算入**されます。ただし、満期返戻金のある積立型保険の積立部分の保険料は、保険期間満了まで資産計上され、それ以外の保険料は、保険期間の経過に応じて**損金処理**されます。

損金として処理することができるのは、その事業年度に対応する期間分のみです。1年を超えた場合、翌年度以降に対応する事業年度に損金算入されます。

＋α　個人事業主の損害保険料

事業のために支払う損害保険料は全額必要経費に算入できる。

2. 法人契約の保険金の経理処理

火災保険などの保険金で同じ用途の資産を購入し、保険金と帳簿価額に差益が出た場合、圧縮記帳が認められています。

用語　圧縮記帳

一時的に税金を軽減することができる方法。免税ではなく、課税を繰り延べることができる。

●火災保険

建物やその他の資産に損害が生じて保険金を受け取った場合、受け取った保険金は益金算入され、損害額は損金算入されます。

●傷害保険

法人が、保険金を受け取った場合は益金算入され、役員・従業員の退職金等を支給した場合は損金算入されます。

●自動車保険

次のように、保険の種類によって課税関係が変わります。

自動車保険の課税関係（法人契約）

対人・対物賠償保険	保険会社が相手に直接支払うため**経理処理なし**
車両保険	保険会社が修理会社に直接支払うため**経理処理なし**

　搭乗者傷害保険、自損事故保険、無保険車傷害保険は傷害保険の場合と同じ扱いです。

3．法人契約の満期返戻金・配当金の経理処理

　法人契約では、満期返戻金や配当金は益金算入され、それまでに資産計上していた積立保険料は損金算入されます。よって、**益金と損金の差額**が課税対象となります。

◆　**賠償金と税金**

　個人、個人事業主、法人によって、賠償金を受け取ったときの税金は次のようになります。

賠償金と税金の関係

	賠償金を受け取ったとき
個人	非課税
個人事業主	・身体の傷害によって賠償金を取得した場合は非課税 ・事業用資産に損害があった場合は、「損害額－損害賠償額」が必要経費
法人	・損害賠償金は益金算入 ・損害額は損金算入

◆ 災害時の税金と損害保険

　災害などにあった場合、税金面の負担が軽減されるように**雑損控除**と**災害減免法**が設けられています。ただし、雑損控除と災害減免法の両方を適用することはできません。年間の合計所得金額が1,000万円以下の場合、有利なほうを選びます。

　雑損控除は**所得控除**、災害減免法は**税額控除**となっており、どちらも確定申告が必要です。

雑損控除と災害減免法

	雑損控除	災害減免法
控除・減免の原因	災害、盗難、横領	災害
控除の対象となる資産	生活用資産 （住宅・家財・現金等）	住宅・家財 （損害金額が住宅または家財の価額の1/2以上であること）
所得金額への制限	なし	1,000万円以下
住民税への適用	適用可	適用不可
控除の種類	所得控除	税額控除

　雑損控除の適用を受ける際に、損失額が大きくてその年の所得金額から控除しきれない場合には、翌年以後（３年間が限度）に繰り越して、各年の所得金額から控除することができます。

Chapter **2** Section **7**

損害保険と税金

練習問題

次の各記述のうち、正しいものに〇、誤っているものに×をつけなさい。

損害保険と税金

1．3年分の地震保険の保険料を一括で支払った場合、その全額は支払った年の地震保険料控除の対象となる。

2．火災保険（建物・家財）から家屋や家財等、資産の損害に対して受け取った保険金は非課税である。

3．被保険者の身体の傷害による通院、入院、死亡に対して支払われた保険金は課税対象とはならない。

4．傷害保険の入院保険金は、受取人が本人または家族が受け取った場合は非課税である。

5．契約者が積立火災保険から受け取る満期返戻金は、雑所得として所得税（および復興特別所得税）の課税対象となる。

6．自動車保険の車両保険から被保険者に支払われる保険金は、一時所得として所得税・住民税が課税される。

7．個人事業主本人に対する保険料は自分の生命保険料控除の対象になるが、必要経費にはならない。

8．住宅と家財の損失は災害減免法の対象となるが、雑損控除の対象とはならない。

9．すべての従業員を被保険者とする普通傷害保険の月払保険料は、支払った保険料の全額を損金に算入する。

10．個人事業主が受け取った、事故により負った傷害に対する賠償金は非課税である。

解答

1　×　支払った年に全額が控除となるわけではなく、「一括払保険料÷保険期間（年）」が、毎年の控除対象金額となる。

2　○　火災保険（建物・家財）から家屋や家財等、資産の損害に対して受け取った保険金は非課税である。

3　×　通院・入院した場合に支払われる保険金は課税対象とならないが、死亡した場合に支払われる保険金は課税対象となる。

4　○　傷害保険の入院保険金は、受取人が本人または家族が受け取った場合は非課税である。

5　×　源泉分離課税の対象となるものを除き、一時所得となる。

6　×　自動車保険の車両保険から被保険者に支払われる保険金は、非課税である。

7　○　そのため、個人事業主を被保険者として契約している交通事故傷害保険の保険料なども、必要経費としては処理できない。

8　×　雑損控除の対象にもなる。ただし両方を適用することはできないので、有利なほうを選ぶ必要がある。

9　○　法人契約の普通傷害保険において、被保険者をすべての従業員とする場合には、法人が月払保険料を支払った事業年度に、支払った保険料の全額が損金に算入される。

10　○　個人事業主が身体の傷害により取得した賠償金は非課税である。

「でるとこ攻略問題集」で、
過去問に
チャレンジだニャ！
→問題集p.44-77,
　p.218-239

15日目

42

腹が減っては
戦はできない
ニャ

Chapter **3** 金融資産運用 | Section **1**

経済・金融の基礎知識

FPとしての業務には、経済や金融に関しての
幅広い知識が求められますので、
この章でしっかり学んでいきましょう。

❶ 経済・金融に関する基礎知識

◆ 代表的な経済指数
◆ 金融市場と金利
◆ 金融政策と財政政策

> GDPや経済成長率などの用語の意味や金融・経済に関する調査データの種類や特徴、金融政策・財政政策のしくみを押さえておこう。

❶ 経済・金融に関する基礎知識

◆ 代表的な経済指数

FPが知っておくべき経済指標について確認しておきましょう。

1．GDPと経済成長率

　経済の規模を表す指標として、代表的なものにGDP（国内総生産）や経済成長率があります。

　GDPは、一定期間に国内で生産されたすべての財やサービスの**付加価値**の総額で、内閣府が四半期ごとに発表します。**GDP**には**名目GDP**と**実質GDP**があります。GDPを支出面からとらえたものを**GDE**（国内総支出）といい、この数値はGDPと理論的に等しくなります。

一定期間内に国内の経済活動による生産・支出・所得（分配）は常に等しくなり、これを、「三面等価の原則」といいます。

用語 付加価値

財やサービスの生産額から、そのために要した費用を差し引いたもの。

用語 名目GDPと実質GDP

名目GDP…実際に取引されている価格に基づいて推計され、物価変動の影響を受ける。
実質GDP…基準年の価格水準を基準として、物価変動要因が取り除かれている。

経済成長率は、一定期間の実質GDPの増加率（前期比伸び率）を指し、前年比あるいは四半期ごとの前年同期比における変化率で表します。**名目成長率**と物価変動の影響を考慮した**実質成長率**がありますが、一般的に「成長率」というときは実質成長率を指します。物価下落時には、名目経済成長率がマイナスでも、実質経済成長率がプラスのこともあります。

試験ではここが出る！

最近の試験では、実際の「GDP」の数値が出題されることもある。

2. 景気動向指数

景気動向指数とは、生産や雇用に関する指標など、景気に敏感な指標を統合した景気指標で、内閣府から毎月発表されます。

景気動向指数は、30系列の指標を使って算出されます。これらの指標は、景気に先行して動く先行系列、景気と一致して動く一致系列、景気に遅れて反応する遅行系列の3つに分類され、それぞれ「先行指数」「一致指数」「遅行指数」が算出されます。

景気動向指数にはCI（Composite Index）とDI（Diffusion Index）があり、2008年4月以降はCIを中心に公表されています。一般的に景気の方向性はDIで判断され、景気変動の大きさはCIで判断されます。

一致指数が50%を上回っていれば景気は拡張局面にあり、50%を下回っていれば後退局面にあると判断されます。

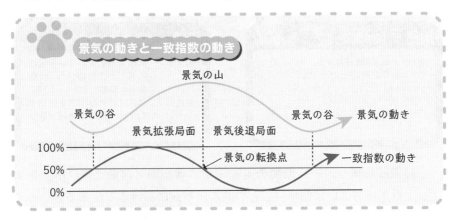

景気の動きと一致指数の動き

景気の山

景気の谷　　　景気拡張局面　　景気後退局面　　　景気の谷　景気の動き

景気の転換点　　　　　一致指数の動き

100%
50%
0%

景気動向指数採用系列の例

景気動向指数は、全部で30系列ある。

先行系列	11系列	新規求人数、新設住宅着工床面積、消費者態度指数、東証株価指数　など
一致系列	10系列	生産指数（鉱工業）、有効求人倍率　など
遅行系列	9系列	家計消費支出、消費者物価指数（生鮮食品を除く総合）、法人税収入、完全失業率　など

＊2024年4月現在。

3．日銀短観

日銀短観とは、日本銀行（以下「日銀」という）が行う全国企業短期経済観測調査（全国短観）のことです。約1万社の企業を対象に、年4回（3・6・9・12月）調査し、速やかに公表されます。

なかでも注目されるのが「**業況判断DI**」で、企業は、業況について「良い」「さほど良くない」「悪い」の3つの選択肢で回答し、「良い」と回答した企業の割合から、「悪い」と回答した企業の割合を引いて算出します。前回調査に比べて数値が上昇していると景気回復局面、下落していると景気後退局面に入っていることが多くなっています。

4. 物価指数

物価指数は物価の水準を表したもので、物価の動向を知るための指標となります。企業物価指数（GPI）と消費者物価指数（CPI）があります。

企業物価指数は、企業間で取引される商品の価格の動向を表す指数で、日銀が**毎月**調査および発表をしています。原油などの原材料価格や為替変動が直接影響するため、消費者物価指数に比べて変動が大きくなります。消費者物価指数は、家計を対象に商品やサービスの価格変動を表したもので、総務省が**毎月**調査および発表をしています。

＋α　コアCPI

正式名称は「生鮮食品除く総合指数」。消費者物価指数（CPI）のうち、すべての対象商品から算出する「総合指数」から、気候等の影響で大きく価格変動する生鮮食品を除いた指数。

5. マネーストック

マネーストックとは世の中に出回っているお金の総量のことで、具体的には金融機関と中央政府を除く個人、法人、地方公共団体が保有する通貨量の残高のことです。マネーストック統計は日銀が毎月発表しています。

・マネーストックが**増える** →金利**低下** → 景気**刺激**
・マネーストックが**減る**　　→金利**上昇** → 景気**抑制**

試験ではここが出る！

どこの官庁が調査し、いつ発表しているかを覚えておこう。

◆ 金融市場と金利

1. 金融市場

市場参加者が資金を自由に取引する場を**金融市場**といい、取引期間や参加者によって次のように分類されます。

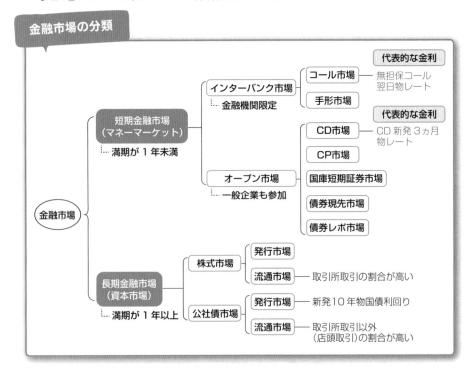

金融市場の分類

●短期金融市場と長期金融市場

金融市場（マーケット）の取引には金融機関や企業が参加しており、短期金融市場と長期金融市場に分けられます。短期金融市場は、取引する金融資産の満期までの期間が1年未満の短期のもので、長期金融市場は、1年以上の長期のものです。長期金利の代表的なものに、新発10年国債流通利回りがあります。

●インターバンク市場とオープン市場

　短期金融市場は、銀行、生損保、証券などの金融機関のみが参加する**インターバンク市場**と、一般企業など金融機関以外も参加できる**オープン市場**に分けられます。

　インターバンク市場は、金融機関がお互いに日々の短期的な資金のやりとりを行う市場で、**コール市場**と**手形市場**に分けられます。日銀の金融調整の場としても機能しており、日銀の金融政策が反映されます。短期金利の代表的なものに、**無担保コール翌日物レート**があります。

２．金融市場における金利の変動要因

　金利は、景気や物価などによって変動します。金利が経済活動に与える影響は大きいので、一般的な動きを理解しておきましょう。

●景気と金利

　一般に、景気の上昇期や回復局面では、企業の資金需要が増すために金利は上昇します。景気の後退局面では、企業の資金需要が減るために金利は下降します。

●物価と金利

　一般に、物価の上昇局面（インフレ）には金利が上昇し、物価の下落局面（デフレ）には金利が低下します。

　物価の下落局面（デフレ）には、名目金利は低くなりますが物価も下がるため、実質金利（名目金利から物価変動の影響を除いたもの）は相対的に高くなる場合があります。

●為替と金利

　一般に、**円高は輸入企業に好影響**で、**輸出企業にはマイナス**に影響し、円安は輸出企業に好影響で、輸入企業にはマイナスの影響を与えます。

　一般に、円安になると輸入商品の価格が上昇し、国内物価も上昇するため金利は上昇します。円高になると輸入商品の価格が下落し、国内物価も下落するため金利は下降します。

一般に、金利が上がると、日本国内での運用の魅力が高まるために資金が流入し、円高要因となります。逆に金利が下がると、日本国内での運用の魅力が低くなるため資金が流出し、円安要因となります。

金利の変動要因と債券価格

変動要因 市況	国内景気		国内物価		為替相場		海外金利	
	回復	悪化	上昇	下落	円安	円高	上昇	低下
金利	↗	↘	↗	↘	↗	↘	↗	↘
債券の価格	↘	↗	↘	↗	↘	↗	↘	↗

3. 外国為替相場

外国為替相場とは、日本円や米ドル、ユーロなどの異なる通貨同士を交換する市場のことです。為替相場の変動要因としては、次のようなものが挙げられます。

為替の変動要因

ファンダメンタルズ要因	各国の経済成長率、インフレ（物価上昇）率、海外との金利差、国際収支など
需給要因	貿易関連の実需、通貨当局の介入など
政策要因	為替市場に対する介入の姿勢など

用語　ファンダメンタルズ
景気動向、為替、金利などの経済的な基礎条件のこと。

外国為替市場は、**インターバンク市場**と**対顧客市場**の2つがありますが、通常はインターバンク市場を指します。

◆ 金融政策と財政政策

　物価の安定・持続的な経済成長・国際収支の均衡のために**日銀**が行う政策を**金融政策**といいます。また、景気を安定させ持続的な経済成長を実現させるために、政府が行う政策を**財政政策**といいます。

1．金融政策

　金融政策の基本方針は、**金融政策決定会合**で決められます。おもに次のような手段があります。

金融政策のおもな手段

公開市場操作	日銀が、民間金融機関が保有している債券や手形などを買い上げることによって金融市場に資金を供給する**買いオペレーション**（買いオペ）と、日銀が保有する債券などを売却することによって金融市場から資金を吸収する**売りオペレーション**（売りオペ）がある（→p.214） ｛買いオペレーション…金利の低下に効果がある 　売りオペレーション…金利の上昇に効果がある
預金準備率操作	・預金準備率を変更すること ・預金準備率が引き上げられると、金融機関が貸出しや運用に充てる資金が減少し、金利上昇が促される

2．財政政策

　国や地方公共団体の経済活動のことを財政といい、財政を通じて行う経済政策を**財政政策**といいます。不景気のときには公共投資や減税で需要の拡大を図り、好景気のときには財政支出を抑制して、景気の過熱を抑えます。

公開市場操作のしくみ

買いオペレーション

債券買います！

金利を低めに誘導する効果

資金量が増えたから
貸出金利が下がります

日銀 通貨 銀行

債券

売りオペレーション

金利を高めに誘導する効果

債券

日銀 銀行

通貨

債券売ります！

資金量が減ったから
貸出金利が上がります

Chapter 3 Section 1

経済・金融の基礎知識

練習問題

次の各記述のうち、正しいものに○、誤っているものに×をつけなさい。

経済・金融に関する基礎知識

1．国内総生産（GDP）には名目値と実質値があり、経済環境が、物価が持続的に低下する状態（デフレーション）にある場合、一般に、名目値が実質値を下回る。

2．景気動向指数において、一致指数が上昇しているときは景気の拡張局面を示している。

3．日銀が発表する業況判断DIは、30の経済指標を３ヵ月前の数値と比較し、上昇しているかどうかを示したものである。

4．企業物価指数は総務省が発表し、消費者物価指数は日銀が発表している。

5．「コアCPI」とは、生鮮食品を除いて算出された消費者物価指数である。

6．マネーストックは、中央政府や金融機関、一般法人、個人などが保有する通貨量の残高である。

7．日本国内の金利の低下は、日本の株式市場においては株価が上昇する要因となる。

8．一般に、円安は輸入企業にはマイナスに影響する。

9．売りオペレーションは、他国通貨に対して円安要因となる。

10．買いオペレーションは、一般に市中金利の上昇要因となる。

解答

1　○　実質値は、名目値から物価の変動分を取り除いた値なので、物価が持続的に低下しているときは、名目値から物価の下落分を取り除く、すなわち、下落分を加えることになるので、一般に実質値が名目値を上回ることになる。

2　○　景気動向指数のCIの一致指数は、景気とほぼ一致した動きを示す。

3　×　日銀が発表する業況判断DIは、「良い」の回答社数構成比から「悪い」の回答社数構成比を差し引いて算出される。

4　×　企業物価指数は日銀が発表し、消費者物価指数は総務省が発表している。

5　○　「コアCPI」とは、値動きの激しい生鮮食品を除いて算出された消費者物価指数である。

6　×　中央政府や金融機関は含まれない。

7　○　一般に金利の低下は企業の金利負担を減らし、企業活動が活発になるので株価の上昇要因となる。

8　○　海外で商品を買い付ける輸入企業にとって、円の価値が下がればより多くの資金がないと商品を買い付けられないので、輸入企業にはマイナスに影響する。

9　×　一般に売りオペレーションは金利が上昇する要因となるため、日本で運用する魅力が増して、円高要因となる。

10　×　買いオペレーションを行うと、金融市場に資金を供給することになり、一般に市中金利の低下要因となる。

気合い
入ってるニャ〜

16日目

42

いちに、
いちに

セーフティネットと
関連法規

もともとは、「サーカスの綱渡りなどで、
万が一落下したときのために張られた網」
を意味したセーフティネット。
金融市場において、
被害を受けた個人や企業を保護するしくみがあります。

❶ セーフティネットと関連法規

◆ 金融商品におけるセーフティネット
◆ 関連法規

預金保険制度などの消費者保護のしくみや、金融商品に関するトラブルから消費者を守るための法律について確認しよう。

---

❶ セーフティネットと関連法規

◆ 金融商品におけるセーフティネット

セーフティネットとは、金融機関の経営が破たんした場合などに、預金者や投資家、保険契約者の資産を守るしくみのことです。払戻しを保証したり、損失の補償を行ったりします。

金融商品等のセーフティネットのイメージ

預金 ─────────→	預金保険制度
貯金 ─────────→	貯金保険制度
金銭信託 ───────→	預金保険制度
公社債・株式・投資信託 ──→	投資者保護基金・分別管理
生保・損保 ──────→	保険契約者保護機構

1．金融商品に対する保護制度の概要

おもな制度として現在は次の3つの制度と保険契約者保護機構（→p.115）があります。

保護制度の概要

制度の主体	対象商品	補償内容
預金保険機構	預金等	・決済用預金は全額保護 ・上記以外は、1人について1金融機関、預金の元本1,000万円までとその利息等が保護される
農水産業協同組合 貯金保険機構	JA、漁協の貯金等	預金保険機構とほぼ同じ
投資者保護基金	破たんした証券会社が預かっていた顧客資産のうち、証券会社等の違法行為により損害をこうむり、円滑な返還が困難なもの	・1顧客当たり1,000万円を限度として補償される ・有価証券の場合は、特定の日の時価評価額が支払われる

用語　決済用預金

無利息の預金。各種決済サービスに利用できる。預金保険制度による全額保護の対象となる。

2．預金保険制度

預金保険制度とは、金融機関が破たんした場合に預金者を保護する制度です。日本国内に本店のある銀行、信託銀行、信用金庫などの金融機関、ゆうちょ銀行に預け入れた預金等は保護の対象になります。政府系金融機関、外国銀行の在日支店は保護の対象外です。毎年度一定の料率で加盟金融機関から保険料を徴収しています。

預金保険制度の保護の範囲

保護の対象商品	・預金（普通預金、貯蓄預金、当座預金、スーパー定期、大口定期預金、期日指定定期預金、変動金利定期預金など） ・定期積金 ・掛金 ・**元本補てん契約**がある金銭信託 ・ワイドなどの**保護預かり専用**の金融債、積立、財形貯蓄商品 ・確定拠出年金の積立金の運用に係る預金等 ・ゆうちょ銀行の貯金
保護の対象外商品	・ヒット、スーパーヒット ・保護預かり専用以外の金融債 ・**外貨預金**（国内外の銀行を問わず対象とならない） ・譲渡性預金 ・外国銀行に預けた預金

用語 元本補てん契約

元本割れ部分を信託銀行が補てんしてくれる契約のこと。

用語 保護預かり専用

債券の現物を引き出すことができないため、金融機関に保護して預かってもらわなければならない金融商品のこと。

＋α 名寄せ

預金保険機構が預金保険で保護される預金等についての手続きを始める前に行う、預金者ごとの預金額を確認する作業。預金者に係るデータ（氏名、生年月日、口座番号等）をもとに、同一の預金者が破たんした金融機関に有する複数の預金口座等を集約、合算し、預金者ごとの付保預金の額を確認する。1個人を1預金者として扱い、夫婦や親子も別々の預金者として扱う。また、個人事業主の場合は、事業用預金等と、事業用以外の預金等は同一人の預金等として扱われる。

預金保険制度による保護の金額

決済用預金	金額を問わず全額保護
預金保険の保護の対象となる決済用預金以外の預金等	合算して1人について1金融機関当たり元本1,000万円までとその利息を保護
預金保険の対象外の商品	破たん金融機関の財産状況に応じて支払われる

 ＋α　合併した場合の保護の範囲

・金融機関が合併等を行った場合、その後1年間に限り、「1,000万円×合併等を行った金融機関の数」による金額になる。
・1,000万円を超える元本部分とその利息については、破たん金融機関の財産状況に応じて支払われる。

　同一の金融機関に普通預金と複数の定期預金がある場合、優先順位は、以下のようになっています。ただし、担保設定されている場合は優先順位が最も低くなります。

保護される優先順位

1．担保権の目的となっていないもの
2．弁済期（満期）の早いもの
3．弁済期（満期）が同じ預金等が複数ある場合は、金利の低いもの
4．金利が同じ預金等が複数ある場合は、預金保険機構が指定するもの
5．担保権の目的となっているものが複数ある場合は、預金保険機構が指定するもの

 ＋α　ペイオフ（預金保険機構からの直接支払い）

2010年9月に日本振興銀行が破たんして、初めてペイオフが発動。そのとき、預金保険で保護される1,000万円とその利息を超える預金等については、払戻しの一部のカットが行われた。

3．投資者保護基金

　証券会社が破たんした場合には、顧客の資産は**分別管理**されているため、預けていた証券や現金などは**全額**投資家に戻ります。しかし、証券会社の違法行為などにより損害をこうむり、預けていた証券や現金が返還されない場合などのために、**投資者保護基金**が設置されています。1人当たり上限1,000万円まで保護されます。

> **用語　分別管理**
>
> 顧客が証券会社に預けたお金や有価証券を、証券会社の資産とは厳格に区分して管理する制度。

◆　関連法規

　金融商品等に関するトラブルから消費者を保護するための法律として、おもに次のようなものがあります。

1．金融サービスの提供及び利用環境の整備等に関する法律
（以下、金融サービス提供法）

　金融商品販売業者が有価証券等の金融商品の販売を行うとき、すべての顧客に対してリスクなどの**重要事項**を説明しなかった場合に、説明義務違反となり、その取引により損害が発生した場合は**損害賠償責任**を負うという法律です。説明義務違反により顧客に損害が生じた場合の損害額は、元本欠損額と推定されます。なお、顧客が業者である場合や顧客が説明を必要としないと表明した場合は、説明の必要はありません。

　重要事項には次のようなものがあります。

・元本欠損を生ずるおそれのある要因（価格変動リスク、信用リスクなど）　・権利行使、期間の制限等　・契約解除の期間の制限

　なお、2021年11月に施行された同法では「金融サービス仲介業」が創設されました。これにより、1つの登録で銀行・証券・保険すべての分野のサービスが仲介可能となりました。

金融サービス提供法の保護の範囲

保護の対象商品	預貯金、金銭信託、投資信託、有価証券、保険、商品ファンド、海外商品先物取引、デリバティブ取引、外国為替証拠金取引（FX）など
保護の対象外商品	商品先物取引(国内)、ゴルフ会員権、レジャー会員権など

2. 消費者契約法

　　事業者の不適切な行為により、消費者（法人除く）が誤認または困惑して契約した場合や過量契約など、一定の場合には消費者の契約の取消しを認めたり、消費者の利益を不当に害する一定の条項の全部または一部の無効を認めたりすることにより、消費者の保護を図る法律です。消費者と事業者が結んだすべての契約が対象となります。契約や申込みの取消しができるのは、追認することができる時から1年、または契約から5年の間です。

> **用語**　追認
>
> 取り消すことのできる法律行為の取消権を放棄し、契約を確定すること。

　　不適切な行為には、おもに次のようなものがあります。

- ・契約の内容、条件などの重要事項について事実と異なることを告げた（不実告知）
- ・将来の不確実な事項について、確実であると誤解させるように決めつけた（断定的判断の提供）
- ・消費者の利益になることだけを話し、不利益になる事実を故意に話さなかった（故意の不告知）
- ・消費者が事業者に住居などからの退去を要求しても契約するまで退去しなかった（不退去）
- ・事業者の店舗から帰りたいと要求しても帰らせなかった（監禁）

3．金融サービス提供法と消費者契約法の関係

金融サービス提供法と消費者契約法はそれぞれ、法律が適用される場合と法律の効果が異なります。

金融サービス提供法と消費者契約法の比較

金融サービス提供法	適用範囲	消費者契約法
金融商品販売に関わる契約	適用範囲	事業者と消費者間の契約全般
個人・事業者 （プロを除く）	保護の対象	個人（事業のために契約をする個人は除く）
重要事項の説明義務に違反した場合	法律が適用される場合	・重要な事項を誤認させた場合 ・事業者の不退去または事業者による顧客の監禁　など
損害賠償を請求できる	法律の効果	・契約の取消しができる ・消費者に一方的に不利益な契約条項がある場合、無効とされる

4．犯罪収益移転防止法

犯罪収益移転防止法は、金融機関に対して本人確認等を義務づけた法律です。①本人特定事項（氏名・住所・生年月日／名称・所在地）、②取引目的、③職業（個人）、事業内容（法人）、④主要株主等（法人）の確認が必要です。

本人確認のおもな概要

対象金融機関	銀行、証券会社、保険会社、郵便局等の金融機関
対象となる取引	銀行等の預金口座開設などの取引の開始時や、200万円超の現金等の支払いなど
本人確認の方法	店頭：運転免許証や公的証明書の原本の提示を受ける インターネット：公的証明書の原本の送付 　　　　　　　　　および、顧客の住所に返送
本人確認記録の作成、保存	本人確認内容記録、取引記録の作成、保存義務（7年間）が課される

　顧客が本人確認に応じないとき、金融機関等は、その取引を拒むことができます。本人確認を1度行った顧客については次回以降、省略可能です。

5．預金者保護法

　預金者保護法とは、偽造、盗難カードを用いたATMからの不正な預金引出し被害について補償するものです。ほぼすべての金融機関の預貯金が対象ですが、盗難通帳やインターネット取引での被害は対象外です。ただし、全国銀行協会が定めた自主ルールでは、過失割合に応じて補償するとしています。

預金者保護法のおもな概要

補償の対象	銀行などの金融機関の偽造、盗難キャッシュカードによる不正な預金の引出し
補償の対象とならないもの	キャッシュカード以外の通帳の盗難による不正引出し、インターネット取引など
補償額	無過失の場合…偽造、盗難カードともに全額補償 重過失の場合…偽造、盗難カードともに補償なし その他の過失の場合…偽造カードは全額補償 　　　　　　　　　　盗難カードは75％補償
手続き	ATMからの不正な預金引出しなどについては、原則として被害にあってから30日以内に警察と金融機関に被害を届け出る
その他	預金者の過失については、金融機関側に立証責任があり、過失・重過失の判断は総合的に行われる

重過失の具体例

・暗証番号をカードに書き込む

・自分の生年月日を暗証番号に使う

・生年月日が記載された運転免許証と一緒にカードを保管している

6．個人情報保護法

個人情報保護法とは、個人の利益と権利を保護するために、個人情報の適正な取扱いについて義務づけた法律です。個人情報保護法で保護される個人情報は、氏名、住所、電話番号、電子メールアドレス、顧客コード、賃金関係情報、資産・債務情報、身体・健康状態などがあります。

すべての個人情報取扱事業者に適用されるので、FPも個人情報は適切に取り扱わなければなりません。

7．金融商品取引法

金融商品取引法とは、さまざまな金融商品の取引について、個人投資家の保護などを目的とした法律です。これまでバラバラだった法体系をできるだけ幅広くまとめて一本化しました。

金融商品取引法により、金融商品取引業者は、①第一種金融商品取引業、②第二種金融商品取引業、③投資助言業、④投資運用業に区分され、投資家を特定投資家と一般投資家に区分して規制しています。

一般投資家に対する販売・勧誘に関しては、**広告規制、契約締結前の書面交付義務、適合性の原則**などが適用されます。

なお、金融商品取引業を行うには、**内閣総理大臣の登録**が必要です。

金融商品取引法の例

広告規制	金融商品取引業者等は、金融商品取引業の内容に関する広告について、著しく事実に相違する表示をし、または著しく人を誤認させるような表示をしてはならない
契約締結前の書面交付義務	金融商品取引業者等は、原則として、金融商品取引契約を締結しようとするときは、あらかじめ顧客に対して金融商品取引契約の概要等を記載した書面を交付しなければならない
適合性の原則	金融商品取引業者等は、顧客の知識、経験、財産の状況および契約締結の目的に照らして不適当と認められる勧誘を行ってはならない

8．金融ADR制度

　金融ADR制度とは、金融機関と利用者とのトラブル（紛争）を、業界ごとに設立された金融ADR機関（金融庁が指定・監督する指定紛争解決機関）において、中立・公正な専門家（弁護士などの紛争解決委員）が和解案を提示するなどして、裁判以外の方法で迅速・簡便・柔軟に解決を図る制度です。金融ADR機関には、生命保険協会、全国銀行協会、日本損害保険協会、証券・金融商品あっせん相談センター、日本貸金業協会などがあります。

Chapter 3 Section 2

セーフティネットと関連法規

練習問題

次の各記述のうち、正しいものに〇、誤っているものに×をつけなさい。

セーフティネットと関連法規

1．外貨預金でも、国内の銀行に預け入れていれば、預金保険制度による保護の対象となる。

2．国内証券会社が保護預かりしている一般顧客の外国株式は、証券会社の資産とは別に分別管理されている。

3．金融サービス提供法では、個人はすべての者が保護の対象となり、法人はすべて保護の対象外となる。

4．消費者契約法において、事業者の一定の行為によって消費者が誤認し、それによって消費者が契約の申込みまたは承諾の意思表示をしたときは、消費者はこの契約を取り消すことができる。

5．犯罪収益移転防止法において、銀行などの特定事業者は、顧客の本人確認を行うことが義務づけられている。

6．盗難キャッシュカードにより預金の不正な引出しの被害にあった預金者に重大な過失があった場合、補償額は100％ではなく80％である。

7. 金融商品取引法において、金融商品取引業者等が顧客に金融商品を販売するときは、重要事項を記載した書面を事前に交付することが義務づけられている。

解答

1 × 保護の対象とならない。
2 ○ 預かり金や保護預かり証券は、分別管理が義務づけられているため保護される。
3 × 保護の対象は、金融商品販売業者を除く事業者と個人である。
4 ○ 事業者の一定の行為として、重要事項について事実と異なることを告げることなどが挙げられる。
5 ○ 原則として本人確認を行うことが義務づけられている。
6 × 預金者に故意または重大な過失があった場合は補償は受けられない。
7 ○ 一般投資家に対する販売、勧誘に関しては、説明義務、契約締結前の書面交付義務、適合性の原則などが適用される。

うたたね
しちゃった
ニャ

17日目

42

毎日の
つみかさねだニャ

金利と利回り、
貯蓄型金融商品

今日の学習では利率と利回り、単利・複利、利払い型商品、
満期一括受取型商品のしくみや計算方法について理解します。
さらに、貯蓄型金融商品の概要を押さえておきましょう。

❶ 金利と利回り

- ◆ 金利と利回り
- ◆ 固定金利商品と変動金利商品

金融商品の比較検討の基準にもなる、金利や利回り、単利・複利の違いを確認し、計算できるようにしよう。

❷ 貯蓄型金融商品

- ◆ 銀行の金融商品
- ◆ 仕組預金
- ◆ ゆうちょ銀行の金融商品
- ◆ 信託銀行の金融商品
- ◆ 財形貯蓄制度
- ◆ 休眠預金等

銀行等の預貯金商品の特徴を確認、仕組預金の性質についても覚えておこう。

❶ 金利と利回り

◆ 金利と利回り

金利についての基礎知識は、貯蓄型金融商品を理解するための基本となります。次の内容を理解しておきましょう。

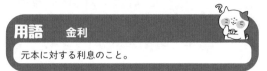

用語	金利
元本に対する利息のこと。	

1．利率と利回り

金融商品の元本に対して、どれだけの割合の利息が付くかを示す場合に利率や利回りが用いられます。

> 利率……元本（債券の場合は「額面金額」）に対して、どのくらい利息が
> 　　　　付くのかを年率等で表したもの
>
> 利回り…金融商品に預けた期間中、元本に対して、どのくらい増えたか
> 　　　　を1年当たりに換算して表したもの

$$\text{利回り（\%）} \atop \text{（年平均利回り）} = \frac{\text{収益合計} \div \text{預入年数}}{\text{当初の元本}} \times 100$$

> **例** 100万円を運用し、10年後に120万円になった場合の年平均利回
> りは何％になるか？（税金は考慮しない）
> 年平均利回り＝（120万円−100万円）÷10÷100万円×100＝ 2 ％

2．単利と複利

　金融商品は利息の付き方によって単利と複利に分けられます。

①単利

　単利とは、当初預け入れた元本に対してのみ、利息を計算するもので
す。

単利の計算式

満期時の元利合計＝元本×（1＋年利率×預入期間*）

税引後元利合計＝元本×（1＋年利率×預入期間×0.8)**

　* 年利率なので、預入期間は年換算する。（例）6ヵ月＝0.5年
　** 復興特別所得税は考慮していない。

> **例** 利率2％、満期までの期間が5年の金融商品に、単利で100万円
> を預け入れた場合、満期時における元利合計額はいくらになるか？
> （税金は考慮しない）また、年平均利回りは何％になるか？
> 　100万円×（1＋0.02×5）＝110万円
> 　年平均利回り＝（110万円−100万円）÷5÷100万円×100＝ 2 ％

② 複利

複利とは、一定期間ごとに支払われる利息を元本に足して再投資し、これを新しい元本とみなして次の利息を計算するものです。

おもな複利の
金融商品は
ほとんどが
半年複利だニャ！

複利の計算式

満期時の元利合計 ＝元本 × （１＋利率*)^{n**}

税引後元利合計 ＝元本× （１＋利率×0.8)^{n}

 ＊１年複利＝年利率、半年複利＝年利率÷２、１ヵ月複利＝年利率÷12
 ＊＊１年複利＝年数、半年複利＝年数×２、１ヵ月複利＝月数×（年数×12）

例 利率２％、満期までの期間が５年の金融商品に、１年複利、半年複利で100万円を預け入れた場合、満期時における元利合計額はいくらになるか？（１円未満は切捨て、税金は考慮しない）

また、１年複利の年利回りは何％になるか？

　１年複利：100万円×（１＋0.02)^{5}≒<u>1,104,080円</u>

　半年複利：100万円×（１＋0.02÷２)$^{5×2}$≒<u>1,104,622円</u>

　１年複利の年利回り：

　(1,104,080円－100万円)÷５÷100万円×100≒<u>2.0816％</u>

３．利払い型商品と満期一括受取型商品

利払い型商品とは、預入期間中に定期的に利息が支払われる商品のことです。満期一括受取型商品とは、利息が満期時または解約時に元本と一緒に一括して支払われる商品のことです。

◆ 固定金利商品と変動金利商品

1．固定金利商品と変動金利商品について

固定金利商品は、預入時の金利が満期時まで変わらない金融商品で、預入時に毎年の利息や満期時の元利合計額が確定します。

変動金利商品は、金利水準の変化に連動して、預入期間中でも金利が見直される金融商品です。

固定金利商品と変動金利商品

固定金利商品	スーパー定期、スーパー定期300、大口定期預金、 期日指定定期預金、定額貯金、利付金融債、ワイド　など
変動金利商品	変動金利定期預金、金銭信託、ヒット、貸付信託　など

2．金利動向と商品選択

固定金利商品は金利下降局面で有利になり、変動金利商品は金利上昇局面で有利になります。

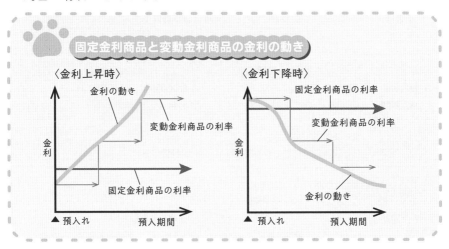

固定金利商品と変動金利商品の金利の動き

〈金利上昇時〉　金利の動き　変動金利商品の利率　金利　固定金利商品の利率　▲ 預入れ　預入期間

〈金利下降時〉　固定金利商品の利率　変動金利商品の利率　金利　金利の動き　▲ 預入れ　預入期間

❷ 貯蓄型金融商品

◆ 銀行の金融商品

　銀行の代表的な金融商品には次のようなものがあります。税金は利子所得として源泉分離課税となります。なお、所得税には、復興特別所得税が課されます（2037年末まで）。また、ほとんどの商品でマル優（→p.296）が利用できますが、大口定期預金はマル優の利用ができません。

おもな銀行の金融商品

	普通預金	貯蓄預金
預入金額	1円以上1円単位	
預入期間	無期限	
金利	変動金利	
利払い	年2回	
中途換金	自由	
税金	20.315%*の源泉分離課税。マル優適用可	
その他	公共料金等の決済口座、給与・年金・配当金などの自動受取口座として利用可	・基準残高は10万円、30万円など ・決済機能がないため公共料金等の引落しなどには利用できない

	スーパー定期	大口定期預金
預入金額	1円以上1円単位	1,000万円以上1円単位
預入期間	1ヵ月以上10年以下が一般的	1ヵ月以上10年以下
金利	・固定金利 ・3年未満：単利型のみ ・3年以上：単利型と半年複利型（個人のみ）の選択	・固定金利 ・単利型のみ
利払い	2年以上の単利型：中間利払い 半年複利型：満期時一括利払い	2年以上は中間利払い
中途換金	いつでも可。ただし、中途解約利率が適用	
税金	20.315%*の源泉分離課税。マル優適用可	20.315%*の源泉分離課税。マル優適用不可
その他	300万円未満→「スーパー定期」 300万円以上→「スーパー定期300」	金利は銀行との相対取引で決められる

	期日指定定期預金	変動金利定期預金
預入金額	1円以上1円単位	
預入期間	1年以上3年以下	1年以上3年以下 （あるいは5年以下）
金利	・固定金利、1年複利 ・2年未満と2年以上では適用利率が異なる	・変動金利 ・3年未満：単利型のみ 　3年以上：単利型と半年複利型 　（個人のみ）の選択
利払い	満期時一括利払い	単利型：6ヵ月ごとに中間利払い 半年複利型：満期時一括利払い
中途換金	1年間据置後、1ヵ月以上前に満期日を通知すれば、ペナルティーなしで解約可	いつでも可 ただし中途解約利率が適用
税金	20.315%*の源泉分離課税。マル優適用可	
その他	―	6ヵ月ごとに金利の見直しが行われる

＊所得税15％、復興特別所得税0.315％、住民税5％。
※記載した金融商品の特徴は一般的なものであり個々の金融機関によって異なる場合もある。

◆ 仕組預金

　デリバティブ取引を組み込んだ預金商品の総称です。一般の預金より高い金利が期待できる反面、一般の定期預金とは異なり、商品内容により、銀行が預入日以降に満期日を選択できる権利を持っていたり、為替相場によって払戻時の通貨等が決まったりします。

　また、満期まで原則、中途解約ができません。例外的に中途解約ができた場合でも、受取額が元本を下回る可能性があります。

◆ ゆうちょ銀行の金融商品

　ゆうちょ銀行の代表的な金融商品には、次ページのようなものがあります。

	通常貯金	通常貯蓄貯金	定額貯金	定期貯金
預入金額*	1円以上1円単位		1,000円以上1,000円単位	
預入期間	無制限		・6ヵ月以降自由満期 ・最長10年	1ヵ月・3ヵ月・6ヵ月 1年・2年・3年 4年・5年**
金利	変動金利		・固定金利、半年複利 ・6段階の段階金利制	・固定金利 ・3年未満：単利型のみ ・3年以上：半年複利型
利払い	年2回 （通常は3月末と9月末）		満期時一括利払い	・2年物は1年目の応当日に中間払い ・それ以外は満期時一括利払い
中途換金	自由		6ヵ月間据え置けば、いつでもペナルティーなしで解約可	いつでも可 ただし中途解約利率が適用
税金	20.315%（所得税15%、復興特別所得税0.315%、住民税5%）の源泉分離課税。マル優適用可***			
その他	公共料金等の決済口座、給与・年金などの自動受取口座として利用可	・基準残高は、10万円(10万円型)のみ ・決済機能がない	―	民営化後に5年物が新設（担保定期貯金に限る）

　　＊ゆうちょ銀行への預金限度額は2,600万円（通常貯金1,300万円、定額貯金・定期貯金合わせて1,300万円の合計2,600万円）。
　＊＊5年は担保定期貯金（自動貸付けが可能な定期貯金）に限られている。
＊＊＊マル優を適用できるのは、定額貯金、定期貯金、および自動貸付けが可能な担保定額貯金、担保定期貯金に限られている。

◆ 信託銀行の金融商品

信託銀行で扱う金融商品に金銭信託があります。

金銭信託	
預入金額	5,000円以上1円単位
預入期間	1年以上で満期日を自由設定
金利	変動金利（実績配当）
利払い	・単利 ・年2回利払い、半年複利も可
税金	・20.315%（所得税15%、復興特別所得税0.315%、住民税5%）の源泉分離課税 ・マル優適用可
その他	・やむを得ない事情が生じた場合は、所定の解約手数料を支払えば解約可 ・おもに積立貯蓄として利用される

◆ 財形貯蓄制度

財形貯蓄制度とは、勤労者が給与天引きで貯蓄を行うことができる制度です。次の3つのタイプがあります。

1. 財形貯蓄制度の要件

財形貯蓄制度の要件

一般財形貯蓄	・勤労者であること（年齢制限なし）
財形年金貯蓄	・契約締結時に55歳未満の勤労者であること ・1人1契約に限る ・5年以上の定期的な積立て ・年金支払開始までの措置期間は5年以内 ・年金給付は60歳以降、5年以上20年以内 　（保険型には終身受取もある） ・年金払出以外は不可
財形住宅貯蓄	・契約締結時に55歳未満の勤労者であること ・1人1契約に限る ・5年以上の定期的な積立て ・住宅取得目的なら、5年以内の払出しも可 ・住宅取得・増改築の費用に充当すること

2. 非課税限度額

財形貯蓄制度には、銀行・証券会社などの貯蓄商品で積み立てる貯蓄型と、生命保険会社・損害保険会社等の保険商品で積み立てる保険型の2つがあり、それぞれ非課税限度額が異なります。

財形貯蓄制度の非課税限度額

	貯蓄型	保険型
財形年金貯蓄	財形住宅貯蓄と合算して元利合計550万円まで	払込保険料累計額（＝元金）385万円まで、かつ財形住宅貯蓄と合算して550万円まで
財形住宅貯蓄	財形年金貯蓄と合算して元利合計550万円まで	財形年金貯蓄と合算して払込保険料累計額（＝元金）550万円まで

3．目的外の払出しをした場合の取扱い

財形貯蓄制度を目的外で払い出した場合、次のようにタイプによって取扱いが異なります。

	貯蓄型	保険型
財形年金貯蓄	過去5年間に支払われた利息に対して、さかのぼって課税扱い（5年の遡及課税）	積立開始時からの利息相当分すべてが一時所得扱い
財形住宅貯蓄		積立開始時からの利息相当分すべてが課税扱い

4．財形融資制度

財形貯蓄制度の融資制度には、**財形住宅融資**があります。これは、貯蓄残高の10倍以内で**最高4,000万円**までを融資するものです。融資制度は、財形貯蓄制度の種類を問わず一定の要件を満たした人であればだれでも利用できます（→p.28）。

◆ 休眠預金等

2009年1月1日以降、取引がないまま10年が経過した預金等＊は、休眠預金等活用法に基づく「休眠預金等」として民間公益活動に活用されます。

休眠預金等となった後も、取引のあった金融機関で引き出すことは可能です。

＊預金等…普通預金、定期預金等。外貨預金や仕組預金、財形貯蓄は対象外。

Chapter **3** Section **3**
金利と利回り、貯蓄型金融商品

練習問題

次の各記述のうち、正しいものに○、誤っているものに×をつけなさい。

金利と利回り

1．換金性が優れている商品ほど利回りが高くなる。

2．単利運用、固定金利型の金融商品の場合、利率と年平均利回りは同じ数値になる。

3．金利上昇が続く場合、固定金利商品のほうが変動金利商品に比べて不利である。

貯蓄型金融商品

4．満期までの期間が同一のスーパー定期預金であれば、預け入れる金融機関により利率に差がつくことはない。

5．貯蓄預金は公共料金等の引落口座として利用できる。

6．ゆうちょ銀行の定期貯金は、預入期間が２年未満は単利型であり、２年以上は半年複利型である。

7．財形住宅貯蓄（貯蓄型）を目的外で払い出した場合には、積立開始時からの利息相当分がすべて課税扱いとなる。

解答

1 × 利回りは低くなる。
2 ○ 複利の場合、一般的に利率よりも年平均利回りのほうが高くなる。しかし、単利運用・固定金利型の場合、必ず同じになる。
3 ○ 短期の変動金利商品のほうが有利である。
4 × 預け入れる金融機関によって異なる。
5 × 貯蓄預金は公共料金等の自動引落口座としては利用できない。
6 × 預入期間が3年未満は単利型であり、3年以上は半年複利型である。
7 × 財形住宅貯蓄（貯蓄型）を目的外で払い出した場合には、過去5年間に支払われた利息に対してさかのぼって課税される。なお、保険型の財形住宅貯蓄を目的外で払い出した場合は、積立開始時からの利息相当分がすべて課税扱いとなる。

ちょっと
遊んでくる
ニャ～

18日目

42

ルンルン

Chapter **3** 金融資産運用 | Section **4**

投資信託、株式投資の基礎

今日の学習では契約型の投資信託と、
株式投資の基礎について学んでいきましょう。
特に投資信託の運用スタイルについては
出題頻度が高くなっています。
どちらも身近なものとしてとらえると
早く理解できるでしょう。

❶ 投資信託

- ◆ 投資信託のしくみ
- ◆ 投資信託の分類
- ◆ おもな公社債投資信託
- ◆ 証券市場に上場している投資信託
- ◆ 投資信託の売買の実際

投資信託はさまざまな面から出題される。しくみ・分類・売買のしかた・おもな商品の特徴など、広く覚えておこう。

❷ 株式投資の基礎

- ◆ 株式の基礎と売買の実際
- ◆ 投資型積立商品

株式の売買方法や受渡期間などを覚えておこう。

❶ 投資信託

　投資信託（ファンド）は、複数の投資家から集められた資金を運用の専門家（ファンドマネージャー）が指図して、株式や債券などを対象として分散投資し、得られた収益を投資家に分配・還元するものです。

　投資信託には次のような特徴があります。

メリット

・少額（1万円程度）から購入できる。積立であれば100円程度からできるものもある

・さまざまな資産や銘柄に分散投資できる
　　複数の銘柄に資金を分けて投資することでリスクを軽減できる

・専門家に運用を委ねられる
　　ファンドの運用方針に従い株式や債券などを売買し、保管・管理してくれる

デメリット

・手数料がかかる
　　購 入 時 手 数 料：投資信託を購入する際に必要な手数料。かからない投資信託もある
　　信　託　報　酬：投資信託の管理・運用にかかる費用。すべての投資信託にかかる
　　信託財産留保額：投資信託の購入や売却の際に負担するコスト。かからない投資信託もある

・元本保証ではない

◆ 投資信託のしくみ

投資信託は契約型と会社型に分けられます。

- **契約型**…信託契約に基づいて運営される。証券投資信託。
- **会社型**…投資を目的とする会社を設立することによって運営される。
  J-REIT（→p.246）が代表的。

日本の投資信託の主流は**契約型投資信託**で、しくみは次の図のとおりです。

運用会社（ファンドの**委託者**）と信託銀行など（ファンドの**受託者**）の間で信託契約を結びます。それによって生じる受益権を、**受益者**（投資家）が**販売会社**（証券会社・銀行など）などを通じて購入します。

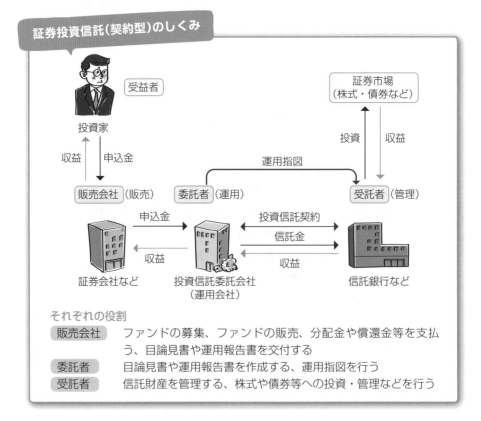

証券投資信託(契約型)のしくみ

それぞれの役割

販売会社	ファンドの募集、ファンドの販売、分配金や償還金等を支払う、目論見書や運用報告書を交付する
委託者	目論見書や運用報告書を作成する、運用指図を行う
受託者	信託財産を管理する、株式や債券等への投資・管理などを行う

◆ 投資信託の分類

投資信託は、そのしくみや運用の対象、追加設定の有無、運用スタイルなどから次のように分類されます。

投資信託の分類

運用対象による分類	
公社債投資信託	・公共債や事業債を中心に運用する投資信託。株式は一切組み入れない
株式投資信託	・投資信託約款上、株式に投資することが可能な投資信託
購入時期による分類	
単位型（ユニット型）	・ファンドの購入は、募集期間に限られている。追加購入できない。あらかじめ運用期間（信託期間）が定められている
追加型（オープン型）	・ファンド設定後も追加購入ができる。換金は時価に基づいて自由に行うことができる。現在の投資信託の主流
換金ができるかどうかによる分類	
オープンエンド型	・いつでも換金することができる
クローズドエンド型	・償還期限前の解約はできない。換金するときは市場で売却する

おもな株式投資信託

運用スタイルによる分類	
インデックス運用（パッシブ運用）	・ベンチマークと連動するように設計されている ・インデックスファンドが代表的
アクティブ運用	・ベンチマークを上回る投資収益の確保を目指す運用方法

トップダウン・アプローチ	マクロ経済の動向や社会全体の動向をみて、組入銘柄を選別する方法
ボトムアップ・アプローチ	個別企業の調査や分析から投資判断をし、投資魅力の高い銘柄を積み上げていく運用方法
バリュー投資	株価の**割安性**（バリュー）に着目する方法
グロース投資	企業の**成長性**（グロース）に着目する方法
ブル型・ベア型ファンド	**ブル型**は相場が上昇すれば利益が出るように、 **ベア型**は相場が下落すれば利益が出るように運用される
ファンド・オブ・ファンズ	複数の投資信託を組み合わせて運用する投資信託

用語 ベンチマーク

ファンドの目標となる指標。ファンドの投資対象によって異なる。

◆ おもな公社債投資信託

　おもな公社債投資信託には、MRF（マネー・リザーブ・ファンド）、MMF（マネー・マネージメント・ファンド）、長期公社債投信があります。公社債投信はマル優（→p.296）が利用できます。

おもな公社債投資信託

	MRF（マネー・リザーブ・ファンド）	MMF*（マネー・マネージメント・ファンド）	公社債投信（長期公社債投信）
特徴	・証券総合口座用ファンド ・株式や債券などの決済用口座	短期の公社債等で運用（1ヵ月複利）	・長期国債を中心に運用 ・年1回収益分配もしくは再投資
預入金額	1円以上1円単位		1万円以上1万円単位（積立型は月3,000円程度から）
預入期間	無制限		
収益分配	実績分配		
中途換金	いつでも手数料なしで換金可	30日未満で換金すると1万口につき10円（信託財産留保額）が差し引かれる	換金はいつでもできるが、元金1万円に対して所定の換金時手数料が必要
その他	収益分配は毎日行われ、月末最終営業日に1ヵ月分まとめて再投資される		・短期の換金は元本割れの可能性があるため、少なくとも2年以上の預入れが目安 ・換金申込みから現金化までに4営業日が必要

＊2024年4月現在、すべての会社で販売停止。

◆ 証券市場に上場している投資信託

　ETFやREITは、上場株式と同様に市場で売買することができます。

ETFとREITの特徴

ETF（株価指数連動型上場投資信託）	・日経平均株価やTOPIXなどの指数に連動するように運用される投資信託で、取引所に上場している。外国の株価指数や金や原油などの商品価格に連動するものもある ・通常の株式と同様に時価で売買でき、**信用取引**（→p.252）も可能である ・指数が下がっているときに利益を出すことのできるインバース型（ベア型）もある
不動産投資信託（J-REIT）	・投資家から集めた資金で複数の不動産を購入し、その賃貸収入などを投資家に分配するもの ・売買方法や税金の扱いなどは、基本的に上場株式と同じだが、**配当控除の適用はない**

◆ 投資信託の売買の実際

1．投資信託のディスクロージャー

　投資信託の**ディスクロージャー**（情報開示）とは、投資家に対して、投資判断に有益な材料となる情報を、適時に提供することです。ディスクロージャー資料として目論見書や運用報告書が交付されます。

●目論見書

　投資信託の運用方針などが記載されている説明書です。投資信託委託会社が作成し、販売会社を通して投資家に交付されます。

　基本的な情報が記載されている交付目論見書と、**追加的な**詳細情報が記載されている請求目論見書の2つがあります。交付目論見書は、投資家が投資信託を購入する前、または購入時に交付されるのに対して、請求目論見書は投資家から請求があったときに直ちに交付します。

●運用報告書

　運用報告書は、期間中の運用実績や今後の運用方針などが記載されたものです。投資信託委託会社が決算ごとに作成し、販売会社を通じて投資家に交付されます。

●トータルリターン通知制度

　販売会社は投資家に対し、年1回以上トータルリターンを通知しなければなりません。対象となるのは、2014年12月以降に取得した株式投資信託、外国投資信託です。公社債投資信託、MRF、MMFなどは対象外です。

トータルリターンのしくみ

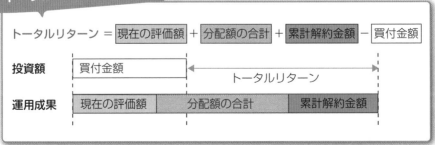

2．購入、換金に関するコストと基礎用語

投資信託は一般的に購入時・保有時・換金時に費用がかかります。

換金方法には、受益者が販売会社を通じて投資信託委託会社に解約を請求する**解約請求**と、販売会社が投資信託の受益証券を買い取る**買取請求**があります。

購入・換金に関するコストと基礎用語

購入時手数料	投資家が投資信託の購入時に販売会社に1回だけ支払う費用（申込手数料）。購入する投資信託により手数料は異なり、同じ投資信託でも販売会社により購入時手数料が異なることもある。手数料がかからないファンド（**ノーロード**）もある。NISAの「つみたて投資枠」で購入する場合はノーロード。確定拠出年金制度を通じて購入する場合もノーロード
運用管理費用（信託報酬）	信託財産の運用、管理、受益者に対して継続的にかかる費用。委託者報酬と代行手数料、受託者報酬があり、信託財産から日々控除され、**投資信託委託会社**、**販売会社**、**受託銀行**へ支払われる
信託財産留保額	・一部の投資信託でおもに投資家が解約する場合に負担する費用 ・解約があると組入有価証券を売却する必要があり、それに要する売買委託手数料などのコストを、解約する側が負担するために必要となる
基準価額	投資信託の時価。投資信託の純資産総額を総口数で割って求める
買取請求	投資信託を換金する方法の1つ。 販売会社が投資信託の受益証券を買い取る方法
解約請求	投資信託を換金する方法の1つ。 投資家が販売会社を通じて投資信託委託会社に解約を請求する方法
クローズド期間	解約請求が認められない期間のこと。 運用資金の安定化を図るために設けられる

3．投資信託の購入や換金の方法

売買ができる期間が決められている投資信託もありますが、ほとんどの投資信託は、原則、毎営業日に売買できます。

ただし、実際に口座にお金が振り込まれるのは4営業日以降（MRFなどは除く）となります。

❷ 株式投資の基礎

◆ 株式の基礎と売買の実際

株式を保有している人を**株主**といい、株式は、株式会社に資金を出資している証として発行されるものです。株主には次のような権利があります。

株主の権利

①**経営参加権（議決権）**…経営に参加することができる権利。株主総会に参加し、持ち株数に応じた議決権を行使できる

②**利益配当請求権**………会社から利益（剰余金）の分配が受けられる権利

③**残余財産分配請求権**…会社が解散した場合に残った財産を持ち株数に応じてもらえる権利

株主の経済的利益

①**配当金（インカムゲイン）**………企業活動の結果、利益に応じて配当金が得られる

②**売却益（キャピタルゲイン）**……購入価格より高く売却できれば、売却益が得られる

③**株主優待**…………………………一部の企業は株主に対して、持ち株数などに応じて物やサービスを提供している

1．株式の分類

株式は取引形態と取引単位によって次のように分類することができます。

上場株式
- 金融商品取引所に上場している株式
- 日本の証券取引所は東京、名古屋、札幌、福岡の4カ所がある
- 証券取引所では、「価格優先」「時間優先」の原則によって取引を成立させている

非上場株式… 上場していない株式

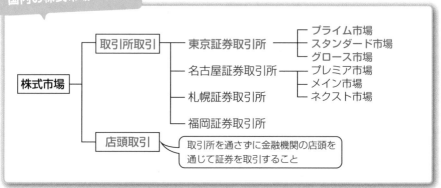

国内の株式市場の種類

```
                                    ┌─ プライム市場
                      東京証券取引所 ─┼─ スタンダード市場
         ┌─ 取引所取引            └─ グロース市場
         │            名古屋証券取引所 ┌─ プレミア市場
株式市場 ─┤                         ┼─ メイン市場
         │            札幌証券取引所   └─ ネクスト市場
         │
         │            福岡証券取引所
         └─ 店頭取引  ─ 取引所を通さずに金融機関の店頭を
                       通じて証券を取引すること
```

+α　東京証券取引所の再編

東京証券取引所は1部・2部・マザーズ・ジャスダックの市場区分だったが、2022年4月4日より、プライム市場・スタンダード市場・グロース市場の3つに再編された。

取引単位については、単元株制度が定められており、2018年10月から全国の証券取引所では売買単位を100株に統一しました。

株式の取引単位による分類

	単元株	ミニ株
購入単位	・株主になることができる売買単位株数 ・売買単位は単元株の整数倍となる （例）1株の株価が1,000円の銘柄を100株購入する場合、10万円で購入できる	・通常の株式の取引の1/10の資金で株式投資できる制度で、一部の証券会社で扱われている。売買単位は単元株（100株）の1/10 ・証券会社によっては1株単位でも可。

2. 株式売買の実際

　実際に株式投資をする場合、口座開設などの手続きのほか、注文方法や受渡しなど、売買に関する知識も必要です。

●注文方法

　初めて株式を購入する場合、証券会社で取引口座の開設が必要となります。株式の注文方法には、値段を指定する指値注文と値段を指定しない成行注文があります。成行注文は、指値注文よりも優先され、これを成行注文優先といいます。買い付ける際には、約定代金（株価×株数）と委託手数料（売買手数料）が必要です。

指値注文と成行注文

	内容	メリット	デメリット
指値注文	値段を指定し注文する （例）××社株式を2,000円で100株買う	指定の株価で売買できる	成行注文に比べ、売買が成立しないことが多い
成行注文	値段を指定せずに注文する （例）××社株式をいくらでもよいので100株買う	売買が成立する可能性が高い	売買が少ない銘柄の場合、予想外の金額で売買が成立する可能性もある

●受渡し

　株式の売買が成立した日を**約定日**といい、株式の売買代金は、約定日を含めて３営業日目に受渡しされます。受渡日は翌日からではなく、売買成立の当日（約定日）を１日目と数えて計算します。

試験では**ここが出る！**

株式の受渡日の数え方に注意！

●名義書換

　現在、上場株券は電子化（ペーパーレス化）されており、証券会社を通じて、証券保管振替機構で株主権利の管理が電子的に行われています。したがって、上場株式の売買の際に株券が交付されることはなく、株主名簿の名義書換の申請を行う必要もありません。

●信用取引

　信用取引とは、投資家が証券会社に委託保証金（現金や一定の有価証券）を預け入れ、お金や株式を借りて行う株の売買取引です。委託保証金の額は30万円以上、かつ当該取引に係る株式の時価の30％以上とされています。**制度信用取引**と**一般信用取引**があります。信用取引は「買い」からでも「売り」からでも取引を開始することができます。信用取引の後に相場が変動すると追加で保証金を請求されることもあります。

　信用取引の決済方法には、「**反対売買**（買った銘柄を売る、または空売りした銘柄を買い戻す売買注文）」と「**現引き・現渡し**（信用取引で売りつけた株式について証券会社に現物株を渡して決済すること）」による方法があります。信用取引は、自己資金で行う現物取引に比べて少

ない資金で大きな取引ができますが、相場の方向性の予想が外れた場合には、大きな損失をこうむる可能性があります。

投資型積立商品

投資型積立商品には、おもに株式累積投資（るいとう）、純金積立（→p.278）、投信積立などがあり、購入時期の分散による**リスクヘッジ**効果と**ドルコスト平均法**による効果が期待できます。自由に一部でも全部でも売却（換金）できますが、短期目的の運用には向いていません。

> **用語　ドルコスト平均法**
>
> 一定金額で定期的・継続的に株式などを購入する方法。株式など、対象となる商品の価格が高いときには少ない数量（株数・口数など）を、価格が安いときには多くの数量を買うことになるため、中長期的には平均買付単価が安くなる効果が期待できる。

●株式累積投資（るいとう）のしくみと特徴

株式累積投資（るいとう）とは、各証券会社が選定した銘柄から、自分自身で選んだ個別株式を、毎月一定の日に1銘柄につき1万円以上1,000円単位（上限100万円未満）で買い付けていくシステムです。

購入株数が単元株に達すると、保護預かり口座へと移管され、所定の手続きにより、通常の株主としての権利が行使できるようになります。

おもな積立方法は、銀行引落し、MRFからの定期引出し、給与天引きの3つです。一般的には1口座10銘柄までの買付けが可能で、配当金は自動的に再投資されます。

るいとうとミニ株

	るいとう	ミニ株
購入単位	1万円以上1,000円単位	単元未満株
配当	持ち株比例（全額再投資）	持ち株比例
注文方法	成行注文のみ（指値注文不可）	
売却	いつでも時価で売却可	
ポイント	ドルコスト平均法のメリットがある	持ち株数が単元株にならなければ正式な株主になることができない

練習問題

次の各記述のうち、正しいものに〇、誤っているものに×をつけなさい。

投資信託

1．目論見書の作成は信託銀行が行う。

2．派生商品型の投資信託で「ベア型」は、相場が下落すると基準価額が下降する。

3．東京証券取引所に上場されているJ-REITは、ほとんどが会社型投資信託である。

株式投資の基礎

4．同一銘柄に同時刻に異なる値段の指値注文がなされた場合、「成行注文優先の原則」により、取引が成立する。

5．株式の受渡日は、売買成立の翌日から起算して3営業日目に行う。

6．るいとうの注文方法は成行注文のみであるが、ミニ株は成行注文、指値注文のどちらかを選ぶことができる。

7．信用取引の決済方法は、反対売買と現引き・現渡しである。

解答

1　×　委託者（投資信託委託会社）が行う。
2　×　「ベア型」は相場が下落すると基準価額は上昇する。
3　○　J-REIT（不動産投資信託）は、会社型（投資法人）が主流である。
4　×　価格優先の原則が正しい。
5　×　売買成立の当日（約定日）から起算する。
6　×　ミニ株も、成行注文しかできない。
7　○　反対売買とは、買った銘柄を売る、または空売りした銘柄を買い戻す売買注文のこと。現渡しは、信用取引で売りつけた株式について、証券会社に現物株を渡して決済することである。

19日目

42

がんばってる
ニャ

株式投資の各指標、債券投資

今日の学習ではまず、株式投資の続きを学びます。
株式の投資指標、相場指標について理解しましょう。
後半は、債券の特徴や種類、
流通市場や売買時の
知識を身につけていきます。

❶ 株式投資の各指標

- ◆ 株式の投資指標
- ◆ 株式の相場指標

PER、PBRなどの投資指標は、式を覚え、計算できるようになっておこう。

❷ 債券投資

- ◆ 債券とは
- ◆ 債券取引
- ◆ 債券の利回り
- ◆ 債券のリスクと格付け

債券の利回り計算は、式を覚え、計算できるようになっておこう。

❶ 株式投資の各指標

◆ 株式の投資指標

投資指標は、ある会社の株価が割高なのか、割安なのかを判断するときの尺度となります。

試験ではここが出る！

与えられた数値をあてはめて計算できるように式を覚えておこう。

1. 配当利回りと配当性向

配当利回りとは配当金の投資金額に対する割合で、1株当たりの配当金が変わらない場合、株価が下落するほど高くなります。

配当利回りの計算式

$$配当利回り（\%）= \frac{1株当たり年間配当金}{株価} \times 100$$

例　**配当利回りの計算例**

株価6,000円、1株当たり年間配当金が100円の場合

$$\frac{100}{6,000} \times 100 = 1.666 \cdots (\%)$$

　配当性向とは純利益のうち、配当金として支払った割合で、高いほうが多くの利益を株主に還元していると判断できます。

配当性向の計算式

$$配当性向（\%）= \frac{配当金総額}{当期純利益} \times 100 = \frac{1株当たり年間配当金}{1株当たり純利益} \times 100$$

例　**配当性向の計算例**

1株当たり年間配当金が100円、1株当たり純利益が300円の場合

$$\frac{100}{300} \times 100 = 33.333 \cdots (\%)$$

2.　PER（Price Earnings Ratio：株価収益率）

　PERとは、株価が1株当たり純利益（EPS）の何倍になっているかを示す指標です。PERが低いほど株価は割安、高いほど株価は割高と判断されます。

PERの計算式

$$PER（倍）= \frac{株価}{1株当たり純利益（EPS）}$$

$$1株当たり純利益（EPS） = \frac{当期純利益}{発行済株式総数}$$

PERの計算例

1株当たり純利益が300円、株価が6,000円の場合

$$\frac{6,000}{300} = 20 \text{（倍）}$$

3．PBR（Price Book-value Ratio：株価純資産倍率）

PBRとは、企業の資産価値から株価の割安・割高を判断するもので、株価が1株当たり純資産（BPS）の何倍まで買われているかをみる投資指標です。

PBRが低いほど株価は割安、高いほど株価は割高と判断されます。PBRが1倍に近づくほど、株価が大底に近づいたと判断できます。

PBRの計算式

$$\text{PBR（倍）} = \frac{\text{株価}}{\text{1株当たり純資産（BPS）}}$$

$$\frac{\text{1株当たり純資産}}{\text{（BPS）}} = \frac{\text{純資産}}{\text{発行済株式総数}}$$

 PBRの計算例

1株当たり純資産が400円、株価が600円の場合

$$\frac{600}{400} = 1.5 \text{（倍）}$$

4．ROE（Return On Equity：自己資本利益率）

ROEとは、会社が株主から預かったお金を原資に、どれだけの利益をあげたかをみる投資指標です。ROEは株主にとって、自分の資産の利回りに相当する指標であり、ROEが高いほど資本効率が高いと判断されます。

> 自己資本=純資産 − 新株予約権 − 非支配株主持分

純資産のうち、**株主資本、評価・換算差額等**が自己資本となります。

ROEの計算式

$$ROE（\%）= \frac{当期純利益}{自己資本} \times 100$$

例 **ROEの計算例**

当期純利益が5,000万円、自己資本が5億円の場合

$$\frac{5,000万円}{5億円} \times 100 = 10（\%）$$

 ＋α **ROA（総資産利益率）**

会社の総資産がどれだけ効率的に活用されたかを示す指標。

$$ROA（\%）= \frac{当期純利益}{総資産（総資本）} \times 100$$

◆ 株式の相場指標

相場指標は、株価が日々変動することをふまえ、相場全体の動向を把握できるようにしたものです。次のようなものがあります。

代表的な株式指標

市場全体の時価総額	・上場している**全銘柄の最終株価×発行済株式総数** ・株式市場の規模を知ることができる
売買高	出来高ともいわれる。売買が成立した株数
売買代金	金額ベースでいくらの売買が成立したかを示すもの

日経平均株価（日経225）	・東証プライム市場に上場している225銘柄を対象とした修正平均型の株価指標（株価の権利落ちや銘柄の入替えなどがあっても連続性を失わないように工夫されている） ・一部の値がさ株（株価の高い銘柄）等の値動きに影響を受けやすい
東証株価指数（TOPIX）	・発行済株式総数でウエイトをつけた時価総額加重型の株価指数 ・東京証券取引所第1部に上場している全銘柄を対象としてきたが、2022年4月4日の市場区分変更に伴い、2022年10月から2025年1月末にかけて銘柄の見直しを段階的に行う ・基準日（1968年1月4日）の時価総額を100として、現在の時価総額がどれだけになっているかを示す ・2006年7月以降、実際に市場に流通している株式のみを対象とした算出方法（**浮動株指数**）に変更 ・時価総額の大きい銘柄の影響を受けやすい
JPX日経インデックス400（JPX日経400）	・東証のプライム市場、スタンダード市場、グロース市場のなかで、**一定の要件**（資本を効率的に活用しているかなど）**を満たした400社**（400銘柄）で構成される株価指数 ・日本取引所グループ、東京証券取引所、日本経済新聞社が共同で開発したもの ・基準日（2013年8月30日）を10,000ポイントとして指数を算出
ナスダック総合指数	・米国ナスダック市場に上場している全銘柄で構成する時価総額加重型の指数
S&P500種株価指数	・S&Pダウ・ジョーンズ・インデックスが算出しているアメリカの代表的な株価指数 ・米国のニューヨーク証券取引所、NYSE American、ナスダックに上場している企業の中から、代表的な500社を選出し、その時価総額を加重平均した株式指数

試験では ここが出る！

日経225、TOPIXがどんな指標かを問う問題が出る。

❷ 債券投資

◆ 債券とは

債券とは借用証書のようなものです。発行価格（いくらで借りて）、償還期限（いつ借金を返済するのか）、表面利率（毎年いくらの利息を支払うのか）などのさまざまな条件が明示されています。

1．債券の特徴

債券は、償還まで保有していれば発行体が破たんしない限り、額面金額が保証されます。償還前でも自由に売却したり換金したりすることが可能ですが、時価で売買するため、価格は変動し、元本割れすることもあります。

2．債券の種類

債券には次のような種類があります。

発行体による分類

国債………国が発行する債券。流通量が最も多い

地方債……都道府県や市町村など、地方公共団体が発行する債券

社債………事業会社（民間企業）が発行する債券

金融債……金融機関が発行する債券　など

利払いの方法による分類

利付債（り つきさい）……毎年、定期的に利払いが受けられる債券

割引債（ゼロクーポン債）……利払いが一切ない。額面金額より割り引いた安い価格で発行され、満期時に額面金額が投資家に償還される債券。この差額（**償還差益**）が利息に相当する

新発債と既発債

新発債……新規に発行される債券
既発債……既に発行されている債券

公募債と縁故（私募）債

公募債…………だれでも購入可能な債券
縁故（私募）債…債券発行者と特定の関係にある人だけが購入可能な
　　　　　　　債券

その他の債券

転換社債型新株予約権付社債（CB）…発行時に決められた転換価格で発行体の株式に転換することができる権利がついた債券

仕組債……一般的な債券に「デリバティブ」を組み込んだ債券。さまざまな種類がある

（代表的な仕組債）

・他社株転換債（EB債）…満期償還前の評価日の状況により他社株に転換される可能性がある債券。株式償還となった場合は、元本割れの可能性がある

・株価指数連動債（リンク債）…参照する株価指数の変動により償還金額などが変動し、「早期償還条項」が付いている場合には、満期償還日よりも前に償還されたり、償還額が額面金額を下回ったりする可能性がある

◆ 債券取引

　債券取引は、顧客と金融機関が直接取引する店頭市場が中心です。流通市場の分類や債券投資に関する基礎用語を確認しておきましょう。

債券の流通市場

取引所市場	金融商品取引所に上場された債券を取引ルールに基づいて売買する市場
店頭市場	・債券の売買の中心 ・金融商品取引所を通さずに、金融機関と投資家が直接取引をする市場
業者間市場	銀行など金融機関（業者）が、お互いに取引をする市場

　債券の流通市場は、店頭市場と業者間市場での取引が圧倒的に多くなっています。また、国債の売買が多い点も特徴的です。

債券投資の基礎用語

額面金額	償還期限に投資家に返還される金額
表面利率 （クーポンレート）	額面金額に対して毎年支払われる1年間の利息の割合。単位は%
償還期限	債券の額面金額が償還される期日
利払い	日本国内で円建てで発行される債券は、通常年2回に分けて行われる
発行価格	債券が発行されるときの価格（時価） ・オーバー・パー発行…額面金額である100円より**高い**価格で発行すること ・パー発行………………額面金額である100円**ちょうど**で発行すること ・アンダー・パー発行…額面金額である100円より**安い**価格で発行すること
経過利息	前回利払い日の翌日から売買の受渡日までの日数に見合う利息相当分

◆ 債券の利回り

　債券の利回りとは、投資した金額に対して、1年当たりどれだけの収益（利息による収益と償還差損益・売買差損益などの価格部分の収益）が得られるのかという割合のことです。

1. 債券の利回り計算

　債券の利回りには、次の4つがあります。

債券の4つの利回り

応募者利回り	新発債を購入し、満期償還まで保有し続けた場合の利回り
最終利回り	既発債を時価で購入し、満期償還まで保有した場合の利回り ＊債券投資で単に利回りといえば、通常は最終利回りを指し、重要視される。
所有期間利回り	債券を満期まで保有せず、途中売却した場合の利回り
直接利回り	単純に投資金額に対して毎年いくらの利息収入（インカムゲイン）があるかをみる利回り

▼ 新規発行	▼中途で購入	▼中途で売却	満期償還 ▼
応募者利回り			
	最終利回り		
	所有期間利回り		

4つの利回りの計算式

$$応募者利回り（\%）= \cfrac{表面利率 + \cfrac{額面（100円）- 発行価格}{償還年限（期間）}}{発行価格} \times 100$$

$$最終利回り（\%）= \cfrac{表面利率 + \cfrac{額面（100円）- 買付価格}{残存年限（期間）}}{買付価格} \times 100$$

$$所有期間利回り（\%）= \cfrac{表面利率 + \cfrac{売却価格 - 買付価格}{所有期間}}{買付価格} \times 100$$

$$直接利回り（\%）= \cfrac{表面利率}{買付価格} \times 100$$

＊応募者利回りと最終利回りの違いは、新発債を買うのか、既発債を買うのかという、買付時期の違いにある。

直接利回り以外は
計算のパターンは同じだニャ

試験ではここが出る！

債券の利回り計算は頻出。式を覚えよう。

2．債券価格と利回り

　債券価格と利回りは、次のような関係になっています。

> 債券が買われる＝債券価格・債券相場の**上昇**＝利回りは**低下**
> 債券が売られる＝債券価格・債券相場の**下落**＝利回りは**上昇**

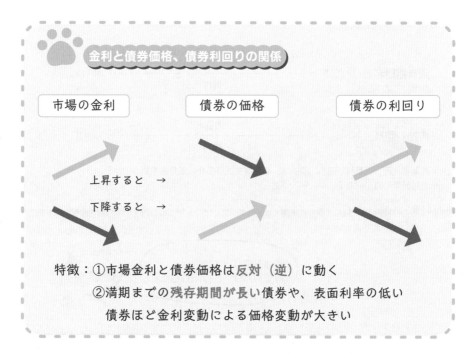

金利と債券価格、債券利回りの関係

| 市場の金利 | 債券の価格 | 債券の利回り |

上昇すると　→

下降すると　→

特徴：①市場金利と債券価格は反対（逆）に動く
　　　②満期までの残存期間が長い債券や、表面利率の低い
　　　　債券ほど金利変動による価格変動が大きい

3．債券価格の変動要因

　債券価格の変動には、金利動向と債券市場の需給関係が大きく影響します。金利水準が上昇すると債券価格は下落するように、金利の動きと債券の値動きは逆になります。

　また、残存期間の長い債券や表面利率の低い債券ほど金利変動による価格変動が大きくなります。

　イールドカーブは、縦軸を債券の利回り、横軸を債券の残存期間として、利回りと投資期間の関係を表した曲線です。

　償還までの期間が長くなるほど利回りが高くなる曲線を順イールド、その逆を逆イールドといいます。

　金融緩和時、平常時には順イールドを形成し、金融引締め時には逆イールドを形成することが多く、イールドカーブの形状変化として傾きが大きくなることをスティープ化、逆に傾きが小さくなることをフラット化といいます。

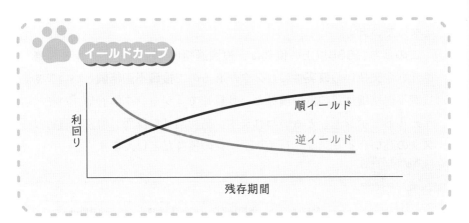

イールドカーブ

利回り

順イールド

逆イールド

残存期間

＋α　債券のデュレーション

債券を保有することによって利子および元本（＝キャッシュフロー）を受け取ることのできるまでの期間を加重平均したもののこと。つまり、債券投資の平均回収期間を示している。表面利率や最終利回りが高くなるほど、デュレーションは小さくなる（債券投資の回収までの期間が早くなる）。
また、デュレーションは、債券投資の平均回収期間を示す以外に、金利がある一定の割合で変動した場合、債券価格がどの程度変化するかを示す感応度の性格も持っている。これをより直接表したものが、修正デュレーションと呼ばれる指標である。

◆ 債券のリスクと格付け

1. 債券のリスク

　債券のリスクには、信用（デフォルト）リスク、金利変動リスク、流動性リスク（→p.285）などがあります。

2. 格付け

　格付けとは、債券の信用リスクを、第三者の評価機関である格付会社が評価し、債務の支払能力をアルファベットなどでわかりやすく示したものです。格付会社には米国系のムーディーズ・ジャパン、S＆Pグローバル・レーティング、日本では格付投資情報センター(R＆I)、日本格付研究所(JCR)などがあります。債券の格付けは、S＆Pグローバル・レーティングの場合、安全性の高い順にＡＡＡ、ＡＡ……となっています。

　このうち、BBB以上の債券は、**投資適格債**といい、BB以下の債券は元利金支払いの確実性にリスクがあるので**投資不適格債**といいます。投資不適格債は質の低い債券という意味で「ジャンク債」や「ハイ・イールド・ボンド」ともいわれます。高利回りな反面、債務不履行リスクの高いハイリスク・ハイリターンの債券だといえます。

債券の格付け

	格付け	信用リスク	利回り	債券価格
投資適格債	ＡＡＡ (Aaa)	低	低	高
	ＡＡ (Aa)			
	Ａ			
	ＢＢＢ (Baa)			
投資不適格債 (投機的債券)	ＢＢ (Ba)			
	Ｂ			
	ＣＣＣ (Caa)			
	ＣＣ (Ca)			
	Ｃ			
	Ｄ	高	高	低

試験ではここが出る！

一般的には格付けが高いものほど利回りが低く、格付けが低いものほど利回りが高い。

個人向け国債の特徴

	変動金利10年	固定金利5年	固定金利3年
償還期限	10年	5年	3年
金利	変動 （6ヵ月ごとに見直し）	固定 （6ヵ月ごとに利払い）	
発行頻度	毎月		
最低購入金額	1万円		
対象	個人のみ		
適用利率*	基準金利×0.66	基準金利－0.05%	基準金利－0.03%
中途換金	発行から1年経過後であれば、いつでも中途換金できる		
中途換金調整額**	直前2回分の利子相当額×0.79685		

＊いずれも年率0.05%の最低金利保証がある。
＊＊中途換金の場合に差し引かれる換金手数料。

練習問題

次の各記述のうち、正しいものに○、誤っているものに×をつけなさい。

株式投資の各指標

1. 株価1,200円、1株当たり配当金15円、1株当たり純資産600円、1株当たり純利益30円、1株当たり自己資本500円のとき、PERは20倍である。

2. 上記1の条件のとき、ROEは4％である。

3. 日経平均株価は、株式分割などの権利落ち等の影響を修正した株価指標である。

債券投資

4. 債券の流通市場には、取引所市場と店頭市場があるが、日本において取引の大部分は取引所市場が利用されている。

5. 逆イールドとは、償還までの期間が長くなるほど利回りが高くなる曲線のことである。

6. 投資適格債の基準になっている格付けは、ＢＢＢ以上である。

7. 5年満期の個人向け国債は、変動金利型で1年ごとに利率が決定される。

解答

1. × 1,200円/30円=40倍が正しい。
2. × 30円/500円×100=6％が正しい。
3. ○ 日経平均株価は、株価の権利落ちや銘柄の入替えなどがあっても、連続性を失わないようにした修正平均型の株価指標である。
4. × 日本では店頭市場が取引の中心である。
5. × 設問は順イールドの説明である。
6. ○ BBB以上の債券は、元利金支払いの確実性が高い投資適格債という。
7. × 5年満期の個人向け国債の金利は固定されている。

20日目

42

ついてくる
ニャ〜

外貨建て金融商品、
金と金融派生商品

今日の学習では外貨建て金融商品のしくみと特徴、
金と金融派生商品の概要について理解しましょう。
特に外貨建て金融商品のしくみは頻出項目なので
しっかり押さえておきましょう。

❶ 外貨建て金融商品

- ◆ **外貨建て金融商品の基礎知識**
- ◆ **外貨建て金融商品の種類**

> 外貨建て金融商品の利回り計算や通貨換算ができるようになろう。

....

❷ 金と金融派生商品

- ◆ **金投資**とは
- ◆ **金融派生商品
  （＝デリバティブ）**とは

> オプション取引（コール・プット）は、問題演習をしながらしくみを理解しよう。

---

❶ 外貨建て金融商品

◆ 外貨建て金融商品の基礎知識

　外貨建て金融商品とは、元本や利息などが外貨建ての金融商品のことです。表示されている利回りや金利は外貨ベースのものとなります。

1．外貨建て金融商品の特徴

　外貨建て金融商品は、日本円で運用するよりも高金利なものも多く、国際分散投資が可能になります。その一方で、為替変動リスクやカントリーリスク（→p.285）が伴います。また、**為替手数料**などの取引コストがかかるほか、**預金保険制度**などのセーフティネットの対象外であるなどのデメリットもあります。

2. 為替レート

外貨を買ったり売ったりするときには、それぞれ適用される**為替レート**があります。このレートの差が**為替手数料**に相当します。

> **用語** 為替手数料
>
> 通貨を交換する際に支払う手数料のこと。金融機関や通貨によって異なる。

為替レート

TTS	対顧客電信売相場 <small>たい こ きゃくでんしんうりそう ば</small>	円貨を外貨に換える際のレート
TTB	対顧客電信買相場 <small>たい こ きゃくでんしんかいそう ば</small>	外貨を円貨に換える際のレート
TTM	仲値 <small>なか ね</small>	顧客と為替取引をする際の基準相場。各金融機関で毎日、その日の為替相場をもとに決めている

＊TTS ＝ Telegraphic Transfer Selling Rate
　TTB ＝ Telegraphic Transfer Buying Rate
　TTM ＝ Telegraphic Transfer Middle Rate

> **＋α** 為替レートの名称
>
> 金融機関側からみると「外貨を売る（Selling）」からTTS、「外貨を買う（Buying）」からTTB、となる。

◆ 外貨建て金融商品の種類

外貨建て金融商品にはおもに次のようなものがあります。

1. 外貨預金

外貨預金は、米ドルやユーロなど、円以外の通貨で行う預金のことです。基本的なしくみは国内の預金と同じですが、**預金保険制度の対象外**になります。外貨預金には、為替先物予約（将来の通貨の種類や金額等の条件をあらかじめ決めて、為替の売買取引をすること）をつけて円ベースでの利回りを確定するものと、予約をつけないものがあります。

預金種類	普通預金、当座預金、通知預金、定期預金
預金金額	普通預金…最低1通貨単位以上／定期預金…最低10万円相当額以上 （取扱機関によって異なる）
預入期間	普通預金…満期はなく、出し入れ自由 定期預金…満期は1、2、3、6、12ヵ月とするのが一般的
中途換金	普通預金…いつでも引き出せる 定期預金…中途解約は原則として不可
税金	利　　息…利子所得として源泉分離課税 マ ル 優…不可／為替差益…雑所得として総合課税

例 次の場合、円ベースの受取金額（元利合計額）と税引き後の実質
利回りはいくらか？

・米ドル建て1年定期預金（金利年3％）に1万ドルを預け入れた
・為替レートは変わらないものとする

TTM	1ドル＝135円	**TTS**	仲値＋1円	**TTB**	仲値－1円

答 円ベースの預入金額：1万ドル×136円(TTS)＝136万円
利息：1万ドル×3％＝300ドル
受取利息(20.315%税引き後)：300ドル×(1－0.20315)＝239.055ドル
ドルベースの受取金額＝1万ドル＋239.055ドル＝10,239.055ドル
円ベースの受取金額＝10,239.055ドル×134円(TTB)＝1,372,033円
実質利回り＝（1,372,033円－1,360,000円）÷1,360,000×100
　　　　＝0.88477…≒0.88％

2．外貨建てMMF（マネー・マーケット・ファンド）

外貨建てMMFは**外国投資信託**の１つで、外貨建ての短期国債などで運用される公社債投資信託です。日本国内の円建てのMMFのしくみと似ています。一般に外貨預金よりも外貨建てMMFのほうが為替手数料は低くなっています。

> **用語** **外国投資信託**
>
> 海外において海外の法律に基づいて設定される投資信託のこと。

外貨建てMMFの概要

種類	米ドル建て、ユーロ建て、豪ドル建てなど
信託期間	無期限
金利	実績分配
利払い	分配金は毎日計算し、月末に再投資（１ヵ月複利）
中途換金	購入日の翌日以降、**手数料等なしでいつでも換金可**
税金	収益分配金…利子所得として申告分離課税。源泉徴収ありの特定口座に入っていれば、申告不要も選択可 マル優…不可 譲渡益（為替差益も含む）…2016年１月より、譲渡所得として申告分離課税20.315％（復興特別所得税を含む）
申込金額	取扱会社によって異なる。10ドル以上１セント単位など

3．外国債券

外国債券とは、発行者、通貨、発行場所のいずれかが海外である債券のことです。外国債券の売買には、証券会社に外国証券取引口座を開く必要があります。

種類	通貨		
	払込み	利払い	償還
円建て外債（サムライ債）	円貨	円貨	円貨
外貨建て外債（ショーグン債）	外貨	外貨	外貨
デュアル・カレンシー債	円貨	円貨	外貨
リバース・デュアル・カレンシー債	円貨	外貨	円貨

＊円建て外債は通貨がすべて円貨になっているが、発行者が外国政府などであるため外国債券の
　1つとされる。

●通貨による分類

サムライ債………………円貨建て外債。外国法人が日本国内におい
　　　　　　　　　　　て円建てで発行する債券

ショーグン債……………外貨建て外債。外国法人が日本国内におい
　　　　　　　　　　　て外貨建てで発行する債券

デュアル・カレンシー債…**二重通貨建て債**ともいう。
　　　　　　　　　　　債券の購入金額の払込みと利払いを円貨で
　　　　　　　　　　　行い、償還金は外貨で支払われる債券

リバース・デュアル・カレンシー債
　　　　　　　　　　　…債券の購入金額の払込みと償還を円貨で行
　　　　　　　　　　　い、利払いは外貨で支払われる債券

ユーロ円債………………日本や外国の発行体が日本以外の市場
　　　　　　　　　　　（ユーロ市場）で発行する円建て債券

用語　　**ユーロ市場**

非居住者により保有される自国通貨や債券などを取引
する市場のこと。必ずしも欧州統一通貨「ユーロ」を
取引する市場ではない。

●利払いによる分類

　外国債券にも国内債のように利付債と割引債があり、商品の概要は同じです。利付債には利払いがありますが、割引債には利払いがありません。割引債は、**ゼロクーポン債**ともいわれます。

４．外国株式

　外国株式とは、外国籍の企業が発行している株式のことです。外国株式の代金決済は、原則として国内約定日（売買成立の日）を含めて３営業日目になります。外国株式の取引方法には、海外委託取引、国内店頭取引、国内委託取引の３つがあり、それぞれ次のような方法です。

海外委託取引…顧客の注文を証券会社が直接、海外市場で売買する
国内店頭取引…証券会社と顧客とが相対で、外国株式を海外市場の株価を基準として売買する
国内委託取引…国内の金融商品取引所に上場している外国株式を売買する。取引はすべて円で行われる

---

❷ 金と金融派生商品

◆ 金投資とは

　金は国際商品であり、商品としての価値を併せ持つことから、戦争やインフレなどから資産を守る**有事の金**ともいわれています。国際的には、1トロイオンス当たりの米ドル建てで取引が行われているので、**為替変動リスク**があります。円高ドル安の進行は、円建ての金価格の下落要因となります。**インカムゲイン**（利子収入などの安定的・継続的に得られる収益）はなく、**キャピタルゲイン**（保有資産の価格変動によって得られる収益）のみです。

　金現物取引と金先物取引の2種類があり、金現物取引には**純金積立、金地金、地金型金貨**があります。

金への投資方法

純金積立	毎月、一定額ずつ金を購入する。積み立てた資産は時価で換金できるほか、金地金でも受け取れる 売却益は**雑所得**（個人が営利目的で頻繁に売却）か**譲渡所得**となる（個人が年に数回売却）
金地金	現物の金地金を購入する 売却益は**譲渡所得**となる
地金型金貨	金貨（カナダのメイプルリーフなど）を購入する 売却益は**譲渡所得**となる

純金積立のしくみと特徴

取扱機関……一部の銀行、商品取引会社、証券会社など

積立金額……月々 3,000円以上1,000円単位が主流

積立期間……１年で自動継続が主流

積立方法……銀行口座自動振替が一般的

収益…………収益は譲渡益のみ。為替相場の影響も大きく、売却のタイミングによって収益が大きく異なる

中途換金……いつでも時価で売却可能。積み立てた「金」はいつでも現物などで受け取ることができる

税金…………譲渡益は総合課税の譲渡所得扱い

◆ 金融派生商品（=デリバティブ）とは

　金融派生商品（=デリバティブ）とは、通貨や金利、為替、株式などから派生して生まれた金融商品のことです。原資産の価格に依存してその理論価格が決まります。金融デリバティブともいいます。

１．金融派生商品のおもな特徴

レバレッジ効果……少額の資産で多額の取引ができる

リスクヘッジ効果…将来の取引を現時点で確定するため、リスクを抑制できる

2. 金融派生商品の種類

金融派生商品には次のような種類があります。

●先物取引：ある商品を特定の日に、現時点で取り決めた価格で売買することを契約する取引のことです。

●オプション取引：ある商品（原資産）を、ある期日までに、あらかじめ決められた価格で買う権利（コール・オプション）や売る権利（プット・オプション）を売買する取引です。オプションの買い手と売り手の損益はまったく逆になります。「コール」も「プット」も買い手は権利を行使するか放棄するか自由に選択可能です。

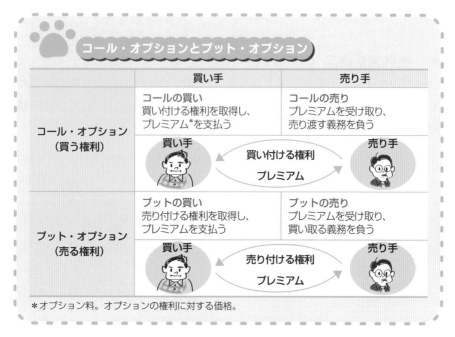

	買い手	売り手
コール・オプション（買う権利）	コールの買い 買い付ける権利を取得し、プレミアム*を支払う 買い手 → 買い付ける権利 プレミアム → 売り手	コールの売り プレミアムを受け取り、売り渡す義務を負う
プット・オプション（売る権利）	プットの買い 売り付ける権利を取得し、プレミアムを支払う 買い手 → 売り付ける権利 プレミアム → 売り手	プットの売り プレミアムを受け取り、買い取る義務を負う

＊オプション料。オプションの権利に対する価格。

●スワップ取引：経済的価値の等しいキャッシュフローを一定期間にわたり、あらかじめ定めた条件に従って、お互いに交換する取引で、店頭取引が基本です。

●外国為替証拠金取引（FX取引）：一定の証拠金（担保）を取引業者に預託し、その証拠金の数倍（金融庁のレバレッジ規制により最大25倍）の取引単位で通貨の売買取引を行うことができる取引です。FX取引は、ハイリスク・ハイリターンの取引であるため、通常、評価額が一定額を超えた場合に損失が拡大しないようにストップ・ロス（損切り）が設定されています。利益は、すべて先物取引に係る雑所得等として**申告分離課税**の対象となっています。また、損失が出た場合も、確定申告をしておけば翌年以降3年間の繰越控除が可能です。

派生商品の種類と特徴

先物取引	・店頭取引ではなく、取引所取引である ・差金決済制度（決済月の取引最終日）までに、反対売買を行って、その差額を決済できる ・証拠金制度（売買代金の一部を取引の証拠金として預けるだけで取引ができる）がある
オプション取引	・オプションの買い手は売り手にプレミアムを支払うことで、ある商品をある期日までに一定の価格で買う権利、あるいは売る権利を手に入れることができる
スワップ取引	・**金利スワップ**…同一通貨の固定金利と変動金利を交換する取引のこと。金利のみが受渡しされる ・**通貨スワップ**…異なる通貨の債務や債権を交換する取引のこと。元本の受渡しが行われる
FX取引	・取引所取引と店頭取引がある ・少額の証拠金を担保に高額な為替取引ができる

練習問題

次の各記述のうち、正しいものに〇、誤っているものに×をつけなさい。

外貨建て金融商品

1. 為替先物予約なしの外貨預金は、換金時に円安であれば為替差益を得られる。

2. 外貨建てMMFと外貨預金の為替手数料を比較すると、外貨建てMMFのほうが外貨預金に比べて為替手数料が高い。

3. 東京証券取引所に上場されている米国企業の株式は米ドル建てによる売買が行われている。

金と金融派生商品

4. 個人が金地金を売却したときに生じた所得は、一時所得として総合課税の対象となる。

解答

1　〇　預入時よりも円安になっていれば、金利のほかに為替差益を得ることができる。
2　×　為替手数料が低い、が正しい。
3　×　円建てによる売買が行われている。
4　×　譲渡所得となる。

あと1日で
Chapter3も
終わりだニャ！

21 日目

42

ここまで
きたニャ！

ポートフォリオ運用、金融商品と税金

今日の学習では、まず、ポートフォリオ運用の目的、
リスクの種類とリスクヘッジの方法などについて理解しましょう。
後半は、金融商品と税金について学びます。
Chapter 3 最後の項目です。
これまでの知識を思い出しながら進めていきましょう。

❶ ポートフォリオ運用

- ◆ ポートフォリオとは
- ◆ 証券ポートフォリオの基礎

> 期待収益率や標準偏差、相関係数、シャープレシオなど、計算式を覚え、計算できるようになっておこう。

❷ 金融商品と税金

- ◆ 預貯金・債券等にかかる税金
- ◆ 株式にかかる税金
- ◆ 投資信託にかかる税金
- ◆ 外貨建て金融商品にかかる税金
- ◆ 障害者等の非課税貯蓄制度（マル優制度）

> 株式や投資信託等の利益にかかる税金は、源泉徴収、総合課税、申告分離課税等、課される税の種類が選択制なので違いを確認しておこう。

---

❶ ポートフォリオ運用

◆ ポートフォリオとは

ポートフォリオは、資産の分散・組合せを示す言葉です。

ポートフォリオは、もともとは「書類入れ」を意味していたんだニャ！

1．ポートフォリオ運用の目的

リスクの低減と運用の効率化を目的に運用しています。異なる性質の金融商品を組み合わせて保有することで、リスクを小さくし、運用の成果をあげることができるという考えが基盤となっています。

284

2. リスクとリスクヘッジの方法

●金融商品のリスク

　金融商品における**リスク**とは、金融商品に投資した結果得られるであろう収益の**不確実性**のことをいいます。

金融商品のリスク

リスクの種類	リスクの内容	おもな金融商品
信用リスク （デフォルトリスク）	預入金融機関や投資先の信用低下・倒産等で元本の回収、利払いなどが受けられない	株式・債券・預貯金など
価格変動リスク	価格の変動により資産価値が変動する	株式・債券など
金利変動リスク	金利の変動により資産価値が変動する	債券・預貯金など
為替変動リスク	為替の変動により資産価値が変動する	外貨建て金融商品
流動性リスク	必要なときに換金できない、もしくは解約手数料などのコストが発生する	株式・債券・一部の預貯金など
途中償還リスク	繰上げ償還などにより、当初予定していた投資期間や利回りでの運用ができなくなるリスク	債券
カントリーリスク	海外を投資対象とした場合の、その国の政治や社会、経済環境などの変化によるリスク	株式・債券・預貯金など
インフレリスク	物価の上昇により、資産価値が目減りしてしまうリスク	預貯金など

●「アンシステマティック・リスク」と「システマティック・リスク」

　アンシステマティック・リスクは、個別リスクや固有リスク、分散可能リスクとも呼ばれ、分散投資によって消去可能なリスクのことを言います。一般に、アンシステマティック・リスクは、分散投資によって消去されるため、期待リターンには影響を与えないとされます。

　それに対し、分散投資しても消去しきれないリスクをシステマティック・リスクと言います。

●リスクヘッジの方法

リスクヘッジの基本は分散投資で、以下のような方法があります。

分散投資

資産の分散……国内株式、国内債券、外国株式、外国債券などに分散する（アセットアロケーション）

銘柄の分散……複数の株式や債券に分散する

通貨の分散……円だけでなく、米ドルやユーロなどに分散する

時間の分散……投資時期を分散して価格変動によるリスクを低減させる方法（ドルコスト平均法→p.253）

◆ 証券ポートフォリオの基礎

証券投資においてポートフォリオのリターンやリスクを測定するには次のような方法があります。

1. 投資収益率

投資金額に対する投資収益（インカムゲインとキャピタルゲインとの合計）の割合をいいます。

$$\text{投資収益率（％）} = \frac{\text{投資収益額}}{\text{投資金額}} \times 100$$

2. 期待収益率

期待収益率は、投資の結果起こりうる確率（生起確率）を仮定してそれぞれの**投資収益率**を加重平均したものです。おもに収益性の尺度として用いられます。

$$\text{期待収益率（％）} = \text{（予想収益率 × 生起確率）の合計}$$
〈予想収益率 × 確率 + 予想収益率 × 確率…〉

> **例** **期待収益率の計算**
>
> 資産のシナリオが表のような場合の期待収益率は何%か。
>
> | | 予想収益率 | 生起確率 |
> |---|---|---|
> | シナリオA | 10% | 30% |
> | シナリオB | 3% | 50% |
> | シナリオC | ▲5% | 20% |
>
> 期待収益率＝10%×0.3+3%×0.5+（▲5%）×0.2＝3.5%

3．分散と標準偏差

　証券投資におけるリスクは、期待収益率に対する散らばりの程度がどのくらいかで測定できます。この程度をはかる尺度が、統計学上の分散と標準偏差です。これらの値が大きいほどリスクが高くなります。

> **分散**（%）＝$\left(\begin{array}{c}\text{ある条件での}\\\text{収益率}\end{array}-\text{期待収益率}\right)^2 \times$ 確率 の合計
>
> **標準偏差**＝$\sqrt{\text{分散}}$

4．ポートフォリオの期待収益率

　ポートフォリオの期待収益率は、ポートフォリオに組み込まれた各資産の期待収益率を組入比率で加重平均したものです。

> **ポートフォリオの期待収益率**＝（期待収益率×組入比率）の合計

> **例** **ポートフォリオの期待収益率の計算**
>
> 表のポートフォリオの期待収益率は何%か。
>
> | | 期待収益率 | ポートフォリオの構成比 |
> |---|---|---|
> | 資産A | 1% | 40% |
> | 資産B | 3% | 40% |
> | 資産C | 5% | 20% |
>
> 期待収益率＝1%×0.4+3%×0.4+5%×0.2＝2.6%

5．効率的市場仮説

市場が完全に効率的だとすれば、市場平均を上回る収益をあげることはできないという考え方を効率的市場仮説といいます。この理論を前提とする運用方法をパッシブ運用といい、逆に、市場は必ずしも効率的ではないという理論を前提とする運用方法をアクティブ運用といいます。

6．ポートフォリオ効果と相関係数

ポートフォリオ効果とは、ポートフォリオを組むことでリスクが軽減することをいい、相関係数が大きく影響します。

相関係数とは、ポートフォリオに組み入れられている証券同士の変動の関連性の強さを表す尺度のことです。－1から+1の範囲の数値で表されます。数値が小さいほどポートフォリオ効果は大きくなり、マイナスになると、ポートフォリオ効果は最大に近づきます。つまり、値動きが異なる証券を合わせて持つほうがよりリスクを避けられます。

| 相関係数＝－1 （逆相関）：証券同士がまったく逆方向に動く |
| 相関係数＝ 0 （無相関）：証券同士はまったく関係なく動く |
| 相関係数＝ 1（完全相関）：証券同士がまったく同一方向に動く |

7．シャープレシオ

リスクからどれだけ効率的に収益をあげられたのかをはかる尺度をシャープレシオといいます。この数値が大きいほど無リスク資産のリターンを効率よく上回ったという高い評価になります。

$$シャープレシオ = \frac{収益率 － 無リスク資産の収益率}{標準偏差}$$

用語　無リスク資産

元本が保証されている安全資産のこと。普通預金や定期預金、国債などが該当。

❷ 金融商品と税金

◆ 預貯金・債券等にかかる税金

1. 預貯金等にかかる税金

　銀行や郵便局などの預貯金の利子は、**利子所得**として、また、保険期間5年以下の一時払養老保険など金融類似商品の収益は、**一時所得**もしくは**雑所得**として、どちらも原則20.315%（所得税15%＋復興特別所得税0.315%＋住民税5%)の**源泉分離課税**となります。ただし、**マル優**等の非課税の適用を受けるものを除きます。

2. 公社債にかかる税金

　公社債の利子は、利払いの都度、利子所得として、原則20.315%の税金(所得税15%＋復興特別所得税0.315%＋住民税5%)が源泉徴収されるとともに申告分離課税の対象となりますが、申告不要も選択できます。

公社債にかかる税金

	利子	償還損益・譲渡損益
特定公社債等	・20.315%*申告分離課税 ・申告不要選択可 ・特定口座の受入れ可	・20.315%*申告分離課税 ・譲渡損・償還差損は、損益通算および3年間の繰越控除可 ・特定口座の受入れ可
一般公社債等	20.315%*源泉分離課税	20.315%*申告分離課税 (上場株式等の損益通算等は不可)

	償還損益・譲渡損益
割引債	・発行時に源泉徴収は行われない ・償還時に償還差益について20.315%*申告分離課税 ・損益通算および3年間の繰越控除可 ・特定口座の受入れ可

＊20.315%…所得税15%、復興特別所得税0.315%、住民税5%。

償還差益や譲渡益に対しては、譲渡所得として原則20.315％の税金がかかります。

　また、特定公社債の利子や、特定公社債や割引債の償還差益・譲渡損益は、確定申告により、上場株式等の配当金や譲渡損益と損益通算することができます。

 債券の種類

　実際には債券のほとんどが「特定公社債」に該当します＊が、全体像は以下のようになっています。特定公社債か一般公社債かによって税制が異なるので、確認しておきましょう。

	発行地	発行体の所在地	おもなもの
特定公社債	国内発行	日本	日本国債、地方債、政府関係機関債、公募普通社債など
		海外	公募円建て外債（サムライ債）など
	海外発行	―	売出債、私売出債の一部（購入時から他社への移管をしていないもの）
一般公社債	―	―	特定公社債以外の公社債（2016年1月1日以降に発行した一定の私募債など）

＊2015年12月31日以前に発行されたものは、同族会社が発行したものを除き、特定公社債に該当する。

◆ 株式にかかる税金

株式の収益は、配当金（インカムゲイン）と譲渡益（キャピタルゲイン）の２つがあり、それぞれ課税方法が異なります。

1．配当金にかかる税金

上場株式等の配当金は、**配当所得**として源泉徴収されるか、確定申告をして総合課税で課税されるか、申告分離課税を選ぶかになっています。

●上場株式等の配当所得の申告分離課税

20.315％（所得税15％＋復興特別所得税0.315％＋住民税５％）の申告分離課税を選択する場合は配当控除は適用されません。

●上場株式等の譲渡損失と配当等の損益通算の特例

上場株式等の譲渡損失と配当等を損益通算することができます。ただし、通算できる配当所得は、**申告分離課税**を選択したものに限られます。

2．譲渡益課税

上場株式等の譲渡益（キャピタルゲイン）については、譲渡所得として20.315％（所得税15％＋復興特別所得税0.315％＋住民税５％）の**申告分離課税**となります。上場株式等の譲渡益よりも譲渡損のほうが大きい場合には税金がかかりません。また、その年に控除しきれなかった損失は、確定申告により翌年以後３年間にわたって繰越控除することができます。

3．特定口座

投資家は、１証券会社等につき１口座に限り、特定口座を開設することができます。特定口座制度は、投資家の確定申告における事務手続きの負担を軽減するための制度です。

投資家の口座開設の選択肢

口座の形態	源泉徴収選択	確定申告
一般口座	―	必要
特定口座	源泉徴収あり →	不要（選択できる）
	源泉徴収なし →	必要

4. NISA

NISAとは、**少額投資非課税制度**のことで、一定の金融商品の配当金等や売買益が非課税になります。NISAを利用するためにはNISA口座を開設しなければならず、すでに保有している別の口座の株式等をNISA口座に移すことはできません。なお、NISA口座内で譲渡損失が生じた場合、他の口座で生じた譲渡益や配当金などと損益通算することはできません。

> **+α　NISA口座の配当金**
>
> NISA口座で保有する上場株式の配当金を非課税扱いにするためには、配当金の受取方法として株式数比例配分方式を選択しなければならない。

2024年1月1日から始まった新NISA制度には、「つみたて投資枠」と「成長投資枠」の2つがあり、併用して利用することができます。年間投資枠は、つみたて投資枠が120万円、成長投資枠が240万円で、年間最大360万円を非課税で運用することができます。

新NISA制度の非課税保有期間は無期限ですが、非課税保有限度額は1,800万円と限度があります（成長投資枠は内1,200万円まで）。ただし、NISA口座内の商品を売却した場合には、当該商品の簿価（買付価格）分の非課税枠を再利用できます。

なお、2023年末までのNISA制度（旧NISA）は、一般NISA、つみたてNISA、ジュニアNISAの3種類があり、非課税期間に一定の限度がありました。一般NISA、ジュニアNISAは非課税期間経過後、ロールオーバーを選ぶこともできましたが、2024年以降は、運用を継続している旧NISA制度の商品はロールオーバーを行うことはできなくなりました。

> **用語　ロールオーバー**
>
> NISA口座で購入した株式・投資信託等は譲渡益、配当金・分配金等の5年間の非課税期間経過後、新たなNISA口座に移管することで、引き続き5年間非課税で保有することができる制度。

2024年からのNISA

	つみたて投資枠	併用可	成長投資枠
年間投資枠	120万円		240万円
非課税保有期間	無期限		無期限
非課税保有限度額（総枠）	1,800万円 ※簿価残高方式で管理（枠の再利用が可能）		
			1,200万円（内数）
口座開設期間	恒久化		恒久化
投資対象商品	長期の積立・分散投資に適した一定の投資信託 （金融庁の基準を満たした投資信託に限定）		上場株式・投資信託等 （①整理・監理銘柄②信託期間20年未満、毎月分散型の投資信託およびデリバティブ取引を用いた一定の投資信託等を除外）
対象年齢	18歳以上		18歳以上
現行制度との関係	2023年末までに一般NISAおよびつみたてNISA制度において投資した商品は、新しい制度の外枠で非課税措置を適用 ※旧制度から新しい制度へのロールオーバーは不可		

◆ 投資信託にかかる税金

公社債投資信託と株式投資信託における課税方法を確認しましょう。

1．公社債投資信託

公社債投資信託の課税は、収益分配金・解約益・償還益ともに20.315%(所得税15％＋復興特別所得税0.315％＋住民税 5 ％)の申告分離課税です。

2．株式投資信託

●収益分配金にかかる税金

収益分配金（普通分配金）は配当所得として20.315％（所得税15％＋復興特別所得税0.315％＋住民税 5 ％）が源泉徴収され、確定申告は不要です。ただし、確定申告をしたほうが有利なときは確定申告も可能です。この場合、総合課税と申告分離課税のいずれかを選択します。

総合課税を選択すると配当控除の適用を受けられ、申告分離課税を選択すると、上場株式等の譲渡損失と損益通算できます。

なお、信託元本の払戻しに相当する特別分配金（元本払戻金）は非課税です。

＋α 損益通算
損益通算できる「株式等」には投資信託も含まれる。

試験では ここが出る！
投資信託の特別分配金（元本払戻金）は非課税！

●解約益・償還益・譲渡益の税金

公募株式投資信託の解約益・償還益・譲渡益（買取請求）は、**譲渡所得**として**申告分離課税**となります。いずれも、上場株式等と同じように、譲渡損失の 3 年間の繰越控除も可能です。収益分配金、解約益、償還益、譲渡益の税率は20.315%(所得税15％＋復興特別所得税0.315％＋住民税 5 ％)です。

◆　外貨建て金融商品にかかる税金

外貨建て金融商品は、為替差益という、円建て金融商品にない利益を生むことがあります。為替差益は次の表のように、金融商品の種類によって所得の種類が異なります。

外貨建て金融商品の課税関係

外貨預金	利息	利子所得として20.315%の源泉分離課税
	為替差益	雑所得として総合課税 ＊為替先物予約をつけていた場合は利子所得として20.315%の源泉分離課税。
外国投資信託 （外貨建てMMF）	収益分配金	利子所得として20.315%の申告分離課税
	譲渡益	譲渡所得として20.315%の申告分離課税
外国債券	利息	利子所得として20.315%の申告分離課税
	償還差益	利付債・割引債ともに 譲渡所得として20.315%の申告分離課税
	譲渡益	譲渡所得として20.315%の申告分離課税 ゼロクーポン債などは譲渡所得として総合課税
外国株式	配当金	国内株式と同じ扱い
	譲渡益	国内株式と同じ扱い
外国為替証拠金取引 （FX取引）	譲渡益	雑所得として20.315%の申告分離課税（取引所取引および店頭取引）

◆ 障害者等の非課税貯蓄制度（マル優制度）

　障害者等の非課税貯蓄制度（マル優制度）は、身体障害者手帳の交付を受けている人、遺族基礎年金・寡婦年金の受給者である妻などを対象に、一定額以下の貯蓄の利息が非課税になる制度です。マル優制度を利用している場合、復興特別所得税は課税されません。

1．マル優制度の種類

　マル優と特別マル優の2つがあり、国籍は問われませんが国内居住者に限られます。

2．非課税限度額と利用できる商品

　2種類のマル優をともに利用すれば、1人につき元本合計700万円まで非課税扱いにできます。割引国債や大口定期預金、外貨預金などはマル優の対象外です。

マル優の非課税限度額と対象商品

種類	非課税限度額	対象商品
マル優	元本350万円まで	預貯金、貸付信託・金銭信託、利払いのある公社債、公社債投資信託の利息や収益分配金など
特別マル優	額面350万円まで	利付国債および公募地方債のみ

ポートフォリオ運用、金融商品と税金

練習問題

次の各記述のうち、正しいものに〇、誤っているものに×をつけなさい。

ポートフォリオ運用

1. 複数の異なった動きの銘柄に分散投資することは、1つの銘柄に投資するよりもリスクを相対的に減らすことができる。

2. 期待収益率2％の債券と期待収益率4％の投資信託に50％ずつ投資した場合のポートフォリオの期待収益率は、3％である。

3. シャープレシオの数値が大きいほど、低いリスクで大きなリターンを効率的に得たことになる。

4. 市場は効率的であるという前提に立つのはパッシブ運用である。

金融商品と税金

5. 国内利付債券の譲渡益の税率は20.315%である。

6. Aさんは、年間200万円を上限に、特定口座内で保管されている上場株式をNISA口座に移管することができる。

7. NISAの年間投資枠は、つみたて投資枠、成長投資枠それぞれ180万円ずつで、年間最大360万円を非課税で運用することができる。

8. 株式投資信託（追加型）の売却による差益は、譲渡所得として申告分離課税となる。

9. 株式投資信託の収益分配金（普通分配金）は非課税である。

10. 外貨建てMMFを換金したことによって為替差益が生じた場合、それは雑所得扱いとなる。

解答

1　○　投資対象の分散という方法である。

2　○　2％×0.5＋4％×0.5＝3％

3　○　シャープレシオはどれだけ効率的に収益をあげられたのかをはかる尺度である。

4　○　反対の立場をアクティブ運用という。これは、市場は必ずしも効率的ではないという理論を前提とした運用方法である。

5　○　2016年1月1日からは譲渡所得となった。

6　×　金額にかかわらず、特定口座からNISA口座に移管することはできない。

7　×　NISAの年間投資枠は、つみたて投資枠120万円、成長投資枠240万円で、年間最大360万円を非課税で運用することができる。

8　○　上場株式と同じく譲渡所得として申告分離課税となる。

9　×　株式投資信託の収益分配金（特別分配金）は非課税だが、普通分配金は配当所得として課税される。

10　×　上場株式等の譲渡所得等として申告分離課税となる。

「でるとこ攻略問題集」もチェックだニャ！
→問題集p.78-109,
　　　p.240-257

22日目

42

3級で
学んだことを
思い出すニャ

所得税の基礎知識

今日から所得税の勉強が始まります。
税の種類や、所得の定義、
所得税の計算について、
学んでいきましょう。

❶ 所得税の基礎

◆ 税の種類
◆ 所得とは

国税か地方税か、超過累進税率か比例税率かなど、さまざまな観点から分類される税の種類を覚えよう。

❷ 所得税の計算方法

◆ 所得税の課税方法
◆ 所得税の計算の流れ
◆ 復興特別所得税

所得税の計算の流れを押さえよう。

❶ 所得税の基礎

私たち国民は**税金**を納める義務を負っています。

国民生活を支える税金は、「**税法**」によって体系が整えられており、その性質や納付の方法によって分類することができます。

◆ 税の種類

税は課税主体や納税義務者、税金の納付方式、税率などによって分類されます。

1．課税主体による分類

税を課す主体には、国と地方公共団体があるため、税を課税主体によって分類すると、国税と地方税に分けられます。

地方税はさらに**道府県税**と**市町村税**に分けられます。

課税主体による分類

```
        税金の種類
           │
      課税主体が違う
     ┌─────────┴─────────┐
     ↓                   ↓
    国税                 地方税
```

国税	地方税	
・所得税 ・登録免許税 ・法人税 ・相続税 ・贈与税 ・消費税 　　　など	**道府県税** ・道府県民税 　（住民税） ・不動産取得税 ・自動車税 ・地方消費税 　　　など	**市町村税** ・市町村民税 　（住民税） ・固定資産税 ・都市計画税 　　　　など

試験ではここが出る！

たとえば「相続税は国税、自動車税は地方税。○か×か」と、税の分類について問われる。

2. 納税義務者による分類

税金は、納税義務者によって直接税と間接税に分類されます。

直接税と間接税

直接税……税金の負担義務がある人が、直接自分で納める税金
　　　　　　→所得税、法人税、相続税、贈与税、道府県民税、
　　　　　　　市町村民税、固定資産税、自動車税など

間接税……税金の負担義務がある人と、納める人が異なる税金
　　　　　　→消費税、酒税、印紙税、たばこ税など

3．税金の決定方式による分類

　税金は、納税額を確定する方式によって**申告納税方式**と**賦課課税方式**
に分類されます。

> 決定方式
>
> **申告納税方式**……納税者の申告により納税額を確定する方式
>
> 　　　　　　　　　→所得税、相続税、贈与税など（おもに国税）
>
> **賦課課税方式**……課税主体が納税額を確定し、納税者に通知する方式
>
> 　　　　　　　　　→自動車税、個人住民税、固定資産税など（おも
> 　　　　　　　　　　に地方税）

4．税率の違いによる分類

　税率の違いによって、**超過累進税率**と**比例税率**に分類されます。

> 超過累進税率と比例税率
>
> **超過累進税率**……所得が多くなるにつれ、税率が段階的にアップする
>
> 　　　　　　　　　→所得税、相続税、贈与税など
>
> **比例税率**…………所得の大小を問わず、税率は同じ
>
> 　　　　　　　　　→個人住民税、法人税、消費税など

　たとえば超過累進税率が適用される所得税は、所得金額によって５％
〜45％の７段階となっています（分離課税に属するものを除く）。

　一方、比例税率が適用される消費税は、所得の多い人も少ない人も原
則10％（酒類、外食を除く飲食料品は８％）と定められています。**比
例税率**では、**所得の少ない人ほど、税負担が重く**なります。

◆ 所得とは

所得とは、収入から**必要経費**を差し引いたものをいいます。

> **所得金額の算出**
> 所得金額＝収入金額－必要経費

すなわち、所得税とは収入から**必要経費を引いた所得に対して課税される**もので、納税義務者は原則として**個人**です。

ただし、例外的に法人や人格のない社団等にかかる場合もあります。

1．納税義務者

納税義務者は、次のように分類され、所得税の課税範囲はそれぞれ異なっています。

個人としての納税義務者

区分		内容	課税対象となる所得
居住者	非永住者以外の居住者	国内に住所がある個人、または、現在までに引き続き１年以上国内に居所がある個人のうち非永住者以外の者	国内外のすべての所得
	非永住者	居住者のうち、日本国籍がなく、かつ過去10年間のうち日本国内に住所または居所を有していた期間の合計が５年以下である個人	国内源泉所得および国外源泉所得で国内に支払われたもの、または国外から送金されたもの
非居住者		居住者以外の個人	国内源泉所得のみ

試験でここが出る！

所得税は、日本国内で暮らしている人が国内外で受け取った所得に対して、課税される。

2. 所得税の対象となる期間

所得税は**毎年1月1日から12月31日までの所得**について、課税されます（**暦年単位課税の原則**）。

3. 所得税の非課税所得の範囲

所得の中には、担税力（税金を負担する力）や社会政策的な理由から、課税するのが適当でないため、**非課税**となるものがあります。

非課税所得の例

・給与所得者の**通勤手当**（月額15万円まで）

・雇用保険の**失業等給付**

・公的年金の**障害給付**（障害年金）や**遺族給付**（遺族年金）

・損害賠償金

・入院給付金や生前給付金など

・損害保険金

・**国内の宝くじの当せん金**（海外の宝くじは一時所得として課税される）

・生活用動産の譲渡による所得（1個または1組の価額が30万円を超える宝石・貴金属・書画・骨董品を除く）

・障害者等の非課税貯蓄制度を利用した場合の利息（**マル優等**）

・**元本550万円以下**の財形年金貯蓄・財形住宅貯蓄の利息

・相続・遺贈されたもの（相続税の対象となる）

・個人からの贈与とみなされるもの（贈与税の対象となる）

---

❷ 所得税の計算方法

　所得税の計算は、所得を10種類に分類して行います。まずは所得税の課税方法と計算の流れを整理しておきましょう。

◆ 所得税の課税方法

　所得税は、原則として総合課税で課税されますが、例外的に分離課税で課税する所得もあります。

　分離課税はさらに、申告分離課税と源泉分離課税という、2つの課税方法に分けられます。

所得税の課税方法の区分

区分		内容	申告の要・不要	適用される税率の方式
総合課税		すべての所得を合算して税額を計算	要	超過累進税率
分離課税	申告分離課税	他の所得と合算せずに、個別に課税	要	個々の規定により適用
	源泉分離課税	一定の税金が天引きされることで、課税関係が終了	不要	一律

それぞれの所得の課税方法は次のセクションで勉強するニャ

◆ 所得税の計算の流れ

所得税は次の4段階の手順で計算されます。

所得税の計算の流れ

第1段階 各種所得金額の計算	所得を10種類に分類 各所得の収入金額 − 必要経費 ＝ 所得金額
↓	
第2段階 課税標準の計算	それぞれの所得を合算して**損益通算**や **損失の繰越控除**を行い、課税標準を算出
↓	
第3段階 課税所得金額の計算	課税標準 − 所得控除 ＝ 課税所得金額
↓	
第4段階 税額の計算	課税所得金額 × 税率 ＝ 税額 税額の合計額 − 税額控除 ＝ 申告納税額 申告納税額 − 源泉徴収・予定納税などの 納付済みの税額 ＝ 納付税額

◆ 復興特別所得税

2013年1月1日から2037年12月31日までの各年には、所得税と合わせて復興特別所得税を申告・納付します。復興特別所得税は、各年分の基準所得税額に2.1％の税率を掛けて計算します。

復興特別所得税

復興特別所得税 ＝ 基準所得税額* × 2.1％

＊基準所得税額……税額控除後で外国税額控除（→p.350）を適用しない所得税額のこと。

なお、復興特別所得税は、各種源泉徴収に対する金額、分離課税される所得に対する所得税の額に対しても、2.1％を掛けて計算した金額が上乗せされます。

所得税の基礎知識

練習問題

次の各記述のうち、正しいものに〇、誤っているものに×をつけなさい。

所得税の基礎

1．所得税と消費税、不動産取得税は国税である。

2．自動車税は賦課課税方式の税金である。

3．超過累進税率が適用される税金として、所得税、相続税、贈与税、法人
税が挙げられる。

4．非永住者とは、居住者のうち、日本国籍を持っておらず、かつ過去10
年間のうち日本国内に住所または居所を有していた期間の合計が5年以
下の個人をいう。

5．給与所得者の通勤手当は、月額5万円までが非課税所得となる。

6．損害賠償金は非課税所得となるが、公的年金の障害年金や遺族年金は、
非課税所得にはならない。

7．日本国内で買った宝くじの当せん金は、非課税所得にならない。

所得税の計算方法

8．一定の税金が天引きされて、課税関係が終了する課税方法を、申告分離
課税方式という。

解答

1 × 不動産取得税は地方税である。
2 ○ 自動車税は賦課課税方式が適用される税金である。
3 × 法人税は比例税率が適用される。
4 ○ 居住者のうち、日本国籍を持っておらず、かつ過去10年間のうち日本国
　　内に住所または居所を有していた期間の合計が5年以下の個人を、非永住
　　者という。
5 × 5万円ではなく、15万円が正しい。
6 × 公的年金の障害年金や遺族年金も、非課税所得となる。
7 × 宝くじの当せん金は、非課税所得となる（海外のものを除く）。
8 × 源泉分離課税方式という。

よく
確認するニャ

23 日目

42

今日も
がんばるニャ

Chapter 4 タックスプランニング | Section 2

所得税の計算（1）

今日は10種類の所得の
内容について学びます。
所得税の計算の基礎になる部分ですので、
よく理解するようにしましょう。

❶ 所得の種類と内容

- ◆ 所得の分類
- ◆ 各所得の内容と計算方法

各所得の内容とその計算方法を押さえよう。

❶ 所得の種類と内容

◆ 所得の分類

　所得は、次ページの10種類に分類されます。

　所得税はすべての所得を総合して課税する総合課税が原則ですが、例外的に総合課税の対象となる所得から分離して、個々に税率を掛けて課税する所得もあります。これを分離課税といい、分離課税には、申告分離課税と源泉分離課税があります。

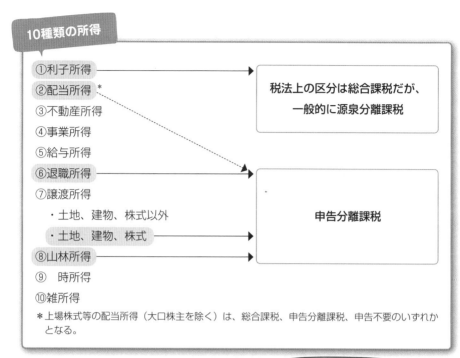

①利子所得 → 税法上の区分は総合課税だが、一般的に源泉分離課税

②配当所得 *

③不動産所得

④事業所得

⑤給与所得

⑥退職所得 → 申告分離課税

⑦譲渡所得

　・土地、建物、株式以外

　・土地、建物、株式 →

⑧山林所得 →

⑨　時所得

⑩雑所得

＊上場株式等の配当所得（大口株主を除く）は、総合課税、申告分離課税、申告不要のいずれかとなる。

総合課税、分離課税については
p.305で勉強したことを
思い出すニャ

◆ 各所得の内容と計算方法

1. 利子所得

　利子所得は、**預貯金や国債などの利子**のことで、おもに次のものをいいます。

　　・預貯金や、公社債（国債、地方債、社債など）の利子

　　・金銭信託や貸付信託の収益分配金

　　・公社債投資信託の収益分配金

利子所得の計算式
利子所得の金額＝預貯金等の利子収入（源泉徴収税額が引かれる前）

利子所得は税法上の区分は総合課税ですが、一般的に源泉分離課税が適用されている所得です。源泉分離課税では、所得税15％＋復興特別所得税0.315％＋住民税5％の20.315％の税金が源泉徴収されて、課税関係が終了します。

2．配当所得

配当所得とは、法人から受ける利益の配当（**株式配当金**）や、剰余金の分配金（**公社債投信以外の証券投資信託の分配金**）などによる所得をいいます。

配当所得の計算式

配当所得の金額＝配当金等の収入（源泉徴収をする前の金額）
　　　　　　　　－借入金の利子*

＊株式などを購入するための借入金がある場合。

●上場株式等の配当所得

上場株式等の配当所得は、20.315％（所得税15％、復興特別所得税0.315％、住民税5％）が源泉徴収されます。

上場株式等の配当所得は原則として、他の所得と合算（総合）して総合課税が適用される所得ですが、例外も認められています。

上場株式等の配当の課税方法

課税方式	内容	メリット	デメリット
総合課税（原則）	総合課税の所得として確定申告をする	配当控除が適用される	上場株式等の譲渡損失との損益通算ができない
申告分離課税	分離課税の所得として確定申告する	上場株式等の譲渡損失との損益通算が可能	配当控除は適用されない
申告不要を選択	20.315％の源泉徴収だけで課税関係が終了する	・確定申告の手間がかからない ・社会保険料に影響しない	・配当控除は適用されない ・上場株式等の譲渡損失との損益通算ができない

＊NISA口座の配当は非課税となる。

●上場株式等以外（非上場株式等）の配当の課税方法

　非上場株式などの**上場株式等以外**の配当所得は、20.42％（所得税20％、復興特別所得税0.42％）が源泉徴収されます。

　非上場株式については、原則として**総合課税**されます。

　しかし、**少額配当**（年１回決算の場合は10万円以下）の場合には、申告不要とすることができます。

３．不動産所得

　不動産所得とは、土地やアパート・マンション・事務所などの**不動産の貸付け**によって得た所得をいいます。また、船舶や航空機の貸付けや借地権の設定などによる所得も、不動産所得となります。事業的規模かどうかは問いません。不動産所得は**総合課税**です。

不動産所得の計算式

不動産所得の金額＝総収入金額－必要経費*

　　　　　　　　　（－青色申告特別控除額）**

＊必要経費……固定資産税、都市計画税、修繕費、損害保険料、借入金の利子、減価償却
　　　　　　　費、仲介手数料など。
＊＊青色申告特別控除額については、p.359を参照。

不動産所得になるもの・ならないもの

・**不動産所得になるもの**
　・アパート・マンションの賃貸収入
　・アパートなどの礼金・権利金・更新料（返還しない場合）
　・返還しない敷金
　・月ぎめ駐車場

・**不動産所得にならないもの**
　・食事を提供する下宿の賃貸収入 ┐
　・時間ぎめの駐車場　　　　　　 ┘→事業所得または雑所得に該当
　・会社の寮などの賃貸収入 ─────→事業所得に該当

試験ではここが出る！

下宿など、「不動産」に係る所得でも事業所得になる場合をチェック。

4. 事業所得

事業所得とは、製造業、卸売業、小売業、サービス業、農漁業などの事業を営んでいる人が、**事業を行うことで得た所得**をいいます。

事業所得に該当するかどうかは、対価を得て継続的に行っているかどうかで判断され、たまたま得た収入は、雑所得になる場合があります。

事業所得は総合課税となります。

事業所得の計算式

事業所得の金額＝総収入金額*－必要経費**

（－青色申告特別控除額***）

＊総収入金額には、その年中に収入として確定したもので、未収金も含まれる。
＊＊必要経費には、売上原価、製造原価、給与・賃金、地代・家賃、減価償却費、業務や事業用資産に対して支払う固定資産税・自動車税・印紙税などの税金、借入金の利子、事業に関する交際費などが含まれる。生計を一にする親族に支払う給料、家賃などは原則含まれない。
＊＊＊青色申告特別控除については、p.359を参照。

●必要経費の減価償却

事業を営む場合、建物や車、機械設備などが必要になります。事業に際して長期間にわたって使うこれらの備品は「**固定資産**」（**減価償却資産**）と呼ばれます。

固定資産にかかる費用は「**必要経費**」として引くことができますが、使用年数が長くなるにつれて価値（金額）は下がっていくため、価値の減少分を必要経費に反映させる減価償却を行います。

●定率法と定額法

減価償却の方法には、定率法と定額法の2つの方法があり、税務署への届出がない場合は、原則として定額法となります。

1998年4月以降に取得した建物の減価償却方法は定額法のみです。

建物以外の固定資産（建物附属設備・構築物）は、2016年3月31日までに取得した場合は定額法・定率法の選択制、2016年4月1日以降取得の場合は、定額法のみとなります。

減価償却の方法

定率法……毎年一定の割合で償却していく方法

定額法……毎年一定の金額を償却していく方法

 ＋α 減価償却資産とならないもの

土地や骨董品など、時の経過などによって価値が減らないものは、減価償却資産ではない。

なお、少額資産の減価償却については下記のように処理します。

少額な資産の減価償却

	資産の種類	処理
①少額減価償却資産	取得価額10万円未満または使用可能期間1年未満	事業の用に供した年に、取得価額を必要経費に算入
②一括償却資産	取得価額20万円未満（①を選択したものを除く）	事業の用に供した年から取得価額を3年間にわたって均等に償却
③中小企業等の少額減価償却資産	取得価額30万円未満（①②を選択したものを除く）	各事業年ごとに合計300万円以下であれば必要経費に算入

5．給与所得

給与所得とは、**給与、役員報酬、賞与などの所得**をいいます。

給与所得には、金銭以外の「現物給与」や低利の金銭の貸付け、無償での社宅の貸与などの、**経済的利益**も含まれます。

給与所得は**総合課税**です。原則として給与収入が2,000万円以下の給与所得者は**源泉徴収**と**年末調整**のみで課税関係が終了します。

給与所得の計算式

給与所得の金額＝収入金額（給与収入）－給与所得控除額

給与収入の額		給与所得控除額
162.5万円まで		55万円
162.5万円超	180万円以下	給与収入金額×40%－10万円
180万円超	360万円以下	給与収入金額×30%＋8万円
360万円超	660万円以下	給与収入金額×20%＋44万円
660万円超	850万円以下	給与収入金額×10%＋110万円
850万円超		195万円

※実際の試験では、速算表が与えられます。

例 給与所得の計算例

Q 年収800万円の会社員の給与所得を求めなさい。

A 収入金額　　　　：800万円

　給与所得控除額：800万円×10%＋110万円＝190万円

　給与所得　　　：800万円－190万円＝610万円

●給与所得者の特定支出控除

　給与所得者が特定支出をした場合、その年の特定支出の合計が給与所得控除額の1/2を超えるときは、確定申告によってその超過金額を給与所得控除後の所得金額から控除することができます。特定支出には、通勤費、転勤のための転居費、業務上必要な研修費、一定の資格取得費、単身赴任などの場合の帰宅旅費、65万円までの勤務必要経費が当たります。

●所得金額調整控除

　2020年からの給与所得控除、公的年金等控除改正により、高所得者の税負担が重くなるため、一定条件を満たす場合にその負担を緩和するために設けられた制度。総所得金額を計算する際に、一定額を給与所得の金額から差し引くことができます。

所得金額調整控除の対象と控除額

対象	給与所得からの控除額
その年の給与等の収入金額が850万円を超える居住者で、以下のいずれかに該当する人 ・特別障害者に該当する人 ・年齢23歳未満の扶養親族を有する人 ・特別障害者である同一生計配偶者もしくは扶養親族を有する人	（給与等の収入金額（最大1,000万円）－850万円）×10%
その年の給与所得（控除後の給与等の金額）および公的年金等に係る雑所得がある居住者で、その合計額が10万円超の人	（給与所得控除後の給与等の金額*＋公的年金等に係る雑所得の金額*）－10万円 ＊10万円が限度

6. 退職所得

退職所得とは、**退職によって勤務先から受け取る所得**で、退職金や一時恩給、小規模企業共済からの一時金などが該当します。

退職所得の計算

退職所得の金額＝（収入金額－退職所得控除額）×1/2

＊2013年分より、勤続5年以下の役員等に対する退職手当等についての2分の1計算は廃止。
＊＊2022年分より、役員等以外の勤続年数が5年以下の短期退職手当等について、退職所得控除額を差し引いた額のうち300万円を超える部分についての2分の1計算は適用されない。

退職金は老後の生活資金の意味合いを持っているため、大きな控除が認められています。控除額の計算式は、**勤続年数が20年以下か、20年を超えているか**で異なります。

退職所得控除額の速算表

勤続年数	退職所得控除額
20年以下	40万円×勤続年数（最低80万円）
20年超	70万円×（勤続年数－20年）＋800万円

＊勤続年数の端数は切上げ。 例：15年8ヵ月→16年
＊＊障害者になったことが原因で退職する場合、100万円が加算される。

> **例** 退職所得の計算例
>
> Q 勤続年数29年8ヵ月、退職金3,000万円で今年退職するAさんの、課税される退職所得を求めなさい（なお、Aさんは役員等や障害者になったことによる退職には該当しない）。
>
> A 勤続年数：30年（1年未満の端数は切上げ）
> 退職所得控除額：70万円×（30年−20年）+800万円＝1,500万円
> 退職所得　　　：（3,000万円−1,500万円）×1/2＝750万円

　退職所得は分離課税です。退職時に勤務先経由で税務署に対して「退職所得の受給に関する申告書」を提出すると、勤続年数に応じた税額が計算され、源泉徴収されて課税関係が終了します。

　提出しなかった場合は、収入金額に対して一律20.42％（復興特別所得税含む）の所得税が源泉徴収されます。この場合、退職所得に係る所得税の額が源泉徴収税額よりも多くなるときは、退職所得についての確定申告をしなければなりません。源泉徴収税額よりも少なくなるときは、確定申告をすることにより差額分の税額が還付されます。

7. 譲渡所得

　譲渡所得とは、土地や建物、借地権などの不動産、株式やゴルフ会員権などの**資産を譲渡したときに生じる所得**をいいます。

　譲渡所得は原則として総合課税されますが、不動産や株式等による譲

譲渡所得の区分と課税方法

渡所得は、例外的に分離課税されます。

　また、株式等でない資産は、所有期間によって長期譲渡所得と短期譲渡所得に区分されます。

●不動産や株式等でないものの譲渡所得（総合課税）

　長期譲渡の場合は、上記で算出した金額の1/2が、短期譲渡は所得金額そのものを他の所得と合算した金額が課税対象となります。

　総合課税の特別控除額は、総合短期と総合長期を合わせて50万円までが認められ、総合短期から先に控除します。

●不動産の譲渡所得（分離課税）

　長期譲渡は20.315％（所得税15％、復興特別所得税0.315％、住民税5％）、短期譲渡は39.63％（所得税30％、復興特別所得税0.63％、住民税9％）の税率で申告分離課税されます。

　なお、不動産の譲渡のうち、一定の要件を満たす居住用財産については、「3,000万円の特別控除」（→p.459）、「譲渡損失の損益通算および繰越控除」（→p.461）などの特例があります。

❶取得費

　取得費は次のように求めます。

取得費が不明な場合や実際の取得費が譲渡価額の５％より少ない場合は、収入金額の５％を取得費とすることができます（概算取得費）。

相続財産を相続開始の翌日から相続税の申告書の提出期限の翌日以後３年を経過する日までに売却した場合には、一定の要件のもとで、その売却した相続財産に課税された相続税を取得費に加算することができます（取得費加算の特例）。

❷譲渡費用

譲渡費用には、譲渡に際して支出した仲介手数料、運搬費用、登記記録に要する費用、家屋の取壊費用、譲渡のために借家人などを立ち退かせるための立退料などが該当します。

●株式等の譲渡所得（分離課税）

株式等の譲渡所得の計算式

譲渡所得＝譲渡価額－（取得費＋譲渡費用＋負債の利子）

株式等の譲渡は、譲渡所得に対して、20.315％（所得税15％、復興特別所得税0.315％、住民税５％）の税率で申告分離課税されます。

8. 山林所得

山林所得とは、伐採した山林（松や杉などの立木）の譲渡や立木のままでの譲渡によって生じる所得をいいます。

ただし、山林を取得後５年以内に伐採または譲渡したことによる所得は、事業所得または雑所得になります。

山林所得は分離課税となります。

山林所得の計算式

山林所得の金額＝総収入金額－必要経費＊－特別控除額（最高50万円）
＊必要経費……山林の植林費、育成費、譲渡に要した費用。

9．一時所得

　一時所得とは、労働や資産の譲渡による対価でなく、**一時的な性質の所得**をいいます。おもな一時所得として、次のようなものがあります。

一時所得の例
・懸賞、福引の賞金品　　・競馬、競輪の払戻金
・生命保険契約の満期保険金　　・損害保険契約の満期返戻金

一時所得の計算式
一時所得の金額＝総収入金額－その収入を得るために支出した金額
　　　　　　　　－特別控除額（最高50万円）

　この式によって算出した金額の1/2が、課税対象となるので、注意が必要です。課税方式は総合課税となります。

総所得金額に算入される一時所得の金額
総所得金額への算入額＝一時所得の金額×1/2

試験ではここが出る！

　一時所得の特別控除額は最高50万円、総所得金額へは一時所得の金額の1/2が算入される。

　なお、保険期間が5年以下（5年以内に解約したものを含む）である一時払養老保険や一時払損害保険等の満期保険金（解約返戻金）は一時所得とはされず、保険差益に対して20.315％の源泉分離課税とされ、確定申告の必要はありません。

10．雑所得

　雑所得とは、これまでの**9種類の所得のどれにも該当しない所得**をいいます。雑所得にはおもに次のようなものがあります。

雑所得の例

- 国民年金や厚生年金などの**公的年金等**・税金の還付加算金
- 作家以外の人の原稿料・講演料*・外貨預金の為替差益
- 生命保険会社や共済で契約した個人年金保険　　　　など

*事業として行っているか否かにより判断するものもある。

　雑所得は、「①**公的年金等の雑所得**」「②**業務に係る雑所得**」「③**その他の雑所得**」に分けて計算し、それぞれを合算した金額が雑所得とされて、総合課税されます。

雑所得の計算式

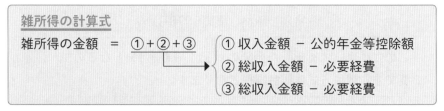

雑所得の金額 ＝ ①＋②＋③
- ① 収入金額 － 公的年金等控除額
- ② 総収入金額 － 必要経費
- ③ 総収入金額 － 必要経費

公的年金等控除額の速算表

(2020年1月より)

受給者の区分	公的年金等の収入金額(A)	公的年金等控除額 公的年金等に係る雑所得以外の所得に係る合計所得金額		
		1,000万円以下	1,000万円超 2,000万円以下	2,000万円超
65歳以上	330万円以下	110万円	100万円	90万円
	330万円超 410万円以下	(A)×25%+ 27万5,000円	(A)×25%+ 17万5,000円	(A)×25%+ 7万5,000円
	410万円超 770万円以下	(A)×15%+ 68万5,000円	(A)×15%+ 58万5,000円	(A)×15%+ 48万5,000円
	770万円超 1,000万円以下	(A)×5%+ 145万5,000円	(A)×5%+ 135万5,000円	(A)×5%+ 125万5,000円
	1,000万円超	195万5,000円	185万5,000円	175万5,000円
65歳未満	130万円以下	60万円	50万円	40万円
	130万円超 410万円以下	(A)×25%+ 27万5,000円	(A)×25%+ 17万5,000円	(A)×25%+ 7万5,000円
	410万円超 770万円以下	(A)×15%+ 68万5,000円	(A)×15%+ 58万5,000円	(A)×15%+ 48万5,000円
	770万円超 1,000万円以下	(A)×5%+ 145万5,000円	(A)×5%+ 135万5,000円	(A)×5%+ 125万5,000円
	1,000万円超	195万5,000円	185万5,000円	175万5,000円

※実際の試験では、速算表が与えられます。

Chapter 4 Section 2

所得税の計算（1）

練習問題

次の各記述のうち、正しいものに〇、誤っているものに×をつけなさい。

所得の種類と内容

1. 不動産所得と事業所得は、分離課税の対象となる。

2. 譲渡所得のうち、土地、建物、株式に関するもののほかは、分離課税の対象となる。

3. 所得税の申告において、上場株式等の配当等による配当所得は、申告不要を選択することができる。

4. 従業員の社宅等の家賃収入は、不動産所得となる。

5. 給与所得について、年間の給与収入が1,500万円を超える人は、確定申告を行わなければならない。

6. 退職所得には、小規模企業共済から受け取る一時金等も含まれる。

7. 譲渡所得は、所有期間によって長期譲渡所得と短期譲渡所得に分類されるが、不動産の譲渡の場合、譲渡した時点での所有期間が5年を超えるものを長期譲渡所得、5年以下のものを短期譲渡所得という。

8. 総合課税される譲渡所得の金額の計算式は、「総収入金額（譲渡価額）－（取得費＋譲渡費用）」で表される。

9. 生命保険契約に基づく一定の一時金は一時所得に該当するが、損害保険契約に基づく満期返戻金は、一時所得ではなく雑所得に該当する。

10. 外貨預金の為替差益は、雑所得に該当する。

解答

1　×　どちらも総合課税の対象となる。

2　×　譲渡所得のうち、土地、建物、株式に関するものは、分離課税の対象となる。

3　○　上場株式等の配当等による配当所得は、申告不要を選択することが可能である。

4　×　不動産所得ではなく、事業所得となる。

5　×　年間の給与収入が2,000万円を超える人は、確定申告を行わなければならない。

6　○　小規模企業共済から受け取る一時金等は、退職所得に含まれる。

7　×　不動産の譲渡の場合は、譲渡した年の1月1日時点で「5年超」か「5年以下」で長期・短期を判断する。

8　×　「総収入金額（譲渡価額）−（取得費＋譲渡費用）−特別控除額（最高50万円）」で表される。

9　×　損害保険契約に基づく満期返戻金も、一時所得に該当する。

10　○　外貨預金の為替差益は、所得の分類では雑所得に該当する。

今日も
がんばったニャ

24日目

42

しっかり
理解するニャ

Chapter 4 タックスプランニング **Section 3**

所得税の計算（2）

所得税の計算方法の学習2日目です。
「課税標準」を算出する方法を学びましょう。

❶ 課税標準の計算

- ◆ 損益通算
- ◆ 損失の繰越控除

所得税の計算手順のうち、税額計算の基礎となる「課税標準」を求めるステップ、損益通算の流れなどを押さえよう。

❶ 課税標準の計算

　課税標準とは、各所得の合計額に対して損益通算や繰越控除を行って算出される**税額計算の基礎となる金額**をいいます。

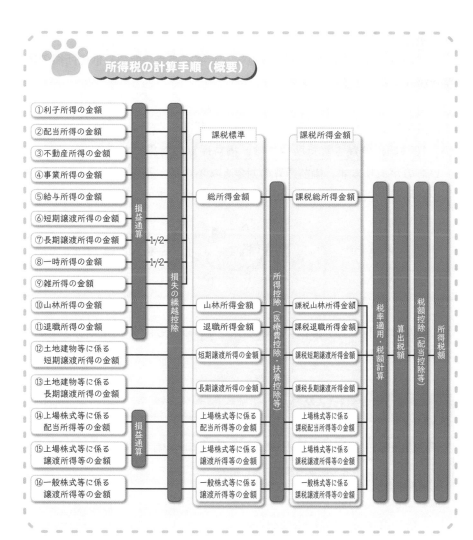

所得税の計算手順（概要）

◆ 損益通算

損益通算とは、各所得金額の計算後、**赤字があった所得を他の所得の黒字と相殺する**ことをいいます。

1．損益通算の対象となる所得、ならない所得

10種類に分類された所得には、損益通算の対象になるものとならないものがあります。損益通算の対象となるのは、**不動産所得、事業所得、山林所得、譲渡所得**において損失があった場合です。

損益通算の対象となる所得は
不、事、山、譲（富士山上）
と覚えるニャ

ただし、不動産所得および譲渡所得であっても、次の損失については、損益通算の対象とすることはできません。

損益通算の対象とならない損失

不動産所得	土地取得のための借入金の利子（ローン金利）
譲渡所得	土地・建物の譲渡による損失＊ 株式等の譲渡による損失＊＊ 生活に必要でない資産の譲渡による損失

＊自分が住む家など、特定の居住用資産の譲渡損失については、損益通算できる特例がある。
＊＊上場株式等の譲渡損失は、申告分離課税を選択した上場株式等の配当所得の金額と損益通算が可能。

＋α　生活に必要でない資産

ゴルフ会員権、別荘、宝石などがある。

２．損益通算の流れ

　損益通算は、源泉分離課税の対象となる所得は除いて計算し、以下の
順序で行います。

① 　所得を次の３つのグループに分けます。

> ・ **経常所得グループ**…………利子所得、配当所得、**不動産所得**＊、
> 　　　　　　　　　　　　　**事業所得**＊、給与所得、雑所得
> ・ **譲渡・一時所得グループ**…**譲渡所得**＊、一時所得
> ・ **その他の所得グループ**……**山林所得**＊、退職所得
>
> ＊太字になっている所得は、損益通算（赤字を他の所得と通算）できる所得。

② 　経常所得グループと譲渡・一時所得グループのそれぞれのグループ
　内で、損益通算をします（第１次通算）。

③ 　②でまだ赤字がある場合は、経常所得グループと譲渡・一時所得グ
　ループで損益通算をします（第２次通算）。総合課税の短期譲渡所
　得は特別控除後、一時所得、総合課税の長期譲渡所得は特別控除後
　1/2にする前の金額で計算します。

④ 　③でまだ赤字がある場合は、その他の所得グループのうち、山林所
　得と損益通算をします（第３次通算）。山林所得は特別控除後の金額で
　計算します。

⑤ 　④でまだ赤字が残る場合は、退職所得と損益通算をします（第４次
　通算）。退職所得は原則として1/2を掛けた後の金額で計算します。

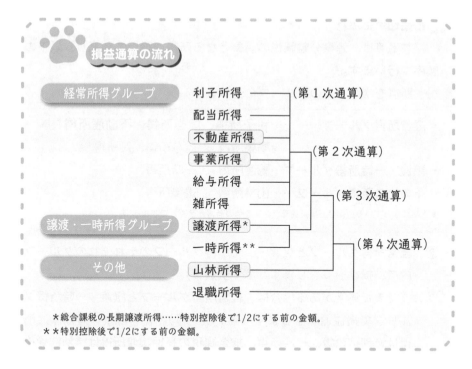

＊総合課税の長期譲渡所得……特別控除後で1/2にする前の金額。

＊＊特別控除後で1/2にする前の金額。

◆ 損失の繰越控除

1．純損失の繰越控除

　損益通算をしても、まだ赤字のままで損失が出ている（＝純損失）場合、その損失分を翌年以降、３年にわたって繰越控除をすることができます。これを純損失の繰越控除といいます。

　なお、事業所得のある人については、青色申告をしているか白色申告をしているか（→p.358）で、繰り越すことのできる額が異なります。

　また、前年分についても青色申告書を提出している場合は還付請求書を提出して前年分の所得税のうち一定の金額の還付を受けることもできます（**純損失の繰戻還付**）。繰戻しした後に純損失が残る場合、その残額は繰越控除をすることができます。

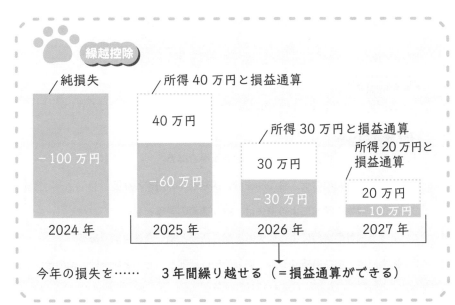

今年の損失を……　　3年間繰り越せる（＝損益通算ができる）

青色申告者と白色申告者の繰越控除額

青色申告者……純損失の全額が控除できる

白色申告者……純損失の金額のうち、被災した事業用資産の損失と変
動所得の損失に限られる

2．雑損失の繰越控除

　災害や盗難、横領などによって損失を被った場合、その損失を所得から控除することができます。これを雑損控除（→p.343）といいます。

　雑損控除をしても控除しきれなかった金額（雑損失）は、翌年以降3年間にわたって繰り越すことができます。これを雑損失の繰越控除といいます。

3．上場株式等の譲渡損失の特例

　上場株式等の譲渡により生じた損失がある場合、翌年以後、3年にわたって、株式等の配当や譲渡により生じた所得から控除することができます。

練習問題

次の各記述のうち、正しいものに〇、誤っているものに×をつけなさい。

課税標準の計算

1．事業所得は、損益通算の対象となる所得である。

2．土地購入のための借入金の利子は、損益通算の対象となる。

3．土地・建物の譲渡による損失は、損益通算の対象となる。

4．上場株式等の譲渡による損失は、給与所得と損益通算可能である。

5．退職所得と損益通算する際、退職所得は原則として1/2を掛ける前の金額で計算する。

6．事業所得者については、青色申告・白色申告を問わず、純損失の全額を繰越控除の対象とすることができる。

7．雑損控除とは、災害や盗難、横領などによって生じた損失を3年にわたって控除できるしくみをいう。

8．上場株式等の譲渡により生じた損失がある場合、翌年以後、3年にわたって、株式等の配当や譲渡により生じた所得から控除することができる。

解答

1　〇　損益通算の対象となるのは、不動産所得・事業所得・山林所得・譲渡所得（ふじさんじょう）である。

2　×　損益通算の対象とならない。

3　×　損益通算の対象とならない。

4　×　上場株式等の譲渡による損失は、他の所得との損益通算の対象とはならないが、申告分離課税を選択した上で、他の上場株式等の譲渡益や配当所得の金額と損益通算することができる。

5　×　退職所得と損益通算する際、退職所得は原則として1/2を掛けた後の金額で計算する。

6　×　青色申告者のみが、純損失の全額を繰越控除の対象とすることができる。

7　〇　災害や盗難、横領などによって生じた損失を3年にわたって控除できるしくみを、雑損控除という。

8　〇　上場株式等の譲渡により生じた損失がある場合は、翌年以後、3年にわたって、株式等の配当や譲渡により生じた所得から控除することができる。

25日目

42

順調に
進んでるニャ

所得税の計算（3）

今日は、各所得控除について、
ポイントを見ていきましょう。
さらに税額の計算方法と、
税額控除について学びます。

❶ 所得控除

- ◆ 所得控除とは
- ◆ 人的控除の種類と控除額
- ◆ 物的控除の種類と控除額

> どんな場合にいくらの控除が受けられるのかを押さえよう。基礎控除、配偶者控除、扶養控除が受けられる要件や控除額は覚えておこう。

❷ 所得税額の計算

- ◆ 所得税額の計算方法

> 所得税額の計算のステップを覚え、総合課税・分離課税それぞれの計算方法を押さえよう。

❸ 税額控除

- ◆ 税額控除とは

> 税額控除のタイミング（所得税額計算後に差し引く）を理解しよう。住宅借入金等特別控除に関する問題は頻出。

---

❶ 所得控除

◆ 所得控除とは

　所得控除とは、所得の計算をするときに、所得から差し引くことができるものをいいます。所得控除は、納税者の実情に応じた課税をするためのものです。

　所得税法による15種類の所得控除は、**納税者本人の事情や家族の状況に着目**した**人的控除**と、一定の支出に着目した**物的控除**の２種類に分けられます。

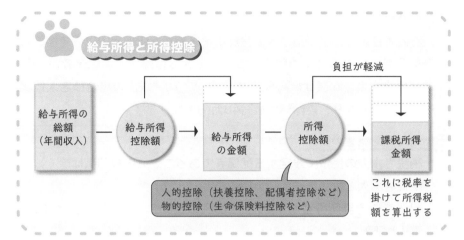

◆ 人的控除の種類と控除額

　人的控除には、多くの納税者に適用される基礎控除のほか、家族の状況に着目した配偶者控除や、一定の年齢の親族を扶養している場合に適用される扶養控除、個人的事情を考慮した障害者控除、ひとり親控除などがあります。

1. 基礎控除

　基礎控除は合計所得金額に応じて納税者が受けることのできる控除で、金額は最高48万円です。合計所得金額が2,500万円超の人は基礎控除は受けられません。

基礎控除額（2020年分～）

合計所得金額	基礎控除額
2,400万円以下	48万円
2,400万円超2,450万円以下	32万円
2,450万円超2,500万円以下	16万円
2,500万円超	－

2．配偶者控除

配偶者控除は、納税者本人の合計所得金額が1,000万円以下で控除対象配偶者がいる場合に適用することができる控除です。配偶者が70歳未満の場合の控除額は最高38万円ですが、70歳以上の場合は老人控除対象配偶者となり、控除額は最高48万円となります。

> **控除対象配偶者の要件**
> ・納税者本人の民法で規定する配偶者であること（内縁関係は除く）
> ・納税者本人と生計を一にしていること
> ・配偶者の合計所得金額が48万円以下（給与収入のみの場合は103万円以下）
> ・青色・白色事業専従者でないこと

 +α 「生計を一にする」とは

同居の有無を問わず、生活費や学資金、療養費などを常に送金している場合などが該当する。

配偶者控除額

控除を受ける人の合計所得金額	控除額	
	一般の控除対象配偶者（70歳未満）	老人控除対象配偶者（70歳以上）
900万円以下	38万円	48万円
900万円超950万円以下	26万円	32万円
950万円超1,000万円以下	13万円	16万円

3．配偶者特別控除

配偶者特別控除は、配偶者が配偶者控除の対象にならない場合でも、一定の要件を満たせば適用することができる控除です。配偶者の所得により、控除額は38万円〜1万円です。

配偶者特別控除のポイント

・納税者本人の合計所得金額が1,000万円以下
・配偶者の合計所得金額が48万円超133万円以下（給与収入のみの
　場合は103万円超201万5,999円以下）
・青色・白色事業専従者は対象外

4．扶養控除

　　納税者に、配偶者以外の生計を一にする親族で合計所得金額が48万
円以下など一定の条件にあてはまる人がいる場合には、扶養控除を受け
ることができます。

　　青色・白色事業専従者は対象外です。

扶養控除の額

年齢	控除額	区分
0歳以上16歳未満……	なし	
16歳以上19歳未満……	38万円	一般の扶養親族
19歳以上23歳未満……	63万円	特定扶養親族
23歳以上70歳未満……	38万円	
70歳以上で同居………	58万円	老人扶養親族
70歳以上で同居以外……	48万円	

試験では**ここが出る！**

19歳以上23歳未満は大学教育を受ける年齢で、
教育費が高額になることから「特定扶養親族」と
して控除額が多いと覚える。

5. 障害者控除

　納税者本人、配偶者、扶養親族に一定の障害がある場合に、適用される控除です。

障害者控除の金額

区分	控除額
一般障害者	27万円
特別障害者（障害等級1級、2級など）	40万円
同居特別障害者	75万円

6. ひとり親控除

　配偶者と死別・離別している、または婚姻していない一定の人で、合計所得金額が500万円以下の場合に、一定の条件を満たすと適用される控除です。

　ひとり親控除は、婚姻歴や性別にかかわらず、生計を一にする子のいる「ひとり親」を対象とし、控除額は35万円です。

7. 寡婦控除

　「ひとり親控除」を受けられない一定条件を満たす「寡婦（女性）」を対象とし、控除額は27万円です。夫と死別した寡婦、または夫と離別した扶養親族がいる寡婦で、合計所得金額が500万円以下の場合に対象となります。

8. 勤労学生控除

　納税者本人が学生で、合計所得金額が**75万円以下**などの条件を満たす場合に適用されます。控除額は27万円となっています。

人的控除の種類と控除額

所得控除の種類			控除額	おもな適用要件
基礎控除			最高 48万円	合計所得金額に応じて納税者が適用できる
配偶者控除	70歳未満		最高 38万円	生計を一にする配偶者の合計所得金額が48万円以下であり、納税者本人の合計所得金額が1,000万円以下
	70歳以上		最高 48万円	
配偶者特別控除			最高 38万円	配偶者の合計所得が48万円超133万円以下であり、納税者本人の合計所得金額が1,000万円以下
扶養控除*	一般の扶養親族 （16歳以上19歳未満）		38万円	扶養親族の合計所得金額が48万円以下
	特定扶養親族 （19歳以上23歳未満）		63万円	
	一般の扶養親族 （23歳以上70歳未満）		38万円	
	老人扶養親族 （70歳以上）	同居老親等以外	48万円	
		同居老親等	58万円	
障害者控除	特別障害者	非同居	40万円	納税者本人、控除対象配偶者、扶養親族が障害者である場合
		同居	75万円	
	障害者		27万円	
ひとり親控除	ひとり親（婚姻歴の有無・性別を問わず）		35万円	配偶者と死別・離別した一定の者または未婚のひとり親
寡婦控除	ひとり親控除対象外の一定条件を満たす寡婦		27万円	夫と離別した扶養親族のいる寡婦または夫と死別した寡婦（扶養親族の有無は問わず）
勤労学生控除			27万円	納税者本人が学生で、合計所得金額が75万円以下であること等

＊16歳未満の者は扶養控除の対象外。

◆ 物的控除の種類と控除額

物的控除には、社会保険料控除や寄附金控除など社会政策上の理由によるものと、医療費控除や雑損控除など災害等による生活の困窮に備えたものとがあります。

1. 社会保険料控除

納税者本人が支払った、納税者本人、**生計を一にする配偶者、その他の親族**の、健康保険料や厚生年金保険料、国民年金保険料などが対象となります。保険料の全額が控除されます。

2. 小規模企業共済等掛金控除

小規模企業の経営者や役員が加入することができる小規模企業共済や、確定拠出年金に納税者本人が加入し、掛金等を支払っている場合に適用される控除です。掛金の全額が控除されます。

試験では**ここが出る！**

社会保険料控除と小規模企業共済等掛金控除は全額控除される。

3. 医療費控除

納税者本人や生計を一にする配偶者、その他の親族が支払った医療費が、一定額を超えていた場合に適用されます。

> **医療費控除の計算**
>
> 控除額* ＝実際に支払った医療費の合計額
>   −保険金などで補てんされる金額** −10万円***
>
> ＊控除額の上限は200万円。
> ＊＊保険金などで補てんされる金額：健康保険の高額療養費・出産育児一時金や生命保険等の入院給付金など。
> ＊＊＊総所得金額等が200万円未満の場合は、総所得金額等×５％。

医療費控除の対象となるもの、ならないものの例

- **対象となるもの**

  診療費、入院費、出産費用、医薬品の購入費、通院費（交通費）

- **対象とならないもの**

  美容整形の費用、人間ドック・健康診断の費用（ただし、重大な病気が見つかった場合を除く）、健康増進・病気予防のためのサプリメント代、自己都合による入院時の個室代（差額ベッド代）、近視や遠視などのために日常生活の必要性に基づき購入されたコンタクトレンズ代・メガネ代*

*治療のために必要だとして医師の指示で装用するものは対象となる。

試験では**ここが出る！**

美容整形・人間ドック・健康診断の費用は、医療費控除の対象とならない。

●**セルフメディケーション税制（医療費控除の特例）**

　2017年1月1日から2026年12月31日までの間に、健康の維持増進および疾病の予防への取組みとして一定の取組み*を行う個人が、自己または自己と生計を一にする配偶者その他の親族にかかる一定のスイッチOTC医薬品や指定された医薬品の購入の対価が1万2,000円を超えていた場合に適用できます。ただし、従来の医療費控除と重複して適用することはできません（選択制）。

*特定健康診査、予防接種、定期健康診断、健康診査、がん検診。

用語　　**スイッチOTC医薬品**

要指導医薬品および一般用医薬品のうち、医療用から転用された医薬品。

> **セルフメディケーション税制（医療費控除の特例）**
>
> 控除額*＝スイッチOTC医薬品等の購入代金の合計額－１万2,000円
>
> ＊控除額の上限は８万8,000円。

４．生命保険料控除（→p.164）

終身保険や定期保険などの一般の**生命保険料**や、**個人年金保険料**、**介護医療保険料**を払っている場合、次の表の額が控除されます。

自動振替貸付による保険料充当分も対象となります。

> **個人年金保険料控除の適用要件**
>
> ・年金受取人＝被保険者、かつ年金受取人
>
> 　　　　　　＝契約者または契約者の配偶者
>
> ・保険料の払込期間が10年以上で保険料が定期的に支払われること
>
> ・有期年金、確定年金であるときは、年金開始が60歳以上、年金受取期間が10年以上であること*
>
> ＊終身年金の場合は、年齢要件はない。

生命保険料の控除額

契約の時期		一般の生命保険料控除	個人年金保険料控除	介護医療保険料控除	合計
2011年12月31日以前	所得税	最高5万円	最高5万円	－	最高10万円
	住民税	最高3万5,000円	最高3万5,000円	－	最高7万円
2012年1月1日以降	所得税	最高4万円	最高4万円	最高4万円	最高12万円
	住民税	最高2万8,000円	最高2万8,000円	最高2万8,000円	最高7万円

５．地震保険料控除（→p.196）

地震保険料控除は、居住用家屋や生活に必要な家具、什器、衣服などの生活用動産を保険目的とした地震保険料を払った場合に適用できます。控除額は保険料の**全額**（最高**5万円**まで）となっています。

6．雑損控除

　　雑損控除は、納税者本人や生計を一にする配偶者および親族が保有する資産について、災害や盗難、横領などによって損害を受けた場合に適用されるものです。

雑損控除のポイント

- 生活に必要な住宅、家具、衣類などの資産であること
- 事業用資産、別荘、書画・骨董・貴金属類で30万円を超えるものは対象とならない
- ３年間の繰越控除ができる

雑損控除の控除額

次のうちのいずれか多い金額

・損失額* － 総所得金額等×10%　　　・災害関連支出** － ５万円

　　＊損失額＝損害額＋災害等に関連してやむを得ない支出をした金額－保険金などで補てんされる金額
　＊＊災害関連支出：具体的には地震や火災の後片付けに要する費用。

7．寄附金控除

　　国や地方公共団体などの、「特定寄附金」の対象となる機関に寄附をした場合に適用されるのが寄附金控除です。代表的なものとして「ふるさと納税」があります。

寄附金控除額の計算

控除の額＝ $\left\{ \begin{array}{l} \text{特定寄附金の支出額} \\ \text{総所得金額等×40%} \end{array} \right\}$ いずれか少ない額 － 2,000円

所得控除の種類	控除額	適用要件
社会保険料控除	保険料の全額	納税者本人や同一生計の親族の社会保険料を支払った場合
小規模企業共済等掛金控除	支払った額の全額	小規模企業共済や確定拠出年金の掛金を支払った場合
医療費控除	**医療費－保険金等で補てんされる金額－10万円**＊	医療費が一定額を超えた場合
生命保険料控除	1種につき最高4万円、3種合わせて12万円＊＊	生命保険、介護医療保険、個人年金保険の保険料を支払った場合
地震保険料控除	保険料の全額（最高5万円）	地震保険料を支払った場合
雑損控除	次のうち、どちらか多い金額①損失額－課税標準×10%②災害関連支出－5万円	災害や盗難、横領などによって損失が生じた場合
寄附金控除	特定寄附金として支出した金額または総所得金額等の合計額×40%のうちいずれか低い金額－2,000円	特定の寄附をした場合

＊総所得金額等が200万円未満の場合には、総所得金額等×5%相当額。
＊＊2012年1月1日以後の契約の場合。

❷ 所得税額の計算

◆ 所得税額の計算方法

所得税額は、課税標準に税率を掛けて算出します。

税率は、総合課税となる所得と、分離課税となる所得で異なります。

試験ではここが出る！

「所得－所得控除」で、課税標準を算出し、さらに「課税標準×税率」で税額を計算する。p.327の図も確認しておこう。

1. 総合課税される所得額の計算

総合課税される所得額を課税総所得金額といいます。

課税総所得金額に、超過累進税率を掛けて、税額を計算します。超過累進税率は、課税総所得金額が大きければ大きいほど、高い税率が適用される課税方式です。

課税総所得金額に対する所得税額の計算

所得税額＝課税総所得金額×所得税の超過累進税率

所得税の速算表

所得税額＝課税総所得金額（A）×税率（B）－控除額（C）

課税総所得金額（A）		税率（B）	控除額（C）
	195万円以下	5%	―
195万円超	330万円以下	10%	9.75万円
330万円超	695万円以下	20%	42.75万円
695万円超	900万円以下	23%	63.6万円
900万円超	1,800万円以下	33%	153.6万円
1,800万円超	4,000万円以下	40%	279.6万円
4,000万円超		45%	479.6万円

※実際の試験では、速算表が与えられます。

2. 分離課税される所得に対する税額

分離課税される所得については、次の税率で課税されます。

分離課税される所得税額の計算

区分			計算式
譲渡所得	不動産	短期	課税短期譲渡所得金額×30% （復興特別所得税は0.63%、住民税は9%）
		長期	課税長期譲渡所得金額×15% （復興特別所得税は0.315%、住民税は5%）
	株式等		課税譲渡所得金額×15% （復興特別所得税は0.315%、住民税は5%）
山林所得			課税山林所得金額×1/5×所得税の超過累進税率×5
退職所得			課税退職所得金額×所得税の超過累進税率

＋α　退職所得の税率

退職所得には超過累進税率が適用される点に注目しよう。

❸ 税額控除

税額控除とは

課税所得金額に一定の税率を掛けて所得税額が算定できたら、**税額控除**を行い、**申告税額**を計算します。税額控除は所得控除とは異なり、税額から直接差し引かれるものです。

1. 住宅借入金等特別控除（住宅ローン控除）

通称「住宅ローン控除」としてよく知られている税額控除です。

住宅ローン利用による住宅購入やリフォームをした場合、年末のローン残高に対して一定の率を掛けた金額が、税額控除の対象になります。

住宅借入金等特別控除額の計算

住宅借入金等特別控除額＝住宅借入金等の年末残高×控除率（0.7％）

＊算出された控除額がその年の所得税額を超える場合には、所得税額が限度となる。

●控除率と控除期間

一般の住宅向けと、一定の要件を満たしている場合に適用される認定住宅（認定長期優良住宅および認定低炭素住宅、ZEH*水準省エネ住宅、省エネ基準適合住宅）向けの4種類があります。

＊ZEH（ゼッチ）…ネット・ゼロ・エネルギー・ハウスの略。年間の消費エネルギーとつくるエネルギーの収支をゼロとすることを目指した住宅。

住宅借入金等特別控除

居住年	控除率	借入限度額および控除期間			
		新築住宅・買取再販住宅			
		一般住宅	認定住宅	ZEH水準省エネ住宅	省エネ基準適合住宅
2024年〜2025年に居住	0.7%	2,000万円* 10年	4,500万円 13年	3,500万円 13年	3,000万円 13年

＊2024年末までに建築確認を受けたもの。
※中古住宅に居住した場合の借入限度額は一般住宅が2,000万円、その他認定住宅等は3,000万円、控除期間は一律10年。

なお、子育て特例対象個人*が、認定住宅等の新築等をして2024年1月1日から12月31日までの間に居住した場合には、借入限度額が、認定住宅は5,000万円、ZEH水準省エネ住宅は4,500万円、省エネ基準適合住宅は4,000万円となります。

＊子育て特例対象個人…個人で、年齢40歳未満であって配偶者を有する者、年齢40歳以上であって40歳未満の配偶者を有する者または年齢19歳未満の扶養親族を有する者。

●住宅借入金等特別控除の要件

この控除を受けるには、次の要件を満たしていることが必要です。

住宅借入金等特別控除のおもな要件

対象者	・控除を受ける年の合計所得金額が2,000万円以下であること ・住宅取得の日から6ヵ月以内に入居し、適用を受ける各年の12月31日まで引き続き居住していること ・居住の用に供した年とその前後2年ずつの5年間に「居住用財産の3,000万円特別控除の特例」（→p.459）「居住用財産の軽減税率の特例」（→p.460）「特定の居住用財産の買換え特例」（→p.461）の適用を受けていないこと
住宅等	・床面積が50㎡以上*で、そのうち1/2以上が居住用であること ・新築の一般住宅の場合は、2023年末までに建築確認を受けたもの、または2024年6月末までに建築されたもの（ただし、床面積が40㎡以上50㎡未満の家屋は2023年12月末までに建築確認を受けたもの） ・中古住宅の場合、1982年以降に建築された住宅（新耐震基準適合住宅）であること ・増改築の場合は工事費用が100万円超であること ・住宅用家屋とともにその敷地である土地を取得し、一定の条件を満たした場合には、その土地の取得にかかる借入金額は住宅ローン控除の対象となる借入金額に含めることができる
借入金	・返済期間10年以上の金融機関等からの住宅ローンであること（親族からの借入れは不可） ・勤務先からの借入金の場合には、無利子または0.2%に満たない利率による借入金は対象外
申告・手続き	・給与所得者の場合は、控除を受ける最初の年分は確定申告が必要だが、翌年以降の分は年末調整で控除できる ・確定申告等では、控除を受ける人は住宅ローンを利用している金融機関等に個人番号等を記載した「住宅ローン控除申請書」を提出することが必要 ・確定申告や年末調整において、借入金の年末残高証明書の提出は不要
その他	・転勤等で居住しなくなった期間は適用不可 ・転勤等のあと、再居住した年以後は再適用できる（住宅を居住の用に供した年の12月31日までの間に転勤等で転居し、その後再居住した場合も適用できる）

*2024年12月末までに建築確認を受けた家屋は、控除を受ける年の所得が1,000万円以下でその他の要件を満たしていれば、床面積要件が40㎡に緩和される。

2．配当控除

　配当控除とは、上場株式等の配当金にかかる配当所得について、**総合課税**を選択し、**確定申告をした場合**に受けることのできる税額控除です。ただし、以下の場合は配当控除を受けることはできません。

配当控除を受けられない場合

- 上場株式等の配当所得のうち、**申告分離課税**を選択したもの
- 申告不要制度を選択したもの
- 外国法人から受けた利益の配当金
- NISAで受け取った配当金
- J-REITの分配金　　　　　　　　　　　　など

配当控除の控除額

配当控除の控除額＝配当所得の金額×10％*

＊課税総所得金額等が1,000万円超の場合、その超える部分については5％。

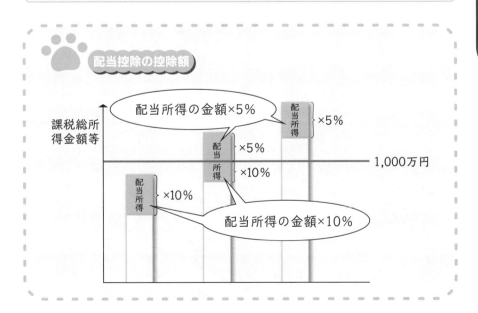

3. 外国税額控除

　外国で生じた所得について、その国で所得税に当たる税金を課された場合、所得税から一定の外国所得税を控除することができます。

国内外で二重に
課税されることを
避けるニャ

Chapter **4** Section **4**

所得税の計算（3）

練習問題

次の各記述のうち、正しいものに〇、誤っているものに×をつけなさい。

所得控除

1. 基礎控除は所得金額に応じて納税者が受けることのできる控除である。

2. 「生計を一にする」という要件を満たすには、必ず同居していることが必要である。

3. 配偶者控除、配偶者特別控除は、納税者の所得が1,500万円以下でないと受けることができない。

4. 16歳以上23歳未満の扶養親族に対する扶養控除の額は63万円と、その他の年齢層の扶養親族に対する扶養控除の額よりも高額である。

5. 納税者が支払った、生計を一にする配偶者、その他の親族の健康保険料や厚生年金保険料、国民年金保険料などは、全額社会保険料控除の対象となる。

6. 通常、人間ドック等の費用は医療費控除の対象とならないが、重大な病気が見つかった場合は医療費控除の対象となる。

7. 2011年以前に契約した保険契約については、一般の生命保険料控除、個人年金保険料控除、介護医療保険料控除の額は、それぞれ最高5万円、合計15万円の所得控除がなされる。

所得税額の計算

8. 退職所得は分離課税方式の対象となる所得であるが、超過累進税率が適用される。

税額控除

9. 住宅借入金等特別控除の適用要件の1つに、返済期間が15年以上の住宅ローンであることが挙げられる。

10. 住宅借入金等特別控除は、転勤等で居住しなくなっても、再居住することがわかっていれば継続して適用を受けることができる。

解答

1　○　基礎控除は、所得金額に応じて納税者に適用される所得控除である。合計所得金額2,500万円超の場合は控除対象外。

2　×　必ずしも同居が必要なわけではなく、生活費、学費等の送金が常に行われている場合も対象となる。

3　×　1,500万円ではなく「1,000万円以下」が正しい。

4　×　16歳以上23歳未満ではなく、「19歳以上23歳未満の扶養親族」に対する控除額が、他の年齢層の扶養親族に対する控除額より高額である。

5　○　納税者本人が支払った、生計を一にする配偶者やその他の親族の社会保険料は全額が社会保険料控除の対象となる。

6　○　重大な病気が見つかった場合の人間ドック等の費用は、医療費控除の対象となる。

7　×　2011年以前の保険契約については、介護医療保険料控除は適用されない。残る２つの保険契約について、それぞれ５万円、合計10万円が控除される。

8　○　退職所得は分離課税方式によって課税される所得であり、税率は超過累進税率が適用される。

9　×　返済期間が10年以上の住宅ローンであることが、要件の１つ。

10　×　住宅借入金等特別控除は転勤等で居住しなくなった期間は適用不可。ただし、再居住した年以後は再適用できる。

毎日えらいニャ〜

ファイトだ
ニャ

26日目
42

所得税の申告と納付、
個人住民税、
個人事業税

今日は所得税の申告と納付について
見ていきましょう。
また、あわせて個人住民税、
個人事業税についても学びます。

❶ 所得税の申告と納付

- ◆ 源泉徴収制度とは
- ◆ 確定申告
- ◆ 青色申告

源泉徴収制度とは何か、確定申告が必要な人の条件、青色申告制度など、申告のルールを押さえよう。

❷ 個人住民税

- ◆ 個人住民税の特徴と課税方法
- ◆ 個人住民税の納付方法

個人住民税の特徴を所得税と比較して確認しよう。

❸ 個人事業税

- ◆ 個人事業税の計算と申告・納付

個人事業税には事業主控除額があり、確定申告をしていれば申告不要であることを覚えておこう。

❶ 所得税の申告と納付

◆ 源泉徴収制度とは

　所得税は、原則として自ら所得額を申告して納付する**申告納税制度**となっていますが、その制度を補完するものとして、**源泉徴収制度**があります。

　源泉徴収制度とは、給与などの支払者（会社）が、給与を支払うときに一定の所得税を天引きして、原則として、支払った日の属する月の翌月10日までに、給料を受ける人に代わって納税する制度をいいます。

　会社員の場合、毎月の給与や賞与から源泉徴収された所得税の過不足について、その年の12月に**年末調整**として精算されるしくみになっています。

　源泉徴収票には給与、退職手当、公的年金などを支払う者が支払った額や徴収した所得税額等が記載されています。

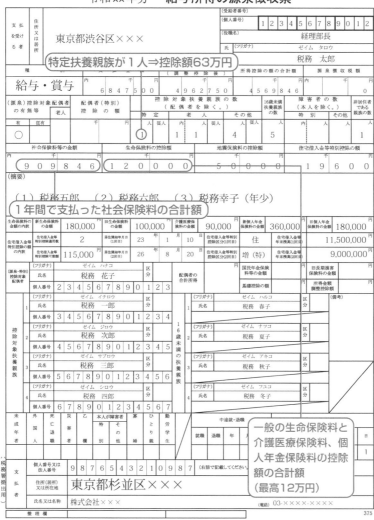

源泉徴収されるおもな所得

・給与所得　　　　　・利子所得　　　　　・配当所得

・雑所得（公的年金）・退職所得

〈給与所得の源泉徴収票〉

令和××年分　**給与所得の源泉徴収票**

（「給与所得の源泉徴収票」（国税庁）　https://www.nta.go.jp/taxes/tetsuzuki/shinsei/annai/hotei/pdf/
0023010-19_1-1.pdf　を加工して作成）

◆ 確定申告

　所得税は、１月１日から12月31日までの１年間の所得と税額を計算し、原則として、翌年2月16日から3月15日の間に、住所地の所轄税務署に、確定申告書を提出・納税します。これを確定申告といいます。

　ただし、年の途中で納税者が死亡した場合は、その納税者の相続人が相続のあったことを知った日の翌日以降４ヵ月以内に被相続人の死亡時の住所地の税務署長に申告を行います（準確定申告）。

　確定申告を行う場合には、確定申告書を税務署に持参、または送付して提出する方法のほか、所定の手続きにより、電子データの形式でインターネットを通じて送信する方法を選択することもできます。

1. 給与所得者の申告

　会社員などの給与所得だけの人は、給与等から源泉徴収で天引きされた所得税について年末調整が行われていれば、確定申告をする必要がありません。ただし、次のような場合には確定申告が必要です。

給与所得者で確定申告が必要な場合

- 給与収入が2,000万円を超えている人
- ２ヵ所以上から給与の支払いを受けている人
- 給与所得、退職所得以外の所得が20万円を超えている人
- 雑損控除、医療費控除、寄附金控除を受けるとき
- 住宅借入金等特別控除を受けるとき（最初の年分のみ必要。２年目以降の分は年末調整で可）
- 配当控除などの税額控除を受けるとき
- 同族会社の役員等で、その同族会社から貸付金の利子や資産の賃貸料などを受けている場合

＋α　ワンストップ特例制度

確定申告の不要な給与所得者等がふるさと納税を行う場合、「ふるさと納税ワンストップ特例制度」を利用すれば、確定申告を行わなくてもふるさと納税の寄附金控除を受けられる。特例の申請にはふるさと納税先の自治体数が５団体以内で、ふるさと納税を行う際に各ふるさと納税先の自治体に特例の適用に関する申請書を提出する必要がある。

2．公的年金受給者の申告

公的年金等の収入金額が400万円以下で、かつ、その年金以外の他の所得の金額が20万円以下であるときは、確定申告は不要です。ただし、源泉徴収の対象となっていない公的年金等の支給を受ける人は、申告不要制度の対象から除外されています。

3．延納

確定申告の期限までに納付すべき税額の1/2を納付すれば、残額について5月31日まで納付期限を延長することができます。これを延納といいます。ただし、延納税額に対して利子税が課税されます。

4．予定納税

前年に納付した所得税額等をもとに、本年の税額を試算した場合における基準額を予定納税基準額といいます。

予定納税基準額が15万円以上であった場合、7月（第1期）と11月（第2期）に、予定納税基準額の1/3ずつを納付しなければなりません。これを予定納税といいます。

5．修正申告

修正申告とは、誤って税額を過小に申告してしまった場合に、税額を修正するための申告のことをいいます。この場合、不足税額に加えて、2024年中は年8.7％（最初の2ヵ月は2.4％）の延滞税がかかります。

6．更正の請求

更正の請求とは、税額を過大に申告してしまった場合に、申告期限から5年以内に、納付した税金の還付を請求できる制度をいいます。

◆ 青色申告

青色申告制度とは、納税者が一定の帳簿を備え付けて精度の高い記帳に基づいた申告を行っている場合、**税制上有利な取扱いを認める制度**です。

帳簿書類等は原則として**7年間**保有しなければなりません。

青色申告をする人を**青色申告者**といい、その対象者は不動産所得、事業所得、山林所得のある人です。

青色申告ができる所得（不動産所得・事業所得・山林所得）は「ふじさん」と覚えよう。

なお、一般の申告をする人を**白色申告者**といいます。

+α 電子帳簿保存法

2024年1月からは、国税帳簿書類を対象とした電子帳簿保存法がすべての企業、個人事業主に適用される。電子帳簿保存法では、電子帳簿等保存、スキャナ保存、電子取引が対象とされ、そのうち電子取引データの保存が義務化、電子帳簿等保存、スキャナ保存は任意規定となる。

電子取引データの保存では、注文書・契約書・送り状・領収書・見積書・請求書などに相当する電子データをやりとりした場合には、その電子データ（電子取引データ）を保存しなければならない。

---

1. 青色申告の特典

青色申告者には、所得計算や手続きなどの面で、おもに次のような特典があります。

●青色事業専従者給与への必要経費の算入

配偶者、親族等が事業の手伝いをしている場合、その給与を**青色事業専従者給与**として、必要経費にすることができます。ただし、その年の3月15日までに納税地の所轄税務署長に「青色事業専従者給与に関する届出書」を提出する必要があります。

適用条件

給与を支払われる人の条件

・青色申告者と生計を一にする配偶者、その他の親族（15歳以上）であること

・もっぱら事業に従事していること（原則、1年のうち6ヵ月を超える期間）

給与の条件

・実際に給与を支払っていること

・あらかじめ給与額を税務署に届け出ていること

・給与額が労働の対価として妥当な額であること

＋α 白色申告者の事業専従者控除

白色申告者の場合は親族への賃金給与は必要経費にならないが、配偶者であれば86万円、その他の親族は1人につき50万円まで「事業専従者控除」が受けられる。

● 青色申告特別控除

　正規の簿記の原則に従って記帳するなど、一定の要件を満たしている場合は、事業的規模の不動産所得または事業所得から青色申告特別控除として、55万円を控除することができます。さらに、電磁的記録の備付けおよび保存をしている場合、あるいはe-Taxにより電子申告している場合は65万円の控除となります。

　その他の場合の控除額は原則10万円です。

試験では**ここが出る！**

青色申告特別控除額「55万円」「65万円」「10万円」の条件を確認。

ちなみに、建物の貸付けが「事業的規模」に当たるかどうかは、いわゆる「5棟10室基準」で判断されます。原則として、次の2点のどちらかに当てはまれば、業務として行われていると判断されます。

> 5棟10室基準
> ・貸間、アパート等については、貸与することのできる独立した室数がおおむね、10室以上であること
> ・独立家屋の貸付けについては、おおむね5棟以上であること

●純損失の繰越控除と繰戻還付

　青色申告者は、その年に生じた純損失の金額を、翌年以降3年間にわたって繰越控除できます。

　また、前年にも青色申告をしている場合には、その年の純損失の金額の全部または一部を前年分に繰戻しして、前年分の所得税額の還付を受けることもできます。

2. 青色申告の申請手続き

　その年の3月15日までに、納税地の所轄税務署長に対して青色申告承認申請書を提出します。

　なお、その年の1月16日以後に新たに事業を開始した場合は、事業開始の日から2ヵ月以内に提出します。

青色申告のポイント

対象となる所得		不動産所得・事業所得・山林所得
申請書の提出期限		原則：その年の3月15日まで 新規事業＊：開業日から2ヵ月以内
青色申告の特典	青色事業専従者給与	原則：適正額を全額経費に算入
	青色申告特別控除	原則：10万円 一定の要件を満たす場合：55万円、65万円
	純損失の繰越控除	翌年以降3年間

＊1月16日以降に新たに事業を開始した場合。

❷ 個人住民税

　個人住民税は、地方公共団体が課税主体となる税金です。道府県が課税する道府県税（東京都の場合は都民税）と、市町村が課税する市町村税（東京23区は特別区民税）に分かれています。

試験ではここが出る！

個人住民税は、前年の所得に対して課税され、給与所得者と自営業者では納付の方法に違いがある。

◆ 個人住民税の特徴と課税方法

　個人住民税は、その年の1月1日現在、各都道府県や市区町村に住所がある人の**前年の所得に対して課税**される税金（前年所得課税）です。

　個人住民税は、所得の多寡にかかわらず税額が**一律の均等割**と、所得に応じて納税額が異なる**所得割**からなっています。

　また、所得税と同様、**所得控除**がありますが、控除額は一部異なります。

所得税と個人住民税の比較

	所得税	個人住民税
課税主体	国	都道府県、市区町村
課税対象	当年分の所得	前年分の所得
課税方式	申告納税制度	賦課課税制度
均等割	なし	あり
税率	5,10,20,23,33,40,45%の7段階	一律10%
所得控除	所得控除額は所得税と住民税で異なる	
税額控除	配当控除、外国税額控除、住宅借入金等特別控除（住宅ローン控除）＊、寄附金控除＊＊	配当控除、外国税額控除、寄附金控除

＊一定の要件を満たす場合、所得税から控除しきれない分について、個人住民税から控除できる。
＊＊所得税の一定の寄附金控除には、所得控除か税額控除かを選択できるものがある。

所得控除の種類				所得税	個人住民税
人的控除	基礎控除			最高48万円	最高43万円
	配偶者控除	70歳未満		最高38万円	最高33万円
		70歳以上		最高48万円	最高38万円
	配偶者特別控除			最高38万円	最高33万円
	扶養控除	一般（16歳以上19歳未満および23歳以上70歳未満）		38万円	33万円
		特定（19歳以上23歳未満）		63万円	45万円
		老人（70歳以上）	同居老親等以外	48万円	38万円
			同居老親等	58万円	45万円
	障害者控除	障害者		27万円	26万円
		特別障害者	非同居	40万円	30万円
			同居	75万円	53万円
	寡婦控除	ひとり親控除対象外の一定条件を満たす寡婦		27万円	26万円
	ひとり親控除	ひとり親（婚姻歴の有無・性別を問わず）		35万円	30万円
	勤労学生控除			27万円	26万円
物的控除	社会保険料控除			保険料の全額	
	小規模企業共済等掛金控除			支払った額の全額	
	医療費控除			支払った額－保険金等の補てん額－10万円（最高200万円）	
	生命保険料控除※1			1種につき最高4万円 3種合わせて最高12万円	1種につき最高2万8千円※2 3種合わせて最高7万円
	地震保険料控除			保険料の全額（最高5万円）	保険料の1/2（最高2万5千円）
	雑損控除			次のうち、どちらか多い金額 ①損失額－総所得金額等×10% ②災害関連支出－5万円	
	寄附金控除※3			①特別寄附金として支出した額、②総所得金額等の合計額×40%のいずれか低い額－2,000円	〈税額控除・基本控除額〉{寄附金（総所得金額等の30%を限度）－2,000円}×10%

※1　生命保険料、介護医療保険料、個人年金保険料を支払った場合。
※2　2011年12月31日以前の契約は、「生命保険料」「個人年金保険料」でそれぞれ3万5千円。
※3　所得税の一定の寄附金控除には、所得控除か税額控除かを選択できるものがある。住民税の寄附金控除は税額控除である。

◆ 個人住民税の納付方法

個人住民税の納付方法には、普通徴収と特別徴収があります。

	納付方法
普通徴収（特別徴収以外）	年税額を4回（6月、8月、10月、翌年1月）に分けて納付
特別徴収	年税額を12回（6月から翌年5月まで）に分けて、給与からの天引き

❸ 個人事業税

◈ 個人事業税の計算と申告・納付

個人事業税は**都道府県**が課税主体となる**地方税**で、一定の事業所得または事業的規模の**不動産所得**のある人に課税される税金です。

> **+α　診療報酬は対象外**
>
> 医業などの社会保険適用事業に係る所得のうち、社会保険診療報酬に係るものは、個人事業税の課税対象にはならない。

個人事業税の計算

個人事業税の額＝（事業所得および不動産所得

　　　　　　　　　　　－事業主控除額290万円）×税率＊

＊税率は、業種ごとに異なる（3～5％）

個人事業税の申告と納付

申告期限……………翌年3月15日

申告書の提出先……都道府県税事務所

納付時期……………8月および11月

ただし、**確定申告をしている場合**には、個人事業税の申告は**不要**です。

Chapter **4** Section **5**

所得税の申告と納付、個人住民税、個人事業税

練習問題

次の各記述のうち、正しいものに○、誤っているものに×をつけなさい。

所得税の申告と納付

1. 源泉徴収制度とは、給与などの支払者が、給与を支払うときに一定の所得税を天引きして、原則として、支払った日の属する月の翌月10日までに、給与を受ける人に代わって納税する制度をいう。

2. 給与所得者であっても、給与所得、退職所得以外の所得が10万円を超えている人は、確定申告をしなければならない。

3. 住宅借入金等特別控除を受ける場合、毎年、確定申告が必要である。

4. 予定納税基準額が20万円以上であった場合、7月（第1期）と11月（第2期）に、予定納税基準額の1/3ずつを納付しなければならない。

5. 青色事業専従者の条件には、15歳以上の生計を一にする配偶者・その他の親族であること、原則として1年のうち6ヵ月超、事業に専念していること、実際に給与を支払っていること等がある。

6. 青色申告を選択した場合、無条件で最高55万円が所得控除できる。

個人住民税

7. 個人住民税は、所得の多寡にかかわらず税額が一律の均等割と、所得に応じて納税額が異なる所得割からなっている。

8. 個人住民税の納付方法は、年税額を4回に分けて納付する方法のみに限られる。

個人事業税

9. 個人事業税は都道府県が課税主体となる地方税で、一定の事業所得または不動産所得のある人に課税され、確定申告の有無とは無関係に、事業所得者は全員が申告しなければならない。

解答

1 ○ 源泉徴収制度とは、給与などの支払者が、給与から天引きした所得税を、原則として支払った日の属する月の翌月10日までに納税する制度をいう。

2 × 「10万円」ではなくて、「20万円」が正しい。

3 × 確定申告をしなければならないのは最初の年分のみで、翌年以降は年末調整も可。

4 × 「20万円以上」ではなく「15万円以上」が正しい。

5 ○ 青色事業専従者として認められるには、15歳以上の生計を一にする配偶者・その他の親族であること、原則として1年のうち6ヵ月超、事業に専念していること、実際に給与を支払っていること等の条件を満たしていなければならない。

6 × 事業所得や不動産所得（事業的規模に限る）であること、複式簿記で記帳していること等の条件が満たされている場合に限られるので、「無条件で」は誤り。

7 ○ 個人住民税は、所得の多寡にかかわらず税額が一律の均等割と、所得に応じて納税額が異なる所得割からなる。

8 × 設問は「普通徴収」の方法。そのほかに「特別徴収」がある。

9 × 確定申告を行った場合は、個人事業税の申告は不要である。

合格に
近づいてるニャ

27日目

42

3級には
なかった新しい
項目だニャ

法人税の概要と計算

今日から法人税について学びます。
益金・損金の概要や、
会社と役員間等の経済的利益の取扱い
について理解しましょう。

❶ 法人税の概要と計算

- ◆ 法人の設立と税務上の届出
- ◆ 法人税とは
- ◆ 会社と役員間の税務
- ◆ 税額の計算
- ◆ 地方法人税

企業会計の方法と税務調整（損金算入・不算入等）をまず理解しよう。

❶ 法人税の概要と計算

◆ 法人の設立と税務上の届出

　事業を新たに開始した場合、「法人設立届出書」をその事実があった日から2ヵ月以内に提出します。

法人設立時の税務上の届出

届出の区分	届出期限等
法人の設立届出	設立の日後2ヵ月以内
青色申告承認申請	設立の日から3ヵ月を経過した日、または第1回の事業年度終了の日のうちのいずれか早い日の前日まで
減価償却資産の償却方法の届出	設立の日の属する事業年度の確定申告書の提出期限

◆ 法人税とは

法人税とは、法人（会社）において、事業年度ごとに発生した所得に対して課税される税金のことです。

会社規模や所得金額にかかわりなく税率が単一の比例税率で、国税、直接税です。法人自らが所得金額や納税額を計算し、申告・納税をする申告納税方式となっています。

> **用語** **事業年度**
>
> 法令や法人の定款などによって定められた1年以内の会計期間のこと。

1. 納税義務者

納税義務者には、内国法人（国内に本店または主たる事務所を有する法人）と、内国法人以外の外国法人とがあります。

それぞれの課税される所得の範囲は以下のとおりです。

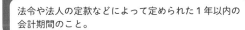
納税義務者および課税所得の範囲

	分類および例	各事業年度の所得
内国法人	普通法人（株式会社等）	すべての所得に対して課税
	協同組合等（農業協同組合等）	
	公益法人等（学校法人等）	収益事業のみ課税
	人格のない社団等（PTA等）	
	公共法人（地方公共団体等）	非課税
外国法人	普通法人	国内源泉所得のみ課税
	公益法人	国内源泉所得のうち収益事業のみ課税
	公共法人	非課税

2. 会計上の利益と税務上の利益

　法人は、株主からの出資や金融機関等からの借入金などによって、営業活動を行っています。

　したがって、これらの人（機関）に対して経営状況や財政状態を説明するために、企業会計原則などに従って会計上の利益が計算されます。これが企業会計です。

> **会計上の利益の計算**
> 会計上の利益＝収益－費用

　一方、課税対象となる所得金額は、税法上の収益である益金から、税法上の費用である損金を差し引いて算出されます。

> **法人の所得金額**
> 所得金額（税法上の利益）＝益金－損金

3. 税務調整

　会計上の収益と税法上の益金、および会計上の費用と税法上の損金では、適用範囲が異なっています。

　そこで、会計上の収益や費用をもとに所得金額を計算するための調整を行います。これを税務調整（申告調整）といいます。

　税務調整は、以下のように分類して行います。

> **税務調整の分類**
> ①会計上は収益にならないが、税法上は益金になるもの→益金算入
> ②会計上は費用にならないが、税法上は損金になるもの→損金算入
> ③会計上は収益になるが、税法上は益金にならないもの→益金不算入
> ④会計上は費用になるが、税法上は損金にならないもの→損金不算入

税務調整

$$\text{所得金額} = \text{会計上の損益} + \left[\begin{array}{c} \text{益金算入} \\ \text{損金不算入} \end{array} \right] \overset{\text{税務調整}}{-} \left[\begin{array}{c} \text{益金不算入} \\ \text{損金算入} \end{array} \right]$$

試験ではここが出る！

税務調整は出題される可能性が高い項目。特に損金算入・不算入のおもな項目は覚えておこう。

4. 益金

益金の算入・不算入の具体例は以下のとおりです。

益金

益金に算入されるもの（益金算入）	益金に算入されないもの（益金不算入）
・贈与により財産を受けた場合の利益 （受贈益） ・債務免除による利益（債務免除益）	・他の会社から受け取った配当 （受取配当金）

　配当のもととなる法人の利益には、すでに法人税が課税されています。そのため、受取配当金を益金に算入すると再び課税され二重課税になるので、益金不算入とされます。

5. 損金

損金の算入・不算入は、次のとおりです。

●交際費

法人がその得意先、仕入先その他事業に関係ある者等に対して、接待贈答等をしたときに支出する費用です。

交際費は、原則として<u>損金不算入</u>ですが、**法人の資本金の額によって、一定額については損金算入が認められています。**

交際費等の損金算入限度額

資本金の額	損金算入限度額
1億円以下	**下記の①または②のうち一方を選択** ①年間交際費のうち800万円以下の全額 ②年間交際費のうち飲食支出額の50%
1億円超100億円以下	年間交際費のうち飲食支出額の50%

＊資本の大小に関係なく、1人当たり1万円以下の取引先等との一定の飲食費はその全額を損金に算入できる。

交際費に該当するもの・しないもの

交際費に該当するもの

- ・接待等の飲食代
- ・接待等のタクシー代
- ・取引先に対するお中元、お歳暮
- ・取引先への祝い金、香典

交際費に該当しないもの

- ・カレンダー、手帳、うちわなどの作成費用→広告宣伝費
- ・会議に要する弁当や茶菓子代　　　　　→会議費
- ・従業員の慰安のための旅行費など　　　→福利厚生費

●租税公課

租税公課とは、国や地方公共団体が課す税金のことです。会計上は費用となりますが、法人税法では一定のものを損金不算入としています。

損金算入の租税公課と損金不算入の租税公課

損金算入できるもの……消費税、法人事業税、固定資産税、
　　　　　　　　　　　　不動産取得税、自動車税など
損金不算入となるもの…法人税、法人住民税、延滞税、加算税、
　　　　　　　　　　　　罰金など

6. 減価償却費

減価償却費とは、建物や備品など、使用年月の経過に伴って価値が減少していくもの（**減価償却資産**）の取得価額を、使用可能期間（耐用年数）に応じて費用化していく会計処理の方法をいいます。

p.314も
参照するニャ

●減価償却の方法

毎年一定の金額を減価償却していく**定額法**と、毎年一定の割合で減価償却していく**定率法**があります。

減価償却の方法

資産の区分	税務署に届出をした場合	税務署に届出をしなかった場合
建物等	定額法（届出は不要）	
その他の有形資産*	定額法・定率法から選択	定率法
無形資産**	定額法（届出は不要）	

＊建物附属設備および構築物については2016年4月以降取得分から定率法が廃止され、定額法となった。
＊＊鉱業権、営業権を除く。

●減価償却の計算方法 （2007年4月1日以降）

　2007年4月1日以降に取得した減価償却資産については償却可能限度額および残存価額が廃止され、耐用年数経過時点に1円（備忘価額）まで償却できます。2012年4月1日以降に取得した減価償却資産の定率法の償却率は、定額法の償却率を2倍した数とされます。

定額法
償却限度額＝取得価額×耐用年数に応じた定額法の償却率
定率法
償却限度額＝未償却残高×耐用年数に応じた定率法の償却率

●減価償却に関する届出など

　減価償却に関しては、資産を取得した事業年度の確定申告書の提出期限までに償却方法（定額法か定率法か）を選択します。選定した償却方法を変更する場合には、事業年度開始日の前日（個人の場合は変更しようとする年の3月15日）までに納税地の所轄税務署長に届け出なければなりません。

減価償却に関する届出

	法人（法人税）	個人（所得税）
償却方法選択の届出期限	新たに法人を設立した場合はその事業年度の確定申告書の提出期限	新たに業務を開始した場合はその開始した年分の確定申告書の提出期限
法定償却方法	償却方法の選択届出をしない場合は定率法	償却方法の選択届出をしない場合は定額法
減価償却費の計上	任意（償却限度内であれば償却の有無は法人の任意）	強制（必ず償却限度額まで償却をしなければならない）
償却方法の変更の届出期限	変更しようとする事業年度の開始の日の前日	変更しようとする年の3月15日まで

●資産が少額の場合の減価償却の取扱い

少額の資産の場合、次のような特別な取扱いが認められています。

少額資産の減価償却の取扱い

資産の取得金額	取扱い方法
10万円未満（少額減価償却資産）	一時に全額損金算入ができる
20万円未満	3年間で均等償却をすることができる
30万円未満	一定の中小企業は全額損金に算入できる（年間300万円まで）

7. 報酬等

原則として、使用人（従業員）に支払う給与や賞与は全額損金に算入することができます。役員に支払う報酬も原則損金算入ですが、不相当に高額な部分は損金不算入となります。

役員の範囲は、法人の取締役、監査役、理事、清算人、会計参与その他使用人以外の者で経営に従事している者です。同族会社の場合は、会社の経営に従事しており、特定株主に該当する者は、形式上使用人であっても税務上役員とされます（みなし役員）。

●役員給与

退職給与以外の役員給与については、定期同額給与、事前確定届出給与、利益連動給与のいずれかに該当する場合は原則損金算入できます。

会社と役員の間の取引は恣意的になりやすいから、税務上の制約が定められているんだニャ

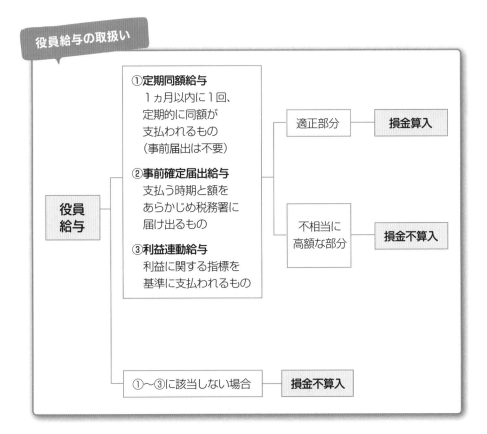

●退職金

　使用人・役員に対して支払われる退職金は原則として全額が損金に算入されますが、役員および使用人兼務役員に対して支払われる退職金のうち不相当に高額な部分については、損金不算入となります。なお、役員退職金の適正金額の算出方法の1つとして、**功績倍率方式**があります。

功績倍率方式
適正な退職金＝最終報酬月額×役員在任年数×功績倍率

◆ 会社と役員間の税務

役員および使用人等が会社から受ける経済的利益については、実質的に給与が支払われたのと同じような経済効果があります。そのため税務上は、原則、給与として取り扱われます。

1. 役員に対する経済的利益の例

経済的利益が定時かつ定額のものは報酬または給与に、臨時的なもの（退職給与を除く）は賞与として取り扱われます。

役員に対する経済的利益の例

供与の形態	経済的利益の額の算出方法
会社の資産を無償または低額で売却した	時価－売却価額
会社が役員の資産を高額で買い入れた	買入価額－時価
社宅等を無償または低額で提供した	通常賃料－受取賃料
金銭を無償または低利で貸し付けた	通常利息－受取利息
役員が支払った交際費のうち、使途が不明なものや会社の業務に関係のないもの	支払われた金額
個人的費用を負担した	負担した金額

2. 会社の経済的利益

会社が経済的利益を受けた場合の取扱いは、次のようになります。

会社の経済的利益

供与の形態		会社の受贈益
会社→役員	時価より高い金額で資産を売却	売却額－適正な時価
役員→会社	時価より安い金額で資産を売却（低額譲渡）	適正な時価－売却額

なお、時価の1/2未満の価格で取引した場合、売却した役員が時価で譲渡したものとみなし、所得税が課税されます（みなし譲渡所得課税）。

◆ 税額の計算

法人税の額は、所得金額に法人税率を掛けて算出し、算出税額には、さらに留保金課税や使途秘匿金課税などの特別税額を加えたり、所得税額控除や外国税額控除などを差し引いたりして、税額を確定させます。

賃上げ率などに応じて、大企業は最大35％、中小企業は最大45％の税額控除ができます（2024年4月1日から2027年3月31日までの間に開始する事業年度が対象）。なお、中小企業は、賃上げした年度に控除しきれなかった金額の5年間の繰越ができます。

●法人税の税率

法人税は、所得の額にかかわらず、一定の税率の比例税率が適用されます。

おもな法人税率

資本金が1億円超の法人…23.2％

資本金が1億円以下（中小法人）

①1年当たりの課税所得金額が800万円以下の部分…19％（15％）*

②1年当たりの課税所得金額が800万円超の部分…23.2％

＊（　　　）内は特例。
2012年4月1日から2025年3月31日までの期間内に開始する事業年度について適用される。

試験ではここが出る！

中小法人の税額が、課税所得金額800万円をボーダーラインとして2段階になっている点に注意しよう。

◆ 地方法人税

法人税の納税義務のある法人は地方法人税の納税義務者となり、地方法人税確定申告書の提出が必要となります。

地方法人税の税額

地方法人税の税額＝各課税事業年度の課税標準法人税額×10.3％

法人税の概要と計算

練習問題

次の各記述のうち、正しいものに〇、誤っているものに×をつけなさい。

法人税の概要と計算

1. 税務上の利益の額は、税法上の収益である益金から、税法上の費用である損金を差し引いて算出される。

2. 債務免除によって得たものについては、益金には算入されない。

3. 資本金が1億円以下の法人については、年間1,000万円までの交際費は全額損金に算入することができる。

4. 租税公課のうち、消費税、法人事業税、固定資産税などは損金算入することができるが、不動産取得税は損金算入することはできない。

5. 減価償却資産の償却法については、どの資産も定額法および定率法の2つの方法のうち、いずれか一方を選ぶことができる。

6. 会社が役員の資産を高額で買い入れた場合、買入価額と時価との差額が役員の経済的利益とされる。

7. 法人税は、所得の額にかかわらず、一定の税率の比例税率が適用される。

8. 資本金1億円以下の法人においては、課税所得の額が年800万円未満の区分と、800万円以上の区分では、法人税率が異なる。

解答

1 ○ 税法上の収益である益金から、税法上の費用である損金を差し引いて算出されたものが、税務上の利益の額となる。

2 × 債務免除によって得た利益については、益金に算入される。

3 × 1,000万円ではなく、正しくは「800万円まで」。

4 × 不動産取得税も、損金算入することができる。

5 × 建物等については、定額法によってのみ減価償却ができる。

6 ○ 会社が役員の資産を高額で買い入れた場合の、買入価額と時価との差額は、役員の経済的利益とされる。

7 ○ 法人税率は、所得の額にかかわらず、一定である。

8 × 「800万円以下」の区分と、「800万円を超える」区分で、法人税率が異なっている。

自信をもつニャ

28 日目

42

これで
Chapter 4 も
完成だニャ

Chapter **4** タックスプランニング Section **7**

法人税の申告と納付等、消費税

今日はタックスプランニングの学習の最終日です。
法人税の申告と納付の方法や、決算書、
法人住民税と法人事業税
および消費税について学んでいきましょう。

❶ 法人税の申告・納付・決算書等

- ◆ 申告と納付
- ◆ 決算書
- ◆ 法人住民税と法人事業税

所得税とは異なる申告・納付などの決まりを押さえ、決算書からの情報の読み取りにも慣れておこう。

❷ 消費税

- ◆ 消費税

免税事業者の条件や簡易課税制度、2023年10月から始まったインボイス制度についても概要を押さえておこう。

❶ 法人税の申告・納付・決算書等

◆ 申告と納付

法人税の申告には、確定申告と中間申告があります。

1. 法人税の申告の期限

法人税の申告の期限は、次のとおりです。

法人税の申告期限
①**確定申告**…事業年度の終了の日の翌日から2ヵ月以内（原則）
②**中間申告**…事業年度が6ヵ月超の普通法人の場合、上半期終了の日の翌日から2ヵ月以内*
＊前期分の法人税額6ヵ月分相当額が10万円超の場合。

2．法人税の納付期限

　原則として、事業年度の終了の日の翌日から2ヵ月以内に、法人の本店または主たる事業所の所在地に納税します。

3．青色申告制度

　法人についても、次のような一定の要件を満たせば、青色申告ができ、**税務上の有利な取扱い**を受けることができます。

青色申告適用の要件

・一定の帳簿書類に取引を記録し7年間*保存すること

・青色申告承認申請書を期限までに提出すること

　原則：青色申告の承認を受けようとする事業午度開始の日の前日

　新規に法人を設立した場合：①、②のうちのいずれか早い日の前日

　　　　　　　　　　　　　　　①設立の日から3ヵ月後

　　　　　　　　　　　　　　　②最初の事業年度終了の日

＊2018年4月1日以後に開始する欠損金の生ずる事業年度においては、10年間保存すること。

青色申告の特典

・欠損金の繰越控除（10年間）　・各種の法人税額の特別控除

・各種の特別償却

4．法人成り

　個人事業者が法人を設立して、法人に事業を移すことを法人成りといいます。法人成りには、次のようなメリット・デメリットがあります。

法人成りのメリットとデメリット

	内容	個人の場合
メリット	比例税率なので、所得が高くなれば税率面で有利	超過累進税率
	所得の分散が可能 →法人所得と個人の給与所得に分けられる	分散不可
	損失の繰越期間が10年間になる	3年間
	退職金を損金算入できる（適正額の場合）	必要経費に算入不可
	生命保険料を損金に算入できる	必要経費に算入不可
デメリット	交際費を全額損金に算入できない →資本金額に応じての算入しか認められない	全額を必要経費に算入可
	議事録作成の手間と費用がかかる	作成不要

◆　決算書

　法人の決算の際に作成される報告書のことを通常は決算書といいます。企業会計原則では財務諸表と呼ばれます。

1. 決算書の種類

決算書には、次のような種類があります。

決算書の種類

貸借対照表（B/S）	企業の一定時点における財政状況を示すもの （資産と負債・純資産の残高を表したもの）
損益計算書（P/L）	企業の一定期間の損益および経営成績を示すもの
株主資本等 変動計算書	貸借対照表の純資産の部の変動額のうち、 主に株主資本の各項目の変動事由を報告するもの
個別注記表	財務諸表についての会計処理や補足的情報を表示する 注記を一覧にして表示するもの

貸借対照表の例

貸借対照表
2024年9月30日　　　　　　　　　　（単位：万円）

資産の部			負債の部		
流動資産		25,000	流動負債		30,000
現預金	3,000		支払手形	6,000	
売掛金	12,000		買掛金	14,000	
商品	10,000		借入金	10,000	
固定資産		55,000	固定負債		30,000
建物	15,000		長期借入金	30,000	
車両	5,000		負債の部合計		60,000
土地	35,000		純資産の部		
			資本金		10,000
			利益剰余金		10,000
			純資産の部合計		20,000
資産の部合計		80,000	負債・純資産の部合計		80,000

損益計算書

自2023年10月1日至2024年9月30日（単位：百万円）

①売上高	100
②売上原価	60
③売上総利益（①－②）	40
④販売費及び一般管理費	15
⑤営業利益（③－④）	25
⑥営業外損益	10
⑦経常利益（⑤＋⑥）	35
⑧特別損益	▲5
⑨税引前当期純利益（⑦＋⑧）	30
⑩法人税等	10
⑪当期純利益（⑨－⑩）	20

2．決算書の分析

企業の実態を把握するために、貸借対照表や損益計算書等の財務諸表を使って、企業の内容を判断します。

●収益性分析

収益性分析とは、企業がどのくらい効率よく利益を上げているかを分析するものです。

収益性分析の分析指標

算式	評価
自己資本利益率（ROE）（％） ＝当期純利益÷自己資本×100	比率が高いほどよい
総資産利益率（ROA）（％） ＝（営業利益＋金融利益）÷総資産（総資本）×100	比率が高いほどよい
売上高営業利益率（％）＝営業利益÷売上高×100	比率が高いほどよい
売上高経常利益率（％）＝経常利益÷売上高×100	比率が高いほどよい
売上高総利益率（％）＝売上総利益÷売上高×100	比率が高いほどよい
資本回転率＝売上高÷資本	高いほどよい
資本回転期間（日数）＝資本÷売上高×365	短いほどよい

p.386の損益計算書から求められる売上高営業利益率は何％か？

（単位：百万円）

営業利益25÷売上高100×100＝25％

●安全性分析

　安全性分析では、資本構成や企業の支払能力が十分かどうかなどを判断します。

 安全性分析の分析指標

算式	評価
当座比率（％）＝当座資産÷流動負債×100	比率が高い方が安全
流動比率（％）＝流動資産÷流動負債×100	比率が高い方が安全
固定比率（％）＝固定資産÷自己資本×100	比率が低い方が安全
自己資本比率（％）＝自己資本÷総資本×100	比率が高い方が安全

 p.385の貸借対照表から求められる自己資本比率は何％か？

（単位：万円）

自己資本（純資産）20,000÷総資産80,000×100＝25％

◆ 法人住民税と法人事業税

1．法人住民税

　法人住民税とは、その**市町村に事務所や事業所がある法人に対して課税される住民税**です。

　法人住民税は道府県民税と市町村民税で構成されており、それぞれに均等割、法人税割があります。

法人住民税

	道府県民税	市町村民税
均等割	資本金の額に応じて課税される	資本金の額および従業員の数に応じて課税される
法人税割	法人税の額に税率を掛けて算出する	法人税の額に税率を掛けて算出する

2．法人事業税

　法人事業税とは、法人が行う事業に課される地方税です。事業年度終了後2ヵ月以内に申告して納税する申告納税方式になっています。

　なお、資本金が1億円超の法人については、所得以外の要素についても考慮して課税する外形標準課税が導入されています。

❷ 消費税

◆ 消費税

　消費税とは、商品の販売やサービスの提供に課される**間接税**で、消費税および地方消費税があります。

　税制上、取引は次のように分類されます。

消費税の課税取引・非課税取引

課税取引	国内取引	資産の譲渡、貸付け、役務の提供
	国外取引	外国貨物の輸入取引
非課税取引		土地の譲渡・貸付け*、住宅の貸付け** 社債・株式等の譲渡 利子、保証料・保険料、行政手数料、外国為替、出産、火葬・埋葬など

　＊一時的な貸付けは課税対象。
＊＊事務所の貸付けは課税対象。

1. 納税義務者

　課税取引を行う事業者は、消費税の**納税義務者**となります。

2. 免税事業者

　売上が一定規模以下の場合、原則として納税が免除されています（免税事業者）。

免税事業者の要件とポイント

・基準期間における課税売上高が**1,000万円以下**

・新規事業等を開業して**2年以内**の事業者*
　（当初の2年間は基準期間がないため）
　ただし資本金または出資金の額が**1,000万円以上**の法人を除く

＊ただし、開業後6ヵ月の給料および課税売上が1,000万円を超える場合は、2年目より課税。

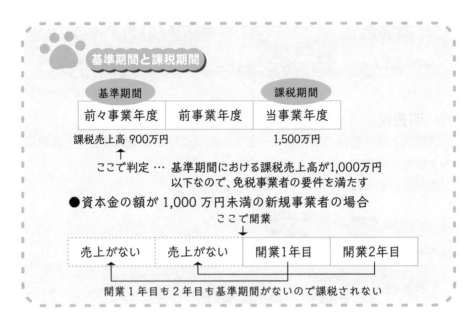

3. 税額の計算

消費税の税率は、2019年10月より原則10％（国税7.8％、地方税2.2％）となりました。ただし、飲食料品（酒類、外食を除く）などは例外的に8％（国税6.24％、地方税1.76％）に据え置かれています。

税額の計算は一般課税（原則）と簡易課税があります。

一般課税（原則）による納付税額

納付税額（または還付税額）
＝課税売上に係る消費税額−課税仕入に係る消費税額

基準期間における課税売上高が5,000万円以下の場合、簡易課税制度を選択することができます。

簡易課税制度による納付税額

納付税額＝課税売上に係る消費税額－課税仕入に係る消費税額

（課税売上に係る消費税額×みなし仕入率*）

＊事業区分により40％〜90％。

　みなし仕入れとは、計算を簡便にするために、売上高に一定の割合を掛けたものを仕入額とみなす方法をいい、事業区分ごとにその割合が定められています。

　なお、簡易課税制度を選択するには、税務署に「**消費税簡易課税制度選択届出書**」を提出しなければなりません。また、簡易課税制度を選択した場合は、**最低2年間は継続して適用**する必要があります。

4．消費税の還付

　原則課税では、課税売上高に係る消費税額より課税仕入に係る消費税額のほうが多い場合は消費税の還付があります。しかし、免税事業者・簡易課税制度を適用している事業者は、実際の課税仕入に係る消費税額のほうが多い場合でも、消費税の還付を受けることはできません。

5．インボイス制度

　2023年10月から、インボイス制度が導入されました。インボイスとは、売り手が買い手に対して、正確な適用税率や消費税額等を伝える請求書等のことで、インボイスを発行するには登録事業者となることが必要です。課税事業者でなければ登録事業者にはなれません。登録事業者となるかどうかは任意です。

　買い手が仕入税額控除の適用を受けるためには、原則として、取引相手（売り手）である登録事業者から交付を受けたインボイスの保存等が必要となります。売り手である登録事業者は、買い手である取引相手（課税事業者）から求められたときは、インボイスを交付しなければなりません（また、交付したインボイスの写しを保存しておく必要があります）。

6. 消費税の申告と納付

●確定申告と納付期限

　　・個人事業者…課税期間の翌年の1月1日～3月31日

　　・法人…………課税期間終了の日（決算日）の翌日から2ヵ月以内

●中間申告と納税

　中間申告は、直前の課税期間の消費税額が**48万円**超の場合に、必要となります。

各種届出と提出期限

届出書の名称	届出のタイミング	提出期限等
消費税課税事業者届出書	基準期間の課税売上高が1,000万円超となったとき	すみやかに
消費税簡易課税制度選択届出書	簡易課税制度を選択するとき（最低2年は継続が必要）	選択しようとする課税期間の初日の前日
消費税課税事業者選択届出書	免税事業者が課税事業者になることを選択するとき	
消費税簡易課税制度選択不適用届出書	簡易課税制度の選択をやめようとするとき	やめようとする課税期間の初日の前日
消費税課税事業者選択不適用届出書	課税事業者を選択していた事業者が免税事業者に戻ろうとするとき	

Chapter 4 Section 7
法人税の申告と納付等、消費税

練習問題

次の各記述のうち、正しいものに〇、誤っているものに×をつけなさい。

法人税の申告・納付・決算書等

1. 法人税の納付期限は、原則、事業年度の終了の日から2ヵ月以内である。

2. 新規に事業を開始した法人が青色申告を選択する場合、①設立の日から2ヵ月後、②最初の事業年度終了の日のうち、いずれか早い日の前日までに青色申告承認申請書を提出しなければならない。

3. 法人成りのメリットの1つに、生命保険料が損金に算入できることが挙げられる。

4. 貸借対照表とは、会社の一定期間の経営成績を示すものである。

5. 法人事業税では、資本金が1億円超の法人については、所得以外の要素についても考慮して課税する外形標準課税が導入されている。

消費税

6. 基準期間における課税売上高が1,000万円未満の事業者は、免税事業者となることができる。

7. 簡易課税制度を選択した場合、3年間は簡易課税制度を選択しなければならない。

8. 直前の課税期間の消費税額が48万円超の場合、中間申告をして納税する必要がある。

解答

1　×　「事業年度の終了の日の翌日」から2ヵ月以内である。

2　×　「設立の日から3ヵ月後」が正しい。

3　○　生命保険料が損金に算入できるのは、法人成りのメリットの1つである。

4　×　設問は損益計算書の説明となっている。貸借対照表とは、会社の資産状況を示すもの。

5　○　法人事業税においては、資本金が1億円超の法人については、所得以外の要素についても考慮して課税する外形標準課税が導入されているので、覚えておこう。

6　×　「1,000万円以下」が正しい。

7　×　3年間ではなく「2年間」。

8　○　直前の課税期間の消費税額が48万円超の場合、中間申告をして納税しなければならない。

「でるとこ攻略問題集」で
もっと力をつけるニャ！
→問題集p.110-137,
p.258-281

マイペースで
行くニャ

29日目

42

Chapter 5 不動産 | Section 1

不動産の基礎知識

今日は不動産の基礎知識について学びます。
不動産の権利や登記、
不動産の価格と評価について、
基礎的な事柄をしっかり押さえていきましょう。

❶ 不動産の権利と登記

- ◆ 不動産の類型と権利
- ◆ 不動産に関する調査

登記簿（権利部・甲区・乙区）に記載される内容や登記の効力（対抗力あり・公信力なし）を確認しよう。

❷ 不動産の価格と鑑定評価

- ◆ 不動産の価格
- ◆ 不動産の鑑定評価

「一物四価」の決定機関や決定時期・価格水準を覚えておこう。

❶ 不動産の権利と登記

◆ 不動産の類型と権利

民法では、不動産を「**土地およびその定着物**」と定義していますが、ここでは土地と建物のことと理解しておいてください。日本では、土地と建物は、それぞれ独立した不動産とみなされています。

1. 宅地の類型

建物を建てるための土地を宅地といい、宅地はその上にある建物との関係により、次の３つのタイプに分けられます。

> 宅地の種類
>
> **更地**………建物などがなく、その土地の使用が制約される権利（借地
> 権など）がない土地
> **建付地**……建物とその敷地の所有者が同じ土地であって、その土地の
> 使用が制約される権利がない土地
> **底地**………貸している土地の上に他人の建物があり、借地権や地上権
> が設定された土地の所有権のこと

　また、建物を所有することを目的に、土地を借りている人が持つ権利
のことを借地権といいます。

2. 不動産の権利

　不動産にはさまざまな権利がありますが、次の2つに大別できます。

> 不動産の権利
>
> 物権……人が物を直接に支配する権利
> 　　　　　→所有権、抵当権、根抵当権など
> 債権……人が人に対して、一定の財産上の行為を請求できる権利
> 　　　　　→賃借権、借家権など

◆ 不動産に関する調査

　不動産の購入には、権利関係などの調査が欠かせません。これらを確認
するための書類として**不動産登記記録（不動産登記簿）**があります。

　不動産登記記録には、土地や建物の所在地や、所有者などが記録されて
おり、登記所（法務局）でそのデータが保管されています。

1. 不動産の登記

　不動産の登記は、土地は1筆ごと、建物は1個ごとに記録され、**表題
部**と**権利部**から構成されます。権利部はさらに**甲区**と**乙区**に区分されま
す。

不動産の登記

表題部…… 表示に関する登記を記載。登記義務あり

　　　　　土地：登記原因、所在、地番、地目、地積など

　　　　　建物：登記原因、所在、家屋番号、種類、構造、

　　　　　　　　床面積など

権利部…… 権利に関する登記を記載。登記義務なし

　甲区…… 所有権に関する記載（差押えを含む）

　乙区…… 所有権以外の権利を記載

　　　　　（抵当権、根抵当権、賃借権、地上権など）

＋α　登記簿の記載

・土地登記の地番、建物登記の家屋番号は必ずしも住居表示と一致しない。
・不動産登記簿では、敷地利用権のうち一定のものを敷地権という。敷地権が登記されたマンションの専有部分に関する所有権の移転や抵当権の設定などの登記は専有部分に係る建物の登記用紙に記載され、土地の登記用紙には記載されない。

試験では　ここが出る！

甲区、乙区の記載内容を入れ替えて出題されることがある。

建物の登記

・マンション等の区分建物の場合、登記する際は壁その他の区画の内側線で囲まれた部分（内法面積）の水平投影面積で計算される
・マンション以外の一戸建て等の建物の床面積は、壁その他の区画の中心線で囲まれた部分（壁芯面積）の水平投影面積で計算される

※内法面積・壁芯面積については、p.413を参照。

用語　水平投影面積

土地や建物に凸凹や斜面の部分があっても、その土地や建物が水平だとして測った面積のこと。

〈登記事項証明書〉

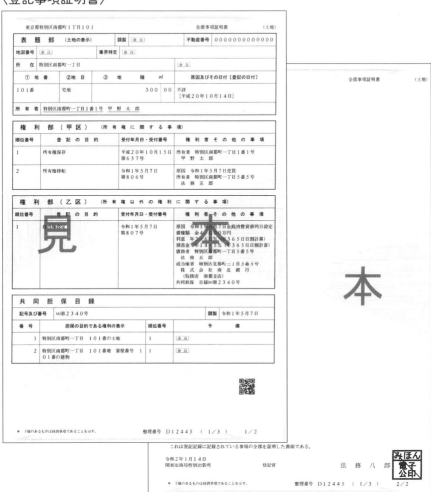

（出典：法務省HP　http://www.moj.go.jp/）

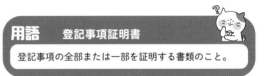

用語　　**登記事項証明書**

登記事項の全部または一部を証明する書類のこと。

2. 登記申請義務と本登記・仮登記

　不動産の所有権を取得したら、その日から1ヵ月以内に表題部の土地・建物の表題登記を所有者が必ず申請しなければなりません（登記申請義務）。

　権利部になされる登記には本登記と仮登記の2種類がありますが、権利部の登記は任意です。ただし、相続登記については2024年4月1日から義務化されました（相続により不動産の所有権を取得したことを知った日から3年以内）。2024年3月以前に相続した不動産も、相続登記がされていないものは、義務化の対象となります。

用語	本登記と仮登記

本登記…登記本来の対抗力を発生・消滅させる効果がある登記。
仮登記…書類等の不備で本登記の要件が整わなかった場合などに、将来の本登記の順位を保全するために行う予備的な登記。

3. 不動産登記の効力

　不動産登記には、第三者に対して、たとえば「この不動産は私が所有しているものです」と主張する力（対抗力）があります。

　しかし、登記記録上の所有者が必ずしも真の所有者であるという保証はありません。したがって、登記に記載されている人と取引した場合、実際の所有者と異なっていて、損失をこうむったとしても、**購入した側が保護される権利はない**のです。これを「**公信力**がない」といいます。

　つまり、登記を信用して、本当は権利を持っていない人と取引すると、権利が取得できない場合もあります。

用語	対抗力と公信力

対抗力…第三者に対し、権利の得失・変更を主張できる法的な効力。
公信力…登記を信じて、登記記載者と取引した者が保護される権利。

試験では ここが出る！

不動産登記には、対抗力はあるが公信力はない。

　したがって、不動産の取引をする場合は、現地調査をするなどして、固定資産税を実際に納めている人や所有者を確認する必要があります。

4．不動産登記の手続き

　不動産登記は次のような手続きで行います。

●申請方法

　登記申請の方法には、直接窓口へ持参する方法、郵送する方法、オンライン申請する方法があります。

●登記識別情報

　不動産登記をすると、従来発行されていた登記済証（権利証）に代えて、12桁の英数字を組み合わせた登記識別情報（パスワードのようなもの）が通知されます。登記識別情報は、本人確認のために使われます。

●登記識別情報を紛失した場合

　登記識別情報は再発行されないため、登記にあたって登記識別情報を忘れたり紛失したりした場合は、次のような方法で、本人確認が行われます。
　　・登記所からの本人限定受取郵便による事前通知制度
　　・司法書士や弁護士などによる本人確認制度

5．抵当権

　担保の目的である不動産を、債務者または第三者に利用させたまま請求権を確保する物権です。抵当権設定者（債務者）は、抵当権者（債権者）の同意がなくても、自由に目的物を賃貸したり売却したりできます。
　住宅ローンの契約の際には、多くの場合、対象となる不動産に対して抵当権を設定します。ローン完済後、抵当権の登記は自動的に抹消されないので、法務局で抵当権の抹消手続きが必要になります。

6．登記事項等の閲覧・請求

　　登記事項証明書は、だれでも所定の手数料を納付することで自由に交付請求をすることができ、郵送やオンラインでの請求も可能です。ただし、交付方法は郵送または窓口受取となります。

　　また、登記記録に登録されている事項の概要を記した登記事項要約書も、交付請求をすることができます。登記事項要約書は証明書ではないので、登記官の証明は付されません。

登記所で確認できるもの

地図 （14条地図）	区画と地番を明らかにしたもの。精度が高い。設置されていない登記所も多い
公図	登記所が保管している旧土地台帳の付属地図。精度が低い
建物図面	建物の位置や形状を明確にした図面。すべての建物に存在するわけではない
地積測量図	土地の形状や面積を示した測量図。精度は高いがすべての土地について存在するわけではない
閉鎖登記簿	建物の滅失登記後の登記簿のこと。滅失登記後、一定期間保存される

用語　滅失登記

建物を壊した後、その建物がなくなったことを登記すること。

❷ 不動産の価格と鑑定評価

不動産の価格

　不動産の価格には、行政上の目的から **4つの公的な価格**が公開されており、「一物四価」（1つのものに4つの価格がある）と呼ばれています。

　さらに、実際に売買される取引価格である**実勢価格**（いわゆる時価）を加えて**一物五価**と呼ばれることもあります。

4種類の公的な土地の価格

	公示価格	路線価 （相続税評価額）	固定資産税評価額	基準地標準価格
内容	一般の土地取引価格の指標となる価格	相続税や贈与税の算定基準となる価格	固定資産税や不動産取得税等の計算のもととなる価格	基準地（都道府県知事が選択）の標準価格
決定機関	国土交通省	国税庁	市町村 （東京23区は東京都）	都道府県
評価 基準日	毎年1月1日	毎年1月1日	3年ごとの基準年度の1月1日	毎年7月1日
発表時期	3月下旬	7月上旬	3月または4月	9月下旬
価格の 水準*	―	80%	70%	100%

＊公示価格を100％とした場合の評価割合。

試験ではここが出る！

固定資産税評価額は3年ごとに評価される。相続税評価額は公示価格の80％、固定資産税評価額は70％の価格水準。

◆ 不動産の鑑定評価

不動産の価格が、適正な価格であるかどうかを判断するのが難しい場合には、専門家である不動産鑑定士に評価を依頼します。これを鑑定評価といいます。

不動産の鑑定評価の方法には、次の3種類がありますが、原則として3種類の手法を併用し、**総合的に評価**することになっています。

●原価法

原価法とは、一般的に**造成宅地や建物**などに利用されるものです。新たに造成・建築した場合の価格＝再調達原価を求めて、経過年数分を減額する減価修正を行い、その不動産の価格を求めます。

原価法によって求めた価格を「積算価格」といい、おもに建物価格を求める際に適用されます。

土地では、埋立地や造成地には適用できますが、**既成の市街地**については、再調達原価を求めることが困難であるため、一般には適用できません。

積算価格

積算価格＝再調達原価－減価修正額

●取引事例比較法

取引事例比較法とは、類似した地域の取引事例をもとに、その不動産の価格を求める方法です。

この手法を用いるときは、必要に応じて、参考となる不動産の価格に影響を与えた要因を取り除いて、価格の修正（事情補正）をしたり、比較する不動産との間にタイムラグがある場合は、価格水準の変化を勘案し、価格の修正（時点修正）をしたりすることがあります。

近隣地域または同一需給圏内の類似地域などで類似する不動産取引が行われている場合に、有効な方法です。

●収益還元法（→p.471）

収益還元法とは、その不動産が**将来生み出すであろうと期待される純収益**の金額を予想して、その不動産の価格を求める方法です。

賃貸用の不動産のほか、事業に使う企業用不動産の価格を求める場合に有効な方法です。

また、自用不動産にも賃貸を想定することで適用できます。

不動産の鑑定評価の方法

種類	参考にするものは？	どんな不動産に有効？	補正方法など
原価法	再調達原価	造成宅地、建物	減価修正
取引事例比較法	類似した取引事例	近隣に類似の取引がある不動産	事情補正、時点修正
収益還元法	将来生み出す純収益（予想）	賃貸用不動産、企業用不動産	

Chapter 5 Section 1

不動産の基礎知識

練習問題

次の各記述のうち、正しいものに〇、誤っているものに×をつけなさい。

不動産の権利と登記

1．不動産登記には、対抗力はあるが公信力はない。

2．登記識別情報は再発行されないため、登記にあたって、登記識別情報を忘れたり紛失したりした場合は、必ず登記所からの本人限定受取郵便による事前通知制度によって、本人確認を行わなければならない。

不動産の価格と鑑定評価

3. 不動産価格の基本となるのは、国土交通省が発表する公示価格である。

4. 不動産価格の1つである路線価は、国税庁が毎年1月1日を基準日として、5月に発表され、相続税や贈与税の算定基礎とされる。

5. 固定資産税評価額は、市町村（東京23区は都）が公表するもので、5年に1度見直されることになっている。

6. 原価法とは、不動産の再調達原価を参考に求めるもので、一般的に造成宅地や建物のほか、既成の市街地の鑑定評価をするときにも、よく使われている。

7. 取引事例比較法とは、類似地域内における取引事例に、事情補正等を行って不動産価格を求める方法である。

8. 収益還元法とは、その不動産が将来的にどれくらい値上がりするかを予測した上で、不動産価格を求める方法である。

解答

1　○　不動産登記には、対抗力はあるが公信力はない。

2　×　設問の方法以外に、司法書士や弁護士などによる本人確認を利用することもできる。

3　○　国土交通省の発表する公示価格が、不動産価格の基本となる。

4　×　路線価は、毎年7月上旬に発表される。

5　×　3年に1度見直される。

6　×　原価法は、既成の市街地の鑑定評価には適さない。

7　○　類似地域内における取引事例に、事情補正等を行って不動産価格を求める方法を、取引事例比較法という。

8　×　収益還元法とは、その不動産が、家賃など、将来生み出すであろう純収益の現在価格の総和により求める方法である。

とけたか
ニャ？

なるほど、
なるほど

30日目

42

Chapter 5 不動産 | Section 2

不動産取引

今日は実際の不動産取引について学びます。
宅地建物取引業法と不動産の売買契約の
基本的な内容を理解するようにしましょう。

❶ 不動産取引

- ◆ 宅地建物取引業法
- ◆ 不動産の売買契約

宅地建物取引業法で認められている宅建業者の業務内容、不動産取引における売主、買主への規制内容などを確認しよう。

---

❶ 不動産取引

◆ 宅地建物取引業法

　宅地建物取引については、宅地建物取引業法で定められています。

　同法は、宅地建物取引業を営む者について免許制とし、必要な規制を行うことにより、業務の適正な運営と取引を確保し、宅地建物取引業の健全な発展を促進することで、購入者等の利益の保護と宅地建物の流通の円滑化を図ることを目的とする法律です。

1．宅地建物取引業

宅地建物取引業とは、次の3つを**業として行う**ことをいいます。

宅地建物取引業

土地や建物について

①自ら売買・交換する

②他人の代わりに売買・交換・貸借を行う（代理）

③他人の売買・交換・貸借を仲介する（媒介）

「業として行う」とは、不特定多数の人を対象に繰り返し行うことだニャ

宅地建物取引業の範囲

宅地建物に関する契約	売買	交換	貸借
自ら	○	○	×
代理	○	○	○
媒介	○	○	○

○……宅地建物取引業　×……宅地建物取引業でない

＋α　マスターリース契約（特定賃貸借契約）

一括借上げを意味し、オーナーとサブリース会社との間で締結される賃貸借契約のこと。それに対し「サブリース」とは転貸を意味し、サブリース会社と入居者との間で締結される賃貸借契約を指す。いずれも宅地建物取引業の免許は不要である。

宅地建物取引業法では、宅地建物取引業者（略して「宅建業者」）に対して、次ページのような免許制度を実施しています。

> 宅地建物取引業者の免許制度
>
> **1つの都道府県のみに事務所を設置している業者**
>
> ………都道府県知事の免許
>
> **2つ以上の都道府県に事務所を設置している業者**
>
> ………国土交通大臣の免許

なお、免許の有効期間は、いずれも5年とされています。

2．宅地建物取引士

宅地建物取引業を行う事務所には、専任（常駐）の宅地建物取引士を、業務に従事する者**5名につき1名以上**の割合で、置かなければなりません。

宅地建物取引士になるには、国家試験への合格と、実務要件等の要件を満たして、宅地建物取引士証の交付を受けることが必要です。

次の業務は、宅地建物取引士（専任でなくともよい）しかできません（独占業務）。

> 宅地建物取引士の独占業務
>
> ・重要事項の説明…契約者である買主や売主に対して、宅地建物取引士証を提示して、契約成立前に所定の事項（重要事項）を記載した重要事項説明書（電磁的方法も可）を交付して説明しなければならない
> ・重要事項説明書への記名
> ・契約内容記載書面への記名

3．媒介契約

宅地建物取引業者に、不動産の売買などの仲介業務を依頼する場合、**媒介契約**を締結しなければなりません。

媒介契約には、一般媒介、専任媒介、専属専任媒介の3種類があります。

媒介契約の3つの種類

	契約期間	依頼者ができること		宅地建物取引業者の義務	
		他の業者に同時に依頼	自分で取引相手を見つける（自己発見取引）	依頼者への報告義務	指定流通機構への物件登録義務
一般媒介	制限なし	できる	できる	なし	なし
専任媒介	3ヵ月以内	できない	できる	あり（2週間に1回以上）	あり（契約日から7日以内に登録）
専属専任媒介	3ヵ月以内	できない	できない	あり（1週間に1回以上）	あり（契約日から5日以内に登録）

+α　媒介契約の制約

一般＜専任＜専属専任の順で制約が強くなる。

4．報酬の限度額（消費税課税業者の場合）

　宅地建物取引業者が、不動産の売買・交換・貸借等の媒介・代理を行った場合、宅地建物取引業法によって、取引金額に応じた限度額が定められています。

依頼者の一方から受け取れる報酬の限度額（消費税を除く）

・売買・交換の媒介
　売買代金200万円以下の場合……………売買代金の5％
　売買代金200万円超400万円以下の場合…売買代金の4％＋2万円
　売買代金400万円超の場合………………売買代金の3％＋6万円
・売買・交換の代理…………………………媒介の2倍
・貸借の媒介・代理…………………………依頼者双方から合わせて
　　　　　　　　　　　　　　　　　　　　　賃料の1ヵ月分

◆ 不動産の売買契約

1. 手付金

　不動産の売買契約にあたって、買主から売主に対して渡されるお金を手付金といいます。

　通常の手付金は解約手付と呼ばれる種類の手付金で、相手が履行に着手する前であれば買主は解約手付を放棄すれば、契約の解除ができます。また、売主が契約を解除したいときは、手付倍返しといって受け取った手付金の額の2倍のお金を渡さなければなりません。

　なお、宅建業者が自ら売主になり、宅建業者以外の一般の人が買主の場合は売買代金の2割以下の手付金しか受領できません。

+α 売買契約

売買契約後、引渡しまでの間に、売主・買主に責任のない理由（地震等の自然災害や第三者による火災等）で建物が滅失した場合は、買主は代金の支払いを拒むことができる。

試験では ここが出る！

解約手付は、相手が契約の履行に着手する前であれば、売主・買主ともに契約を解除できる。

2. 売買対象面積

●土地の面積

　土地の場合、登記面積で売買する場合（公簿売買）と実測面積で売買する場合（実測売買）があります。公簿売買の場合、売買対象面積は登記面積とし、測量による差異の清算はありませんが、実測売買の場合、売買対象面積は実測面積とし、登記面積と相違がある場合は、契約書に定める単価に基づいて売買代金の増減清算を行います。

●建物の面積

　マンションの専有部分の登記面積は内法面積によって算出されますが、分譲時のパンフレットや契約書は壁芯面積が記載されています。したがって、登記面積は分譲時の契約書の面積よりも小さいのが通常です。

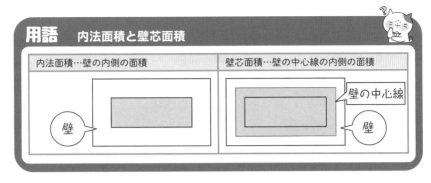

用語　内法面積と壁芯面積

内法面積…壁の内側の面積 ／ 壁芯面積…壁の中心線の内側の面積

壁の中心線

壁　　壁

3. 契約不適合責任

　2020年4月1日よりそれまでの「瑕疵担保責任」に代わり、「契約不適合責任」について定めた改正民法が施行されました。売主が引き渡した目的物が種類や品質の点で契約内容と異なっていたり、数量が不足していた場合（契約内容に適合していなかった場合）に、買主は売主に対し、損害賠償や契約の解除のほか、修補や代替物の引渡しなど完全な履行を請求（追完請求）することや、代金の減額を請求することができます。ただし、売主と買主のいずれに帰責事由があるかに応じて、救済方法は異なります。買主がこれらの請求をするためには、原則として引き渡された目的物が契約に適合していないことを知ってから1年以内に、売主にその旨を通知する必要があります。ただし、売主が引渡しのときにその不適合を知った、または重大な過失によって知らなかったときは除きます。

試験では
ここが出る！

1年以内に通知する。

改正後の民法

買主の救済方法	買主に帰責事由あり	双方とも帰責事由なし	売主に帰責事由あり
損害賠償	できない	できない	できる
解　除*	できない	できる	できる
追完請求	できない	できる	できる
代金減額	できない	できる	できる

＊不履行が軽微であるときは不可
※赤字が法改正された部分

413

4．新築住宅の瑕疵担保責任に関する特例

　　住宅の品質確保の促進等に関する法律により、新築住宅の取得契約（請負・売買）において、基本構造部分（柱や梁など住宅の構造耐力上主要な部分、雨水の侵入を防止する部分）について10年間の瑕疵担保責任（修補責任等）が義務づけられています。

特例のおもなポイント

対象となる部分	新築住宅の基本構造部分　※基礎、柱、床、屋根等
請求できる内容	・修補請求 ・賠償請求 ・解除　※売買契約の場合で修補不可能な場合に限る 　（これらに反し住宅取得者に不利な特約は不可）
瑕疵担保期間	完成引渡しから10年間義務化（短縮特約は不可）

5．債務不履行

　　売主が期日になっても物件を引き渡さない・買主が期日までに代金を支払わない、などの場合、不動産売買における債務不履行となります。

　　債務不履行は、履行遅滞、履行不能、不完全履行に分類されます。

6．クーリングオフ

　　宅地建物取引業法で定められているクーリングオフとは、宅建業者が売主、宅建業者以外が買主となり、宅建業者の事務所以外の場所（喫茶店や自宅など）で宅地・建物の買受けの申込みをした、または売買契約を締結した場合に、宅建業者から書面でクーリングオフの説明をされた日から8日以内で、引渡しや代金の支払前であれば、書面により、契約を取り消すことができる制度です。

　　土地建物等の売買契約において、宅地建物取引業者（売主）が契約の解除に伴う損害賠償額または違約金を定めていても、一定の要件を満たしてクーリングオフによる契約の解除を申し出た買主に対しては、損害賠償または違約金の支払いを請求することはできません。

＋α クーリングオフが できないおもなケース

・宅地や建物の引渡しを受け、代金を全額支払った場合
・事務所等で契約の締結等をした場合

試験では **ここが出る！**

クーリングオフは「8日以内」に「書面で」行う。

不動産取引

練習問題

次の各記述のうち、正しいものに○、誤っているものに×をつけなさい。

不動産取引

1．1つの都道府県のみに事務所を設置している宅地建物取引業者は、都道府県知事の免許を、2つ以上の都道府県に事務所を設置している業者は国土交通大臣の免許を受けなければならない。

2．宅地建物取引業者の免許の有効期間は、3年とされている。

3．宅地建物取引業を行う事務所には、業務に従事する者5名につき1名以上の割合で、宅地建物取引士を置かなければならないが、その者たちは常駐の者でなくてもよい。

4．重要事項についての説明は、宅地建物取引士以外の者でも行うことができるため、宅地建物取引士の独占業務ではない。

5．不動産の媒介契約には、一般媒介、専任媒介、専属専任媒介の3種類があるが、このうち一般媒介と専任媒介については、契約期間の制限はない。

6．仲介業者の報酬の限度額は、売買代金が400万円を超える場合、「売買代金×3％＋6万円」（消費税を除く）とされている。

7．相手が契約の履行に着手する前であれば、売主・買主とも、解約手付を放棄することで契約の解除ができる。

8. 売買の目的物である建物が、売買契約締結後から引渡しまでの間に台風等によって滅失した場合、買主は売買代金の支払いを拒むことができない。

9. 不動産業者の事務所で建売住宅の売買契約を結んでから8日以内に書面で申し出れば、クーリングオフすることができる。

解答

1 ○ 1つの都道府県のみに事務所を設置している宅地建物取引業者は、都道府県知事の免許を、2つ以上の都道府県に事務所を設置している業者は国土交通大臣の免許を受けなければならないものとされている。

2 × 「3年」ではなく「5年」が正しい。

3 × 常駐（専任）の者でなければならない。

4 × 重要事項の説明は、宅地建物取引士の独占業務である。

5 × 一般媒介は制限がないが、専任媒介は3ヵ月以内とされている。

6 ○ 仲介業者の報酬の限度額は、売買代金が400万円を超える場合、「売買代金×3％＋6万円」（消費税を除く）である。

7 ○ 売主が契約を解除したい場合は、手付金の額の2倍を支払うことになる。

8 × 引渡し前であれば支払いを拒むことができる。

9 × 事務所等で契約した場合は、クーリングオフの対象外である。

ちょっと
難しいか
ニャ？

たのしく
学ぶニャ

31 日目

42

| Chapter 5 不動産 | Section 3 |

不動産に関する
法令（1）

今日は不動産に関する法令のうち、
借地借家法と区分所有法、
都市計画法について学びます。
重要箇所である赤字を中心に、
ポイントを押さえた学習を心がけましょう。

❶ 不動産に関する法令 - 1

- ◆ 借地借家法
- ◆ 区分所有法（建物の区分所有等に関する法律）
- ◆ 都市計画法

> 普通借地権と定期借地権の違い、定期借地権の種類ごとの特徴、区分所有法の議決権の要件などを押さえよう。

❶ 不動産に関する法令 - 1

◆ 借地借家法

借地借家法とは、土地や建物の賃貸借に関する法律をいいます。

1．新法と旧法について

かつて、不動産の賃貸に関しては「借地法」と「借家法」という２つの法律（旧法）がありましたが、1992年８月１日、１つの法律として「借地借家法」（新法）が施行されました。原則、借主に不利な特約は無効となります。

ただし、**新法施行前に締結された契約**については、契約の更新や相続、譲渡などがあっても、**旧法が適用**されることになっています。

2．借地に関する権利

借地権とは、自分が使用する目的で、他人の土地を借りる権利のことをいいます。借地権には、普通借地権と定期借地権があります。

●普通借地権

　普通借地権とは、借地上に建物がある限り、土地の所有者である地主に契約更新を拒む正当な事由がなければ、借地人の希望によって、契約が更新される借地権です。

　建物用途の制限はなく、契約する際に書面化しなくても契約は成立します。

試験ではここが出る！

普通借地権は、原則として借地人の希望によって契約が更新される。所有者が更新を拒むには「正当な事由」が必要。

普通借地権の存続期間

当初……30年（当事者の合意があれば30年以上可）

契約更新を行う場合……最初の更新：20年

　　　　　　　　　　　　　2回目以降の更新：10年

+α　　普通借地権の存続期間

当事者の合意があれば、当初30年以上、最初の更新20年以上、2回目以降の更新10年以上の存続期間も可。

　更新がない場合、借地人は地主に対して、建物を時価で買い取る建物買取請求権を行使できます。

●定期借地権

　定期借地権とは、当初の契約期間で借地関係が終了し、その後の契約の更新がない借地権です。

　地主側からすると、借地人に貸した土地が必ず返還される制度です。

　定期借地権には、次の3つの種類があります。

	一般定期借地権	事業用 定期借地権等	建物譲渡 特約付借地権
建物の利用目的	制限なし	事業のみ （居住用不可）	制限なし
契約の存続期間	50年以上	10年以上 50年未満	30年以上
契約方法	書面	公正証書	制限なし
借地関係の終了	期間の満了	期間の満了	建物の譲渡
期間満了時の 返還形態	原則として 更地で返還	原則として 更地で返還	地主は借地人から 建物を買い取る*

＊借地人または建物の賃借人が当該建物の使用継続を請求したときは、期間の定めのない建物の賃貸借がなされたものとみなされる。

試験ではここが出る！

事業用定期借地権等の契約方法は、公正証書に限られる。

3. 借家に関する権利

　借家権とは、自分が使用する目的で、他人の建物を借りる権利のことをいい、普通借家権と定期借家権があります。

●普通借家権

　普通借家権の契約の存続期間は、原則として1年以上とされており、存続期間が1年未満の場合、**期間の定めのない契約**とみなされます。

　普通借家権の契約においては、賃貸人（貸主）は、**正当な事由**がない限り、契約更新を拒むことができません。一方、賃借人（借主）の側からは、正当な事由なく、いつでも契約解除ができます。

普通借家権

	契約期間1年以上	契約期間1年未満（＝期間の定めのない契約）
賃貸人 （貸主）	期間中は解約不可。 ただし、解約特約が ある場合は解約可能	正当な事由がないと、解約申入れができない （解約申入れから6ヵ月経過後に、賃貸借契 約が終了）
賃借人 （借主）		自由に解約の申入れができる（解約の申入日 から3ヵ月経過後に、賃貸借契約が終了）

普通借家権は、
賃借人の権利の強い
借家権だニャ

●定期借家権

定期借家権は、契約が更新されず、必ず契約終了になる借家権です。
契約は公正証書等の書面で行います。

定期借家権

契約期間………制限なし。1年未満も可

契約の更新……**契約の更新はしない**が、再契約は可

契約方法………公正証書等の書面による

試験ではここが出る！

定期借家権の契約期間に制限はなく、1年未満も
可。

●造作買取請求権

造作買取請求権とは、賃借人（借主）が、賃貸人（貸主）の同意を得
て取り付けたエアコンや畳などの造作を、賃貸借終了時に賃貸人に買い
取ってもらう権利をいいます。

借地借家法（新法）では、買取をしない旨の特約をつけることによっ
て、この造作買取請求権を排除することができるようになりました。

◆ 区分所有法（建物の区分所有等に関する法律）

　区分所有法とは、分譲マンションのような集合住宅に適用される法律で、マンションの部屋の持ち主（区分所有者）に対して、共通の管理や使用について定めています。

●専有部分と共用部分

　分譲マンションは、専有部分と共用部分からなり、専有部分の所有権を区分所有権といいます。

　また、専有部分と共用部分は、一体のものとして考えられるため、分離して処分することはできません。

試験でここが出る！

共用部分は区分所有者全員のものである。持ち分割合は、原則として床面積割合に比例するが、規約で定めることもできる。

専有部分と共用部分

専有部分		1棟の建物の中で、特定の個人が独占的に利用できる部分（住居、店舗等）
共用部分	法定共用部分	法律上、共用部分とされるもの ①専有部分以外の建物の部分 ・共同の玄関、廊下、階段、エレベーター等 ②配線、配管など、建物に付属する部分
	規約共用部分	規約により、共用部分とされたもの ・集会室、管理事務室等

●敷地利用権

　区分所有者が敷地を利用する権利を敷地利用権といい、原則として専有部分と敷地利用権を分離して処分することはできません（**分離処分の禁止**）。

●規約

　規約とは、分譲マンションの建物や敷地、共用部分等の管理や使用について、区分所有者の間で取り決めたものです。

　規約の効力は、区分所有者だけでなく、その部屋を区分所有者から借りている人（賃借人）やその家族にも及びます。

●集会の決議

　分譲マンションでは、年1回以上、理事長などの管理者が、集会（総会など）を招集しなければなりません。

　決議の必要な区分所有者および議決権は次のとおりです。

区分所有法における区分所有者および議決権の要件

必要な賛成数	おもな決議事項
1/5以上	集会の招集
過半数	管理者の選任・解任
3/4以上	規約の設定・変更・廃止、 大規模滅失（建物価格の1/2超）による復旧
4/5以上	建替え（建物を取り壊し、新たに建築する）

試験ではここが出る！

規約の設定や廃止、建替えの決議に必要な賛成数は頻出。

◆ 都市計画法

　都市の健全な発展と秩序ある整備を行うため、都市計画法で、都市計画に関する基本的な事項を定めています。

1．都市計画法による規制

　土地の所有者が、自分の土地を各自勝手に利用してしまうと、都市は無秩序で使い勝手の悪いものになってしまいます。

　そのような事態を避けるため、都市計画法では、計画的に街づくりを行う地域を都市計画区域と定め、さらに都市計画区域内の地域ごとに、建物の建築等の制限を設けています。

　都市計画区域内の土地は、①市街化区域、②市街化調整区域、③非線引き区域の3つに分類されます。

　また、都市計画区域以外の区域のうち、そのまま土地利用を整序することなく放置すれば、将来の都市としての整備、開発および保全に支障をきたす地域は準都市計画区域として定められています。

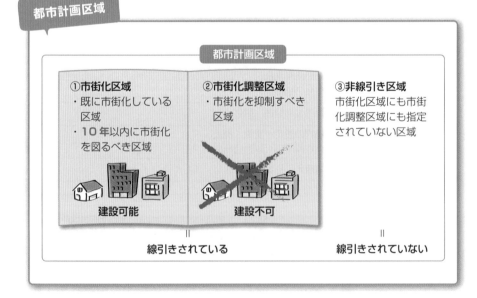

424

2. 開発許可制度

　都市計画区域内で、一定規模以上の開発行為を行う場合、原則として
都道府県知事の許可を受けなければなりません。

　①市街化区域…………1,000㎡以上の場合、許可が必要

　②市街化調整区域……**規模にかかわらず**、許可が必要

　　　　　　　　　　　（農林漁業用建物または、その農林漁業事業者
　　　　　　　　　　　の住宅は許可不要）

　③非線引き区域………3,000㎡以上の場合、許可が必要

　④準都市計画区域……3,000㎡以上の場合、許可が必要

　⑤それ以外の地域……1 ha（10,000㎡）以上の場合、許可が必要

Chapter **5** Section **3**

不動産に関する法令（1）

練習問題

次の各記述のうち、正しいものに〇、誤っているものに×をつけなさい。

不動産に関する法令- 1

1. 普通借地権とは、土地の所有者である地主に契約更新を拒む正当な事由
　がない限り、借地人の希望によって契約が更新される借地権で、当事者
　間の契約がある場合の契約については、存続期間が20年以上とされて
　いる。

2. 定期借地権とは、当初の契約期間で借地関係が終了し、その後の契約の
　更新がない借地権で、一般定期借地権の場合、契約の存続期間は30年
　以上とされている。

3. 普通借家権は、契約の存続期間は、原則として1年以上とされており、
　存続期間が1年未満の場合、期間の定めのない契約とみなされる。

4. 分譲マンションの専有部分と共用部分は、区分所有法の定めるケースを
　除き分離して処分することはできないことになっている。

5. 分譲マンション等の規約の効力は、区分所有者だけでなく、その部屋を区分所有者から借りている人（賃借人）やその家族にも及ぶ。

6. 分譲マンション等の建替えに関する決議には、2/3以上の賛成が必要とされる。

7. 市街化調整区域に関しては、開発予定地が1,000㎡未満の場合、都道府県知事の許可は不要である。

8. 都市計画区域の非線引き区域と準都市計画区域については、開発予定地が3,000㎡未満の場合、都道府県知事の許可は不要である。

解答

1　×　「20年以上」ではなく「30年以上」が正しい。
2　×　「30年以上」ではなく「50年以上」が正しい。
3　○　普通借家権の契約存続期間が1年未満の場合、期間の定めのない契約とみなされる。
4　○　専有部分と共用部分は一体のものとして考えられるため、原則、分離して処分することはできない。
5　○　分譲マンション等の規約の効力は、区分所有者のみならず、その部屋を区分所有者から借りている人（賃借人）やその家族にも及ぶものとされている。
6　×　4/5以上の賛成が必要である。
7　×　市街化調整区域は、規模にかかわらず許可が必要とされる。
8　○　都市計画区域の非線引き区域と準都市計画区域については、開発予定地が3,000㎡未満の場合、都道府県知事の許可は不要である。

バッチリだニャ

今日も
がんばるニャ

32日目
42

不動産に関する
法令（2）

今日は不動産に関する法令の中の、
建築基準法、国土利用計画法、
農地法について学びます。

❶ 不動産に関する法令-2

- ◆ 建築基準法
- ◆ 国土利用計画法
- ◆ 農地法

建築基準法の道路に関する規定や用途制限、建蔽率や容積率に関する計算を押さえておこう。

❶ 不動産に関する法令-2

◆ 建築基準法

建築基準法とは、建物の敷地や構造、設備、用途等について、最低限の規則を定める法律です。

1．道路に関する規定

建築基準法では、交通や防災などの面から、道路の幅（幅員という）を定めています。

●建築基準法上の道路

建築基準法では、原則として幅員が4m以上のものを道路としています。

428

なお、特定行政庁の指定区域では、幅員が6m以上のものを道路としています。

> **用語**　特定行政庁
>
> 建築主事を置く市町村では市町村長、その他では都道府県知事を指す。

● 2項道路（みなし道路）

原則的には、幅員4m以上の道路に接していない土地には、建築物を建てることができません。しかし、建築基準法は1950年に制定された法律なので、**それ以前に道路として使われていたもの**で、幅員が4mに満たない道路については、**特定行政庁の指定**により**例外的**に2項道路として認めています。

> **用語**　2項道路
>
> 建築基準法第42条第2項に規定されていることから、こう呼ばれている。

2項道路は、道の中心から両側に2m後退（セットバック）した線が道路の境界線とみなされ、新しく建物を建築する場合は、その境界線まで後退しなければなりません。

セットバックした部分は建物を建てられず、建蔽率や容積率を計算する際の敷地面積にも算入できません。

〈セットバック〉

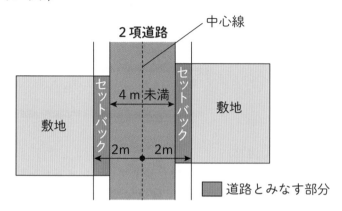

●接道義務

　都市計画区域内や準都市計画区域内で建物を建築する場合、原則として、建築基準法で定める道路（原則として**幅員４ｍ以上**）に２ｍ以上接していなければなりません。これを接道義務といいます。

　ただし、公園や緑地等、周囲に広い空き地があるなど、**特定行政庁が安全上支障がないとして許可した場合**には、**接道義務は適用されません。**

〈接道義務〉

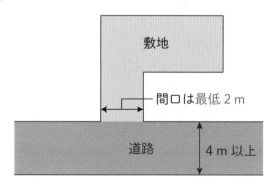

２．用途制限

住居地域、商業地域、工業地域など、市街地の大枠としての土地利用を定めたものを**用途地域**といいます。

13種類の各用途地域内では、建築できる建物の用途が制限されています（用途制限）。

なお、敷地が２つ以上の異なる用途地域にまたがる場合は、敷地面積が過半を占めるほう（全体に占める面積が広いほう）の用途地域の制限を受けます。

用途地域別建築制限

	住居系								商業系		工業系		
	第一種低層住居専用地域	第二種低層住居専用地域	第一種中高層住居専用地域	第二種中高層住居専用地域	第一種住居地域	第二種住居地域	準住居地域	田園住居地域	近隣商業地域	商業地域	準工業地域	工業地域	工業専用地域
神社、教会、保育所、診療所	○	○	○	○	○	○	○	○	○	○	○	○	○
住宅、図書館、老人ホーム	○	○	○	○	○	○	○	○	○	○	○	○	×
幼稚園、小中高等学校	○	○	○	○	○	○	○	○	○	○	○	×	×
大学、高等専門学校、病院	×	×	○	○	○	○	×	×	○	○	○	×	×
カラオケボックス	×	×	×	×	×	△	△	×	○	○	○	△	△
ホテル、旅館	×	×	×	×	△	○	○	×	○	○	○	×	×

○建設できる　×建設できない　△一部制限あり

 ＋α　用途制限の考え方

工業専用地域には、図書館や学校、病院のような建物は建てられないなど、それぞれの用途地域の向き・不向きの傾向を考えよう。

3. 建蔽率

建築基準法では、**敷地面積に対する建物の建築面積の割合**が定められています。これを建蔽率（<ruby>蔽<rt>ぺい</rt></ruby>）といい、次の式で求められます。

建蔽率の計算式

$$建蔽率（\%）= \frac{建築物の建築面積}{敷地面積} \times 100$$

+α 建築面積の求め方

建築面積は「敷地面積×建蔽率」で求められる。

なお、建蔽率の異なる地域にまたがって建物の敷地がある場合には、建蔽率は加重平均で計算します。

例 2つの用途地域にまたがる土地の最大建築面積

甲土地と乙土地にまたがって建物を建てる場合の最大建築面積を求めると

甲土地：210㎡　建蔽率60%

乙土地：90㎡　建蔽率50%

建蔽率：210㎡/300㎡×60% +90㎡/300㎡×50% =57%

最大建築面積：300㎡×57% =171㎡

●建蔽率の緩和措置

それぞれの用途地域では、都市計画や特定行政庁、条例などで、建蔽率の上限が定められています。ただし、次のような場合には、この上限が緩和されます。

建蔽率の上限が緩和または適用除外（制限なし）となる場合

対象となる建築物	緩和率
① 建蔽率が80%の地域を除く防火地域にある ・耐火建築物またはこれと同等以上の延焼防止性能を有する建物 （以下、「耐火建築物等」という）	10%加算
② 建蔽率が80%の地域を除く準防火地域にある ・耐火建築物等 ・準耐火建築物またはこれと同等以上の延焼防止性能を有する建物	10%加算
③ 特定行政庁の指定する角にある敷地またはこれに準ずる敷地にある建物	10%加算
④ ①または②と③の両方に該当する場合	20%加算
⑤ 建蔽率が80%の地域の防火地域にある耐火建築物等	100% （制限なし）

試験ではここが出る！

建蔽率が緩和される場合と、建蔽率の制限がなくなるのはどのような場合なのか、把握しよう。

4．容積率

容積率とは、**敷地面積に対する建築物の延べ面積（床面積の合計）の割合**をいい、次の式で求められます。

容積率の計算式

$$容積率（\%）= \frac{建築物の延べ面積}{敷地面積} \times 100$$

＋α 延べ面積の求め方

延べ面積は「敷地面積×容積率」で求められる。

容積率は、用途地域ごとに都市計画等によって定められています。

容積率の異なる地域にまたがって建物の敷地がある場合には、容積率は加重平均で計算します。

●容積率の制限

容積率は、建物の前の道路（前面道路）の幅員によって制限を受けます。前面道路が2つ以上ある場合は、最も幅の広いものが採用されます。前面道路が12m未満の場合の制限は、以下のとおりです。

前面道路の幅員が12m未満の場合の容積率

次の①、②のうち、小さいほうを容積率とする

　①都市計画で定められた指定容積率

　②前面道路の幅員による容積率の制限

　　住居系用途地域……前面道路の幅員 $\times \dfrac{4}{10}$

　　その他の用途地域…前面道路の幅員 $\times \dfrac{6}{10}$

例　容積率の制限

下記の例の場合

　①　指定容積率：300％

　②　前面道路の幅員のよる容積率の制限

　　6m × 4/10 ＝ 240％　　∴②のほうが小さいので、容積率は240％

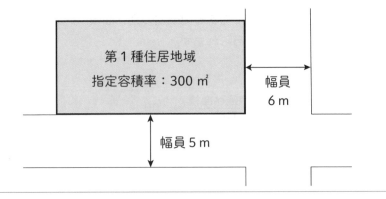

第1種住居地域
指定容積率：300㎡

幅員
6m

幅員5m

5. 建築物の高さ等

高さに関する制限は、最も厳しいものに準じます。

●第一種・第二種低層住居専用地域、田園住居地域の建築物の高さの制限

第一種・第二種低層住居専用地域、田園住居地域では、原則として建築物の高さは10mまたは12mのうち、都市計画で定められた高さの限度を超えることはできません（建築物の絶対高さ制限）。

●斜線制限

周辺の採光・通風などの環境を確保するために、「斜線制限」によって建物の高さが制限されることがあります。それぞれの斜線制限は、所定の条件で建物に向けて引いた斜線から外側には建築できません。

斜線制限の種類

道路斜線制限	道路の通風や採光、周辺の建物の日照や採光や通風を確保するための制限。すべての用途地域に適用され、用途地域の指定のない区域内の建築物にも適用される
隣地斜線制限	隣地の日照や採光や通風を確保するための制限。第一種・第二種中高層住居専用地域、第一種・第二種住居地域、準住居地域が適用を受ける。第一種・第二種低層住居専用地域および田園住居地域には適用されない
北側斜線制限	建物北側の隣地の日照や採光を確保するための制限。第一種・第二種低層住居専用地域、田園住居地域、第一種・第二種中高層住居専用地域に適用される

〈斜線制限のイメージ〉

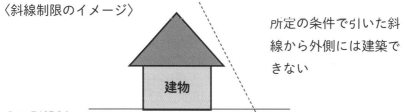

所定の条件で引いた斜線から外側には建築できない

建物

●日影規制

中高層建築物を建築する際に、隣接する地域の日照を確保し居住環境を保護するため、日影を一定時間以上生じさせないように制限した規制です。日影規制の対象地域は地方公共団体の条例で指定されます。工

業地域・工業専用地域・商業地域は日影規制の対象外ですが、高さが10mを超える建築物で、かつ冬至日において日影規制の対象区域内の土地に日影を生じさせる場合には、日影規制が適用されます。

6. 防火地域・準防火地域

防火地域・準防火地域は都市計画法において「市街地における火災の危険を防除するため」に指定された地域です。防火地域および準防火地域の建築物は、建築物の規模に応じて、政令で定める技術的基準に適合するもので、国土交通大臣が定めた構造方法を用いるもの、または国土交通大臣の認定を受けたものとしなければなりません。

たとえば、防火地域においては階数が3以上または延べ面積が100㎡を超える場合、準防火地域においては地階を除く階数が4以上または延べ面積が1,500㎡を超える場合の建築物は、耐火建築物または延焼防止時間が同等以上のもの（延焼防止建築物）でなければなりません。

7. 敷地が2つの地域にまたがる場合の取扱い

敷地が2つの地域にまたがっていて、建蔽率・容積率が異なっている、用途地域が異なっている、防火地域・準防火地域等にまたがっているなどの場合には、次のようになります。

敷地が2つの地域にまたがる場合の取扱い

建蔽率・容積率が異なる地域にまたがる	加重平均して計算（別々に計算して足す）
用途地域が異なる地域にまたがる	敷地面積が大きいほうの用途地域の規制を適用
防火地域・準防火地域等にまたがる	厳しいほうの地域（防火地域等）の規制を適用

試験では**ここが出る！**

条件によってどう取り扱われるか押さえておこう。

8. 建築確認

　建築基準法では、建築物を建築する場合、法令等の基準に適合しているか、事前に確認を受けることが定められています。これを建築確認といいます。

　建築確認は、原則として、すべての建築物が対象となります。建築確認後に確認済証が交付されると、建築工事に取りかかることができます。

◆ 国土利用計画法

　国土利用計画法とは、計画的な**土地利用**や**地価の抑制**を目的とした法律です。まとまった土地の取引について、区域を指定して、**都道府県知事へ**の事後または事前の届出や許可を義務づけています。

土地取引の届出制と許可制

	区域の指定なし	注視区域	監視区域	規制区域
届出制	事後届出制	事前届出制		許可制
時期	契約締結日から2週間以内	契約締結前		
申請者	買主	買主と売主		
審査対象	土地の利用目的のみ	土地の利用目的と価格		
届出対象面積	市街化区域……2,000㎡以上 その他の都市計画区域…5,000㎡以上 都市計画区域外……10,000㎡以上	都道府県の規則で定められた面積以上		面積要件なし

◆ 農地法

農地法とは、農地や採草放牧地を守るための取決めを規定した法律です。

農地法の農地とは、現況で判断されます。

たとえば、登記記録上の地目が山林などであったとしても、農地として使用されている実態があれば、原則として農地法による許可や届出が必要になります。

農地法3条・4条・5条

		目的	許可権者	市街化区域内の特例
3条		権利移動 （農地・採草放牧地をそのままの状態で売却等すること）	農業委員会	―
4条		転用 （農地を農地以外の土地に変更すること）	都道府県知事等 （4ha超は農林水産大臣と協議）	あらかじめ農業委員会に届け出れば許可は不要
5条		転用目的の権利移動 （農地を農地以外の土地にするために権利を移動すること）		

不動産に関する法令（2）

練習問題

次の各記述のうち、正しいものに〇、誤っているものに×をつけなさい。

不動産に関する法令- 2

1．幅員4m以上の道路に接していない土地には、建築物を建てることができないが、1950年以前に道路として使われていた幅員が4mに満たない道路については、都道府県知事の許可により例外的に2項道路として認めている。

2．2項道路は、道の中心から両側に2m以上セットバックした線が道路の境界線とみなされ、新しく建物を建築する場合は、その境界線まで後退しなければならないが、セットバックした部分は建物を建てられず、建蔽率や容積率を計算する際の敷地面積にも算入されない。

3．都市計画区域内や準都市計画区域内で建物を建築する場合、原則として、建築基準法で定める道路に、3m以上接していなければならない。

4．敷地が建蔽率の異なる地域にまたがる場合、厳しいほうの建蔽率が適用される。

5．国土利用計画法とは、計画的な土地利用や地価の抑制を目的とした法律で、まとまった土地の取引について、区域を指定して、国土交通大臣への事後または事前の届出や許可を義務づけている。

6．農地法の農地とは、現況ではなく、登記記録上の地目で判断される。

7．農地から宅地への転用については、市街化区域内の特例で、あらかじめ農業委員会に届出をすれば、都道府県知事等の許可は不要とされている。

解答

1　×　都道府県知事の許可ではなく、「特定行政庁の指定により」例外的に2項道路として認めている。

2　○　2項道路は、道の中心から両側に2m以上セットバックした線が道路の境界線とみなされ、新しく建物を建築する場合は、その境界線まで後退しなければならない。また、セットバックした部分は建物を建てられず、建蔽率や容積率を計算する際の敷地面積にも算入されない。

3　×　「3m」ではなく「2m」が正しい。

4　×　建物の敷地が建蔽率の異なる地域にまたがる場合、面積に基づき加重平均して求める。

5　×　国土交通大臣ではなく、都道府県知事への事後または事前の届出や許可を義務づけている。

6　×　現況で判断される。

7　○　農地から宅地への転用については、市街化区域内の特例で、あらかじめ農業委員会に届出をすればよい。

よしよし、
いい感じだニャ

よしよし、
順調だニャ

33 日目

42

不動産の取得
にかかる税金

今日は、不動産を取得したときに課税される、
不動産取得税、登録免許税、印紙税、
消費税などについて学んでいきましょう。

❶不動産にかかる税金の概要

◆ **不動産にかかるさまざまな税金**

> 不動産の取得・保有・譲渡・貸付中にかかる税金の種類を確認しよう。

❷不動産の取得にかかる税金

◆ 不動産取得税
◆ 登録免許税
◆ 印紙税
◆ 消費税

> 不動産の取得にかかる税金は、軽減特例なども含めて押さえよう。

❶ 不動産にかかる税金の概要

◆ **不動産にかかるさまざまな税金**

不動産には、次の4つのタイミングで税金がかかります。

不動産にかかる税金

	税金の種類	
不動産を取得したとき	・不動産取得税 ・印紙税	・登録免許税 ・消費税
不動産を保有している期間中	・固定資産税	・都市計画税
不動産を譲渡したとき	・所得税（譲渡所得）	・住民税
不動産を貸している期間中	・所得税（不動産所得）	・住民税

❷ 不動産の取得にかかる税金

　不動産を取得したときにかかる税金には、不動産取得税、登録免許税、印紙税、消費税の４種類があります。

◆ 不動産取得税

　不動産取得税は、増改築を含めた不動産の取得の際に課税される税金で、都道府県が課す地方税です。有償か無償かは問いません。また、不動産の取得の時期は契約内容その他から判断して現実に所有権を取得したと認められる日とされ、登記の有無は関係しません。

1. 納税義務者

　納税義務者は、不動産を取得した個人および法人で、売買、交換、贈与（相続時精算課税制度による贈与を含む）、新築、増改築などによる不動産の取得をした場合に、課税対象となります。

　相続や遺贈＊、法人の合併・分割によって取得した場合は、原則として不動産取得税は課税されません。

＊特定の財産を、相続人以外の人へ遺贈した場合は不動産取得税がかかる。

試験ではここが出る！

相続で取得した場合は、原則、不動産取得税はかからない。

2. 課税標準と税率

　不動産取得税の課税標準は、固定資産税評価額で、不動産取得税の額は、次の式で算出されます。

不動産取得税＝課税標準*（固定資産税評価額）×税率**

＊2027年3月31日までの宅地の取得については、課税標準が固定資産税評価額×$\frac{1}{2}$に軽減される。家屋の課税標準は軽減特例がある。

＊＊2027年3月31日までの住宅用家屋、土地の取得については3％、住宅以外の家屋については4％が適用される。

3. 軽減特例

不動産取得税には、軽減特例があります。

●課税標準の特例

新築住宅および一定の要件を満たす中古住宅を取得した場合、課税標準から一定額が控除される特例があります。

不動産取得税の軽減特例のおもな要件

・土地取得後3年以内にその土地の上に住宅が新築された場合
（やむをえない事情がある場合は4年）

・住宅の新築後、1年以内にその土地を取得

不動産取得税の課税標準等に関する特例

家屋の場合

家屋の種類	適用の要件	軽減金額
新築	・居住用の家屋であること（貸家も可） ・50㎡（戸建以外の賃貸住宅は40㎡）以上240㎡以下	1,200万円*
中古	・自分が住む住宅であること ・50㎡以上240㎡以下 ・築後20年（耐火住宅は25年）以内等	築年数によって異なる

＊長期優良住宅の場合は**1,300万円**（2026年3月31日までに取得の場合）。

宅地の場合

課税標準＝固定資産税評価額×$\frac{1}{2}$**

一定の要件を満たしている場合は税額控除あり

＊＊2027年3月31日までに取得の場合。

●住宅用地の税額軽減

　「住宅用地の税額の軽減」の要件を満たす住宅の土地を取得した場合、次のいずれか多い金額が税額から控除されます。

- ・45,000円（150万円×3％）
- ・土地1㎡当たりの固定資産税評価額×1/2＊×（住宅の床面積×2）＊＊× 3％

　＊2027年3月31日まで。
　＊＊200㎡を限度。

◆　登録免許税

　住宅を取得した場合、所有権の**保存登記**や**移転登記**、銀行などに対する**抵当権設定登記**等の不動産登記を行います。登録免許税は、このときにかかる**国税**です。なお、建物を新築して、土地の所在・地番・地目・地積や、建物の家屋番号・構造・床面積などの土地・建物の表示に関する事項を最初に登記（表題登記）する場合には登録免許税は課税されません。

1．納税義務者

　納税義務者は、登記をする個人および法人です。

2．課税標準と税率

> 登録免許税の計算
>
> 登録免許税＝課税標準＊（固定資産税評価額）×税率
> ＊抵当権設定登記の場合は、債権金額。

3．軽減特例

　登録免許税には、2種類の税率軽減の特例があります。
①土地の売買による登記の際、税率が軽減される特例
②自己の居住用家屋に対する軽減措置

特記事項		税率 （原則）	自己の居住用家屋の軽減税率 （2027年3月31日まで）
所有権保存登記		0.4%	0.15%（0.1%）**
所有権 移転登記	売買等	2.0%*	0.3%（戸建て0.2%、マンション0.1%）**
	相続	0.4%	—
	遺贈・贈与	2.0%	
抵当権設定登記		0.4%	0.1%

＊土地の売買等の所有権の移転登記については、原則の2.0%が2026年3月31日まで
1.5%となる軽減措置がある。
＊＊（　　）は長期優良住宅の場合。

	要件	用途	床面積	登記の時期
新築住宅	2027年3月31日 までの新築、取得	自己の居住用	50㎡以上	新築または 取得後1年以内
中古住宅	新耐震基準に適合等			

◆　印紙税

　印紙税は、契約書や領収書などの文書を作成した場合に課税される税金
（国税）です。通常、売買契約書等は2通作成し、売主・買主の双方が所
持しますが、2通とも印紙を貼る必要があります。

1.　納税義務者

　納税義務者は、課税文書の作成者です。1枚の契約書を2名以上で共
同で作成した場合、連帯して納税義務を負います。

2．納付方法

　印紙税は文書の記載金額に応じた収入印紙を貼付することで納付します。

　印紙には消印または署名をします。印紙を貼付していない・消印をしていないなどの場合でも、契約書の内容・効果には影響しませんが、納税を怠ったことのペナルティーとして過怠税が課税されます。

試験ではここが出る！

印紙を貼付していなくても契約書は有効。

3．印紙税の課税文書

　印紙税が課税される文書は、不動産売買契約書、工事請負契約書、金銭消費貸借契約書、**5万円以上の領収書**などです。

＋α　印紙税が不要な契約

建物の賃貸借契約書、不動産の媒介契約書、委任状、契約金額が1万円未満のものなどには、印紙税は課税されない。

4．印紙税の税額

　印紙税の税額は、課税される文書の種類や、記載金額に応じて定められています。

　なお、不動産譲渡契約書と建設工事請負契約書については、軽減税率が適用されます（2027年3月31日まで）。

◆ 消費税

消費税は、モノの消費やサービスに対して課税される間接税（国税）です。

不動産の取引については、消費税の対象になるものと、ならないものがあります。

不動産関連の消費税課税取引・非課税取引

課税取引	・建物の譲渡、貸付け* ・不動産の仲介手数料
非課税取引	・土地の譲渡 ・土地の貸付け** ・住宅の貸付けによる家賃***、敷金、礼金等 ・個人の住宅の売却

＊住宅の貸付けは、貸付期間が１ヵ月に満たない場合などを除き非課税。
＊＊１ヵ月未満の土地の貸付けおよび駐車場の貸付けは課税。
＊＊＊１ヵ月未満の貸付けは課税。

不動産の取得にかかる税金

練習問題

次の各記述のうち、正しいものに〇、誤っているものに×をつけなさい。

不動産の取得にかかる税金

1．不動産取得税は、増改築を含めた不動産の取得の際に課税される国税である。

2．宅地の取得については、不動産取得税の課税標準が「固定資産税評価額×1/3」に軽減される特例がある。

3．不動産取得税の課税標準の特例の対象となる中古住宅は、自己の居住用財産であって、床面積が50㎡以上200㎡以下のものに限られる。

4．登録免許税の住宅用家屋に対する特例のおもな要件の1つに、中古住宅の場合は、新耐震基準に適合していることが挙げられる。

5．契約書の印紙の貼付・消印を怠った場合、契約そのものが無効になる。

6．土地等の譲渡・貸付けに対しては、消費税が課税される。

7．住宅の貸付けによる家賃や敷金、礼金等には、消費税は課税されない。

解答

1　×　不動産取得税は都道府県が課す地方税である。
2　×　「1/3」ではなく「1/2」が正しい。
3　×　床面積が50㎡以上240㎡以下のものに限られる。
4　○　新耐震基準に適合している中古住宅は、登録免許税の住宅用家屋に対する
　　　　特例の対象となる。
5　×　契約は無効にはならないが、過怠税が科せられる。
6　×　土地等の譲渡・貸付けには、消費税は課税されない。
7　○　住宅の貸付けによる家賃や敷金、礼金等には、消費税は課税されない。

復習が
大事だニャ

がんばれ、
がんばれ

34日目

42

不動産の保有・譲渡
にかかる税金

不動産を保有しているときにかかる税金と、
不動産を譲渡したときにかかる税金
について学びましょう。

❶ 不動産の保有にかかる税金

- ◆ 固定資産税
- ◆ 都市計画税

固定資産税、都市計画税の課税主体や納税義務者、軽減特例を押さえよう。

❷ 不動産の譲渡にかかる税金

- ◆ 譲渡所得

長期譲渡と短期譲渡の違いや、さまざまな特例についても押さえよう。

❶ 不動産の保有にかかる税金

◆ 固定資産税

固定資産税は土地や家屋などを保有している場合に市区町村から課税される税金です。

試験ではここが出る！

不動産を保有しているときにかかる税金には、固定資産税と都市計画税がある。いずれも市区町村が課税主体となっている。

1．固定資産税の課税主体と納税義務者

固定資産税は、市区町村が毎年1月1日時点で固定資産課税台帳に登録されている土地・建物などの所有者に課税します。なお、売買の際には一般的に、売主と買主の間で、売買契約等により固定資産税の負担割合を所有期間で按分し、精算します。

試験では**ここが出る！**

固定資産税は、1月1日時点での所有者に課税される。

2．課税標準と税率

固定資産税の課税標準は、原則として固定資産税評価額で、標準税率は1.4％です。

固定資産税の計算

固定資産税＝課税標準（固定資産税評価額）×1.4％（標準税率）＊
＊地方公共団体は条例により自由に税率を定めることができる。

試験では**ここが出る！**

固定資産税評価額は、公示価格の70％程度で、3年ごとの基準年度に評価額が見直される。

3．納付方法

市区町村から通知された税額を、**原則4月、7月、12月、翌年2月の4回に分割して納付**します（普通徴収）。

4. 軽減特例

固定資産税には、次のような特例があります。

固定資産税の軽減特例

住宅用地の課税標準の特例

・小規模住宅用地（200㎡以下の部分）……固定資産税評価額 × $\frac{1}{6}$

・一般住宅用地（200㎡を超える部分）……固定資産税評価額 × $\frac{1}{3}$

新築住宅の税額軽減の特例

軽減される期間……新築後３年間（マンション等は５年間）*

軽減税額……………床面積120㎡までの固定資産税額が $\frac{1}{2}$ に軽減

＊長期優良住宅の場合は、戸建て５年間、マンション７年間軽減（2026年３月31日まで）。

◆ 都市計画税

市街化区域内の土地や家屋に対しては、都市計画税が課税されます。
都市計画税は、道路や公園、下水道などをつくる費用に充てられます。

1. 都市計画税の課税主体と納税義務者

都市計画税は、市区町村が、毎年1月1日時点で、固定資産課税台帳
に登録されている市街化区域内の土地・建物などの所有者に課税します。

2. 税額等

①**都市計画税の課税標準**…原則として固定資産税評価額

②**税率**…………………………制限税率0.3％

③**納付方法**…………………原則４月、７月、12月、翌年２月に、**固定
資産税と同時に納付**

3．軽減特例

　住宅用地に対して、次のような課税標準の特例があります。

> 都市計画税の軽減特例
>
> 小規模住宅用地（200㎡以下の部分）………固定資産税評価額×$\dfrac{1}{3}$
>
> 一般住宅用地（200㎡を超える部分）………固定資産税評価額×$\dfrac{2}{3}$

❷ 不動産の譲渡にかかる税金

◆ 譲渡所得

　個人が不動産を譲渡して得た所得を譲渡所得といい、他の所得と分離して所得税や住民税が課税されます。

1．譲渡所得の計算

> 譲渡所得の計算
>
> 譲渡所得＝譲渡価額　−（取得費　　　＋　　　譲渡費用）
> 　　　　　└→総収入金額　└→・購入代金　　　　　└→・譲渡時の
> 　　　　　　　　　　　　　　・購入の際の　　　　　　　仲介手数料
> 　　　　　　　　　　　　　　　仲介手数料　　　　　　・建物解体費用
> 　　　　　　　　　　　　　　・使用開始日までの　　　・立退き料
> 　　　　　　　　　　　　　　　借入金利子　　　　　　　など
> 　　　　　　　　　　　　　　・登録免許税
> 　　　　　　　　　　　　　　・設備費・改良費−減価償却相当額
> 　　　　　　　　　　　　　　・不動産取得税など

●概算取得費

　計算上の取得費には実際の取得費を用いますが、取得費が不明な場合や、実際の取得費が譲渡価額の5％以下の場合は、譲渡価額の5％を取得費とすることが認められています（概算取得費）。

試験では**ここが出る！**

取得費が不明な場合は、概算取得費（譲渡価額の5％）。

●相続税の取得費加算の特例

　相続した財産を、**申告期限の翌日以後3年以内**に譲渡した場合、支払った相続税の一部を取得費として加算することができます。

相続税の取得費加算の特例を受けるための要件

・相続等によって取得した土地・建物等の譲渡であること

・相続したときに、相続税を納付していること

・相続税の申告期限の翌日以後3年以内の譲渡であること

2．所有期間

譲渡所得は、不動産を所有していた期間によって、短期譲渡所得と長期譲渡所得に分類され、異なった税率が適用されます。

短期譲渡所得と長期譲渡所得

譲渡した年の1月1日における所有期間が

　　5年以下の場合………短期譲渡所得

　　5年を超える場合……長期譲渡所得

試験では**ここが出る！**

譲渡した年の1月1日時点で5年以下なら短期、5年超なら長期。

3．譲渡所得の税率

譲渡所得に対する税率は、所有期間の長短によって異なり、次のようになっています。

譲渡所得にかかる税率

短期譲渡所得………譲渡所得金額×39％

　　　　　　　　　　　（所得税30％＊　＋住民税9％）

長期譲渡所得………譲渡所得金額×20％

　　　　　　　　　　　（所得税15％＊＊＋住民税5％）

　＊2037年3月31日までは復興特別所得税0.63％が加算される。
＊＊同じく0.315％が加算される。

　居住用財産を譲渡した場合には、一定の要件を満たしていると、次のような特例の適用を受けることができます。

居住用財産の譲渡にかかる特例

譲渡益がある場合の特例
　①居住用財産の3,000万円特別控除の特例 ┐
　②居住用財産の軽減税率の特例 ─────┴ ○併用できる ┐×併用
　③特定の居住用財産の買換え特例 ───────────┘できない

譲渡損がある場合の特例
　①居住用財産の買換え等の譲渡損失の損益通算および繰越控除
　②特定居住用財産の譲渡損失の損益通算および繰越控除

居住用財産の譲渡・取得の特例の併用

	居住用財産の譲渡の特例との併用	住宅借入金等特別控除の特例との併用	認定長期優良住宅の新築等に係る所得税額控除*との併用
居住用財産の3,000万円の特別控除の特例	○	×	×
居住用財産の軽減税率の特例	○	×	×
特定居住用財産の買換えの特例	×	×	○
居住用財産の買換え等の譲渡損失の損益通算および繰越控除	×	○	○
特定の居住用財産の譲渡損失の損益通算および繰越控除	×	○	○

○＝併用可　×＝併用不可（選択適用）
＊合計所得金額が2,000万円以下など所定の要件を満たし、2025年12月31日までに入居した場合に、標準的な費用（限度額650万円）の10％を控除できる制度。

●譲渡益がある場合の特例

❶居住用財産の3,000万円特別控除の特例

　個人が自己の居住用財産（別荘は適用外）を売却したときの譲渡所得から、3,000万円を控除できる制度です。土地、建物ともに夫婦で共有している場合は、共有者のそれぞれについて3,000万円の特別控除が適用でき、最高6,000万円の控除ができます。

居住用財産の3,000万円特別控除の計算

課税譲渡所得＝譲渡益－3,000万円（居住用財産の特別控除）

　居住用財産の**所有期間が問われることなく**、短期譲渡でも長期譲渡でも適用されます。

居住用財産の3,000万円特別控除の特例のおもな要件

・個人が自己の居住用財産を譲渡する場合であること
・譲渡した相手が、配偶者や直系血族、生計を一にしている親族・同族会社などの特別な関係でないこと
・前年、前々年に、この特例や「特定の居住用財産の買換え特例」「譲渡損失の繰越控除の特例」を受けていないこと（3年に1回なら適用可能）
・以前住んでいて、現在居住していない場合は、住まなくなってから3年目の年の12月31日までに譲渡すること

　特例の適用により譲渡所得がゼロの場合でも必ず確定申告が必要です。

譲渡先が配偶者や直系血族等の場合は、この特例は適用されないニャ

❷ 居住用財産の軽減税率の特例

次の要件を満たしている場合、①の3,000万円特別控除を受けた後、さらに軽減税率が適用される制度です。

居住用財産の軽減税率の特例の要件

・譲渡した年の1月1日時点で、所有期間が10年を超えていること
・3,000万円の特別控除と同様の適用要件を満たしていること
・住んでいた家屋または住まなくなった家屋を取り壊した場合は、次の3つの要件すべてを満たすこと
　①取り壊された家屋およびその敷地は、家屋が取り壊された日の属する年の1月1日時点で、所有期間が10年を超えていること
　②その敷地の譲渡契約が、家屋が取り壊された日から1年以内に締結され、かつ、住まなくなった日から3年を経過する日の属する年の12月31日までに売ること
　③家屋を取り壊してから譲渡契約を締結した日まで、その敷地を貸し駐車場などその他の用に供していないこと

譲渡所得の税率

区分		所得税	住民税	合計 (復興特別所得税含む)
3,000万円特別控除後の課税長期譲渡所得	6,000万円以下の部分	10%*	4%	14.21%
	6,000万円超の部分	15%**	5%	20.315%

＊2037年3月31日までは復興特別所得税0.21％が課税される
＊＊同じく0.315％が課税される

例　3,000万円控除後の課税長期譲渡所得が8,000万円だった場合の所得税および住民税の税額は

　① 　6,000万円×14.21％＝852.6万円
　② 　2,000万円×20.315％＝406.3万円
　③ 　税額＝①＋②＝852.6万円+406.3万円＝1,258.9万円

460

❸特定の居住用財産の買換え特例

　譲渡した年の1月1日時点の所有期間が10年超で、**居住期間10年以上の居住用財産を1億円以下で譲渡**し、次の家として床面積50㎡以上**などの条件を満たす居住用財産**を購入した場合、譲渡益を次年度以降に持ち越すことができます。これを課税の繰延べといいます。買換資産の取得費は譲渡資産の取得費を引き継ぎますが、取得時期は実際の時期となります。課税の繰延べを選択した場合、3,000万円の特別控除や軽減税率の特例とは併用できません。

特定の居住用財産の買換え特例のおもな要件

・譲渡資産の所有期間が10年超であること
・譲渡者のその居住用財産における居住期間が10年以上であること
・譲渡対価が1億円以下であること
・譲渡した年の前年の1月1日から譲渡した年の12月31日までに買換資産である居住用財産を取得すること
・買換資産は土地等の面積が500㎡以下、家屋の床面積が50㎡以上であること＊
・2025年12月31日までに譲渡していること

＊（注1）中古耐火建築物の場合は、築25年以内のもの、または一定の耐震住宅であること。
　（注2）2024年1月1日以後に建築確認を受ける住宅（登記簿上の建築日付が2024年6月30日以前のものは除く）などの場合には一定の省エネ基準を満たす住宅であること。

●譲渡損がある場合の特例

❶居住用財産の買換え等の譲渡損失の損益通算および繰越控除

　その年の1月1日時点で**所有期間5年超の居住用財産**の買換えをして損失が生じた場合、一定の要件を満たせば、その年に他の所得と損益通算ができます。それでもなお損失が残っている場合は翌年以後**3年間**にわたって繰越控除が認められます。

　この特例は住宅ローン控除との併用が認められています。

- 譲渡した前年の1月1日から翌年12月31日までに買い換えて資産を取得し、取得した年の翌年の年末までに居住していること
- 買換資産を取得した年の12月31日時点において、買換資産について10年以上の住宅ローンを組んでいること
- 控除を受ける年の合計所得金額が3,000万円以下であること
- 譲渡した年の前年、前々年に「3,000万円の特別控除」「軽減税率の特例」「買換えの特例」を受けていないこと
- 2025年12月31日までに譲渡していること

❷特定の居住用財産の譲渡損失の損益通算および繰越控除

　その年の1月1日時点で**住宅ローンが残る、所有期間5年超の居住用財産**の譲渡をした場合、一定の要件を満たせば、買換えをしなくても、他の所得と損益通算できます。それでも損失が残っている場合は、その損失のうち一定額については翌年以後**3年間**にわたって繰越控除が認められます。この特例は住宅ローン控除との併用が認められています。

特定の居住用財産の譲渡損失の損益通算および繰越控除の特例の
おもな適用要件

- 譲渡資産の売買契約日の前日において返済期間10年以上の住宅ローン残高があること
- 譲渡価額が、住宅ローン残高を下回っていること
- 繰越控除をする年の合計所得金額が3,000万円以下であること
- 譲渡した年の前年、前々年に「3,000万円の特別控除」「軽減税率の特例」「買換えの特例」を受けていないこと
- 前年以前3年以内に「譲渡損失の特例」を受けていないこと

●被相続人の居住用財産（空き家）に係る譲渡所得の特別控除の特例

　被相続人の居住の用に供していた（一定要件を満たしていれば老人ホームに入居していた場合も可）家屋（1981年５月31日以前に建築されたものに限る）を相続した相続人が、相続時から３年を経過する日の属する年の12月31日までに当該家屋（耐震性のない場合は譲渡の日の属する年の翌年２月15日までに、購入者が耐震リフォームをするか、取壊ししたものに限る）およびその土地、または取壊し後の土地を譲渡した場合、売却代金が１億円以下であれば、当該家屋または土地の譲渡所得から１人当たり最高3,000万円（相続人が３人以上いる場合は、１人当たり最高2,000万円）を特別控除できます（2027年12月31日まで）。

　この特例を受けるためには、確定申告の際、申告書に売却した資産の所在地を管轄する市区町村長から交付を受けた「被相続人居住用家屋等確認書」を添付します。

Chapter **5** Section **6**

不動産の保有・譲渡にかかる税金

練習問題

次の各記述のうち、正しいものに○、誤っているものに×をつけなさい。

不動産の保有にかかる税金

１．固定資産税評価額は、公示価格の70％程度で、５年ごとの基準年度に評価額が見直されることになっている。

２．都市計画税は、原則として４月、７月、12月、翌年２月に、固定資産税と同時に納付する。

不動産の譲渡にかかる税金

３．取得費が不明な場合や、実際の取得費が譲渡収入金額の８％以下の場合は、総収入金額の８％を取得費とすることが認められている。

４．相続した財産を、相続税の申告期限の翌日以後５年以内に譲渡した場合、支払った相続税の一部を、取得費として加算することができる。

5. 短期譲渡所得でも長期譲渡所得でも、譲渡所得に課税される所得税と住民税には、2037年3月31日までは復興特別所得税が加算される。

6. 居住用財産の3,000万円特別控除は、譲渡先が配偶者や直系血族の場合は適用されない。

7. 居住用財産の軽減税率の特例と、特定の居住用財産の買換え特例は併用できる。

8. 特定の居住用財産の買換え特例は、譲渡した年の1月1日時点の所有期間が10年超で、居住期間10年以上の居住用財産を譲渡し、次の家として床面積60㎡以上の居住用財産を購入した場合に適用される。

9. その年の1月1日時点で所有期間5年超の居住用財産の買換えをして、損失が生じた場合、他の所得と損益通算でき、それでも損失が残った場合は翌年以後3年間にわたって繰越控除できる特例があるが、その適用要件の1つとして、「返済期間が10年以上のローンを組んでいること」というものがある。

解答

1　×　固定資産税評価額の見直しは、「5年ごと」ではなく「3年ごと」。
2　○　都市計画税は、固定資産税と同時に、原則として4月、7月、12月、翌年2月に納付する。
3　×　いずれも「8％」ではなく、「5％」が正しい。
4　×　「5年以内」が誤り。正しくは「3年以内」。
5　×　復興特別所得税は、所得税にのみ加算され、住民税には加算されない。
6　○　譲渡先が配偶者や直系血族の場合、居住用財産の3,000万円特別控除は適用されない。
7　×　併用できない。
8　×　「60㎡以上」ではなく、「50㎡以上」が正しい。
9　○　その年の1月1日時点で所有期間5年超の居住用財産の買換えをし、損失が生じた場合、他の所得と損益通算でき、損失が残った場合は翌年以後3年間にわたって繰越控除できる特例が適用される。なお、買換資産については取得した年の年末時点において10年以上の期間のローンを組んでいる必要がある。

がんばってる
ニャ

これで
不動産も
カンペキ

35日目

42

不動産の賃貸にかかる税金、不動産の有効活用

不動産の勉強も、最終日となりました。
不動産の賃貸にかかる税金と、
不動産の有効活用にあたって
どのような方式があるかを学びましょう。

❶不動産の賃貸にかかる税金

◆ 不動産の賃貸にかかる税金
◆ 借地権の税務

不動産所得の計算方法や必要経費になるのは何かを押さえ、損益通算についても確認しよう。

❷不動産の有効活用

◆ 不動産の有効活用の形態
◆ 不動産投資と利回り
◆ 不動産の有効活用の事業手法

不動産投資に関する計算式を覚え、有効活用の事業手法の特徴も押さえておこう。

❶ 不動産の賃貸にかかる税金

◆ 不動産の賃貸にかかる税金

　土地や建物などの貸付けや、賃借権など不動産の権利の貸付けによる所得は、不動産所得として税金が課税されます。

１．不動産所得とは

　不動産所得には次のようなものがあります。

不動産所得

・土地や建物などの貸付けによる所得

・地上権・賃借権などの権利の設定および貸付けによる所得

・船舶や航空機などの貸付けによる所得

2．不動産所得の計算方法

不動産所得は、総収入金額から必要経費を控除して求めます。

不動産所得の計算方法

不動産所得　＝　　　総収入金額　　　－　　　必要経費

┗→・地代　　　　　　　　┗→・減価償却費

・家賃　　　　　　　　　　・損害保険料

・権利金　　　　　　　　　・固定資産税

・礼金　　　　　　　　　　・借入金の利子

・返還しない敷金　　　　　・不動産取得税

　　など　　　　　　　　　　　など

試験ではここが出る！

礼金や返還しない敷金は総収入に含まれる。
借入金の利子は必要経費に含まれる。

3．不動産所得の必要経費

不動産所得を得るのに必要な経費には次のようなものがあります。

不動産所得の必要経費

・減価償却費

・租税公課（固定資産税、都市計画税、不動産取得税、事業税など）

・借入金の利子

・修繕費、管理費、専従者給与など

なお、賃貸物件購入時や売却時の不動産仲介手数料や、業務使用開始前の借入金の利子などの取得費、および売却に際して支払った立退き料などの譲渡費用は、**必要経費とは認められません**。

また、所得税や住民税、借入金の元本返済分も必要経費とは認められません。

4．損益通算の制限

不動産所得については、損失が生じたとき、その損失分を他の所得の黒字から差し引く損益通算が認められています。

ただし、土地などを取得するための借入金の利子は損益通算の対象となりません。

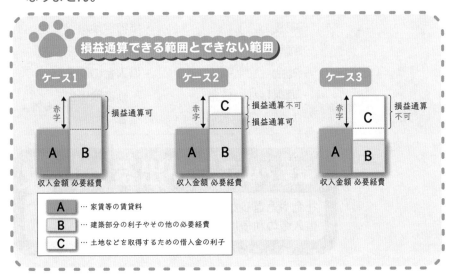

損益通算できる範囲とできない範囲

ケース1　ケース2　ケース3

A … 家賃等の賃貸料
B … 建築部分の利子やその他の必要経費
C … 土地などを取得するための借入金の利子

◆　借地権の税務

1．権利金に関する税務

●権利金の授受があった場合の税務

土地を貸し付けた場合の権利金は、通常、返還されません。そのため不動産所得として課税されます。

ただし、その額が土地の時価の1/2を超えている場合は、譲渡所得として課税されます。

●権利金の授受がなかった場合の税務

権利金を収受しなかった場合は、土地所有者から借主に借地権の贈与があったものとみなされ、課税されます。

これを権利金の認定課税といいます。

❷ 不動産の有効活用

◈ 不動産の有効活用の形態

不動産を有効活用する方法には、次のようなものがあります。

不動産の有効活用の種類

・アパート・マンション経営
・オフィスビルの経営
・賃貸駐車場
・貸店舗

◈ 不動産投資と利回り

どの形態の不動産投資をするにしても、投資にあたっては、利益をどれだけあげることができるか、採算性を判断しなくてはなりません。

不動産投資の採算性を判断する指標としてよく利用されるのが、利回りという考え方です。

1. 投資利回り

不動産の利回りとしてよく利用されるのが、次の3つの利回りです。

●表面利回り（単純利回り）

表面利回りは、粗利回り、グロス利回りともいわれます。

表面利回りの計算式

$$表面利回り（\%） = \frac{年間賃料収入}{投資額} \times 100$$

●純利回り（ＮＯＩ利回り）

　純利回りは、収益から諸経費を控除して求める利回りです。不動産投資の収益を評価する上で最も基本となる利回りで、ネット利回り、キャップレートともいわれます。年間賃料収入から実質費用を差し引いた純収益（NOI＝Net Operating Income）を投資額で割って算出します。

　なお、実質費用には、減価償却費や借入金の支払利息は含みません。

純利回りの計算式

$$純利回り（\%）＝ \frac{年間賃料収入－実質費用}{投資額} ×100$$

例　投資額（購入費）5,000万円　賃料（月額30万円）、管理費等（月額）7万円の投資用マンションの表面利回りと純利回りを求めると
　・投資合計額：5,000万円
　・年間賃料収入額：30万円×12ヵ月＝360万円
　・実質費用（管理費等）：7万円×12ヵ月＝84万円
　表面利回り（％）＝360万円÷5,000万円×100＝7.2%
　純利回り（％）＝（360万円－84万円）÷5,000万円×100＝5.52%

●自己資本手取額利回り（キャッシュ・オン・キャッシュ）

　自己資本手取額利回りは、自己資本に対する現金手取額を表すもので、他の金融商品との比較に利用されます。

自己資本手取額利回りの計算式

$$自己資本手取額利回り（\%）＝ \frac{現金手取額^{*}}{自己資本^{**}} ×100$$

　＊現金手取額＝年間総収入－諸経費－借入金利
＊＊自己資本＝投資総額－借入金

　借入金の利率が対象不動産から得られる利回りよりも低い場合、多額の借入金と組み合わせると自己資本に対する利回りが上昇します。これをレバレッジ効果といいます。

用語　レバレッジ効果
「レバレッジ」とは「てこ」のこと。レバレッジ効果は、投資用不動産の購入に際して、「自己資本」と「借入金」を組み合わせて資金を調達することにより、全額を自己資本で調達する場合よりも、自己資本に対する投資利回り（自己資本利益率）が向上する効果をいう。

2．収益還元法

　不動産の鑑定評価の方法の１つで、収益用不動産を評価する方法として、**収益還元法**があります。

　収益還元法には、直接還元法とＤＣＦ（ディスカウンテッド・キャッシュフロー）法の２つの手法があります。

収益還元法の種類

直接還元法……対象となる不動産の、特定期間の純収益をもとに還元　　　　　　　　利回りで割り戻して、直接収益価格を求める方法

ＤＣＦ法………対象不動産が将来生み出すであろう純収益や、その不　　　　　　　　動産を売却したときに得られるであろう収益を現在価　　　　　　　　値に計算し直して合算し、収益価格を求める方法

　さらに、DCF法には、次のページのように正味現在価値法（NPV法）と内部収益率法（IRR法）があります。

DCF法

● 正味現在価値法（NPV法）

　投資によって発生する毎年の収益を現在価値に割り戻した合計額が、投資額を上回っているかどうかで、投資の収益性を判断する方法

⇒正味現在価値が大きいほど、投資価値が高い

> 正味現在価値＝割引後の収益額の合計－投資額

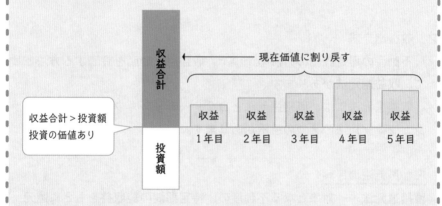

● 内部収益率法（IRR法）

　投資によって発生する毎年の収益の現在価値の合計と、投資額が等しくなる割引率（内部収益率）を求め、その大小によって投資の収益性を判断する方法

⇒内部収益率が大きいほど、投資価値が高い

＋α　デュー・デリジェンス

不動産投資にあたって、投資対象を、経済的・法律的・物理的側面などさまざまな観点から詳細に調査して投資のリスクを分析することを、デュー・デリジェンスという。

3. 不動産の小口化

　複数の投資家が共同で1つの不動産に投資し、運用する投資方法です。

　メリットは少額の資金で不動産投資ができること、デメリットは不動産を共有するため換金性に乏しいということです。

4. 不動産の証券化

　現物の不動産を証券化し、投資家が投資して、運用益を分配するというものです。

　不動産の証券化の1つに、不動産投資信託があります。日本の上場不動産投資信託は、J－REIT（ジェイ・リート）と呼ばれます。

●J－REIT（ジェイ・リート）

　投資家から集めた資金を投資の専門家がさまざまな不動産に投資し、そこで得た賃料や売却益を投資家に分配するしくみです。現物の不動産に直接投資する場合と比べると、少額（銘柄により異なるが、数万円〜数十万円程度）で投資できます。証券取引所に上場している不動産投資信託は、上場株式と同じように時価で指値注文、成行注文、信用取引等により売買できます。

試験ではここが出る！

J－REITの配当金は配当所得になるが、配当控除は適用されない。

◆ 不動産の有効活用の事業手法

賃貸に回す建物の建築が必要になるなど、不動産を有効活用するにはお金がかかります。

建築費用を地主がすべて負担して工事だけを発注する、土地を提供してあとは建設のプロに頼むなど、いろいろな方法があります。

●自己建設方式

自己建設方式は、費用負担も建設プランも土地所有者が自ら行い、工事だけを業者に頼む方式で、建設後の管理も自分で行うというものです。

全部自分で行うため、**収益はすべて自分のものになる**というメリットがあります。その分、全責任が自分にかかってくるため、すべてのリスクを負い多大な労力がかかります。

●事業受託方式

事業受託方式は、不動産開発を手掛ける開発業者（デベロッパー）などが、計画や工事、管理までを受託する方式です。

専門知識が不要で、自分の**土地を手放さずに、有効活用ができる**というメリットがあります。ただし、必要な資金は自分で調達しなければなりません。

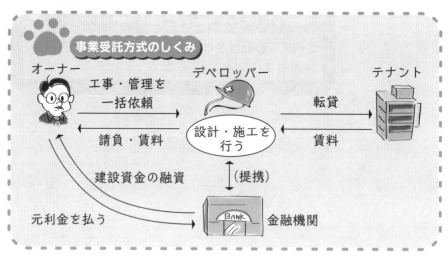

●土地信託方式

　土地信託方式は、期間を決めて信託会社や信託銀行に土地を信託し、有効活用は信託銀行にまかせて、そこから得た収益を「信託配当」として受け取る方式です。

　信託期間中の土地・建物の名義は信託会社や信託銀行になります。

　信託期間が終われば、土地も建物も所有者に戻されます。

　収益を受け取れるというメリットがありますが、そこから「信託報酬」という形で手数料が引かれます。

●等価交換方式

　等価交換方式は、土地をデベロッパーなどに提供してデベロッパーが建物を建て、土地と完成後の建物の所有権を、お互いの資金提供割合に応じて分ける方法です。

　等価交換方式には、全部譲渡方式と部分譲渡方式があります。

　資金を自分で調達しなくてすむというメリットはありますが、土地の一部を手放さなければなりません。

●定期借地権方式

　定期借地権方式とは、定期借地権を設定し、期間を決めて土地を貸す方式です。

　定期借地権方式には、一般定期借地権、事業用定期借地権等、建物譲渡特約付借地権の３種類があります。

　資金がかからないというメリットはありますが、相続税が課税される場合、他の方法と比べると評価額が高くなります。

●建設協力金方式

　テナントなどが差し入れた建設協力金を建設費に充当する方式です。建設協力金は建物完成後に保証金となり、毎月の家賃の一部としてテナントに返還されます。

	自己建設方式	事業受託方式	土地信託方式
土地の所有権	土地所有者		信託中は信託会社の名義
建物の所有権			
事業資金の調達	土地所有者		信託会社
メリット	土地・建物の所有権が残る	土地・建物の所有権が残る	土地所有権は信託期間終了後に戻る
	管理コストが発生しない	デベロッパーのノウハウが利用できる	土地・建物の評価が下がる
デメリット	事務負担、リスクすべてを土地所有者が負う	管理運営費が発生する	収入の保証がない
		受託者が見つからないことがある	信託報酬がかかる

	等価交換方式	定期借地権方式	建設協力金方式
土地の所有権	土地所有者とデベロッパー	土地所有者	土地所有者
建物の所有権		借地権者	
事業資金の調達	デベロッパー	土地所有者は不要	不要（全部または一部）
メリット	資金負担が原則ない	土地を一定期間貸すので、安定収入が見込める	建築資金を入居者（テナント）から調達できる
	デベロッパーのノウハウが利用できる		
デメリット	一部土地を譲渡しないといけない	収入が建物賃貸に比べて少ない	空室になると再入居者が見つかりにくい

Chapter **5** Section **7**

不動産の賃貸にかかる税金、不動産の有効活用

練習問題

次の各記述のうち、正しいものに〇、誤っているものに×をつけなさい。

不動産の賃貸にかかる税金

1．不動産所得は、土地や建物などの貸付けによる所得と、船舶や航空機などの貸付けによる所得に限られる。

2．不動産所得から控除できる必要経費には、賃貸物件購入時の不動産仲介手数料や、業務使用開始前の借入金の利子などの取得費、および売却に際して支払った立退き料などの譲渡費用も含まれる。

3．土地を貸し付けた場合の権利金は不動産所得として課税されるが、その額が土地の時価の1/3を超えている場合は、譲渡所得として課税される。

不動産の有効活用

4．対象不動産が将来生み出すであろう純収益や、その不動産を売却したときに得られるであろう収益をもとに収益価格を求める方法を、直接還元法という。

5．不動産の小口化とは、複数の投資家が共同で1つの不動産に投資し、運用する投資方法で、メリットは少額の資金で不動産投資ができることと、換金性に富んでいることである。

6．事業受託方式は、不動産開発を手掛けるデベロッパーなどが、計画や工事、管理までを受託する方式で、自分の土地を手放さずに、有効活用ができるというメリットがある。

7．等価交換方式であれば、土地の所有者は、所有している土地をいっさい手放すことなく、建物の一部の所有権を取得することができる。

8．建設協力金方式は、土地所有者が、建設する建物を貸し付ける予定のテナントから、建設資金の全部または一部を借り受けてビルや店舗等を建設する方式である。

解答

1　×　地上権・借地権などの権利から得られる所得も含まれる。
2　×　賃貸物件購入時の不動産仲介手数料や、業務使用開始前の借入金の利子などの取得費、および売却に際して支払った立退き料などの譲渡費用は不動産所得から控除できる必要経費とは認められない。
3　×　「1/3」ではなく、「1/2」が正しい。
4　×　設問は「DCF法」の説明である。
5　×　不動産の小口化には、「換金性に乏しい」というデメリットがある。
6　○　事業受託方式は、不動産開発を手掛けるデベロッパーなどが、計画や工事、管理までを受託する方式で、メリットは自分の土地を手放さずに、有効活用ができる点にある。
7　×　土地の一部を手放さなければならない。
8　○　建設協力金は、建物完成後に保証金となり、毎月の家賃の一部としてテナントに返還される。

「でるとこ攻略問題集」もやってみるニャ！
→問題集p.138-163,
p.282-297

ラスト
スパートだ
ニャ

36 日目

42

Chapter **6** 相続・事業承継 | Section **1**

贈与税

今日は贈与について学びましょう。
課税財産と非課税財産、
数多くある特例について
よく押さえておくようにしましょう。

❶ 贈与税

- ◆ 贈与とは
- ◆ 親族の範囲や種類
- ◆ 贈与税の課税財産・非課税財産
- ◆ 贈与税の計算
- ◆ 贈与税の特例
- ◆ 贈与税の申告と納付

> 贈与とは何か、贈与税のしくみや特例について
> 押さえよう。

❶ 贈与税

◆ 贈与とは

　贈与とは契約の一種で、一方が無償で財産を提供する意思表示をし、他方が同意することで成立します。

　財産を贈与する人を「贈与者」、受け取る人を「受贈者」といいます。

1．贈与契約

　贈与契約には、必ずしも書面が必要ではなく、当事者間の口頭による合意だけでも成立します。このように当事者間の合意だけで成立する契約を、諾成契約といいます。

2. 贈与の種類

贈与には、次のような種類があります。

贈与の種類

種類	内容	例
定期贈与	定期的に一定の贈与をすること	毎年1月1日に、100万円を10年にわたって贈与する
負担付贈与	贈与するかわりに一定の負担を負わせるもの	自宅を贈与するにあたって、住宅ローンの残債を負担させる
死因贈与	贈与者が死亡することで、贈与の効力が生じるもの。相続税の対象となる	私が死んだら、家と土地をあげる、など
通常の贈与	上記以外の贈与	土地と店をあげる、など

3. 贈与の成立と撤回・取消し

贈与の成立と撤回・取消しは、書面によるものと口頭だけのものとでは異なっています。

贈与の成立と撤回・取消し

	書面によるもの	書面によらないもの（口頭）
成立の時期	契約の効力発生時	契約が履行されたとき
撤回・取消し	効力が発生した後、一方的な撤回はできない	履行されていない部分については撤回が可能

試験ではここが出る！

書面による贈与契約は、効力発生後一方的な撤回はできない。

◆ 親族の範囲や種類

　贈与や相続を理解する上で必要な、民法で規定されている親族の範囲や種類、扶養義務について押さえておきましょう。

1．親族の種類と範囲

　親族とは、6親等内の血族、配偶者、3親等内の姻族をいいます。

　「親等」とは、親族関係の遠近を表す等級で、親子は1親等、兄弟姉妹・祖父母は2親等、伯父伯母（叔父叔母）・甥姪は3親等となります。

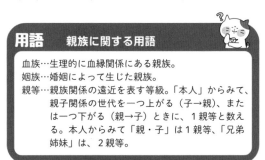

用語　親族に関する用語

血族…生理的に血縁関係にある親族。
姻族…婚姻によって生じた親族。
親等…親族関係の遠近を表す等級。「本人」からみて、親子関係の世代を一つ上がる（子→親）、または一つ下がる（親→子）ときに、1親等と数える。本人からみて「親・子」は1親等、「兄弟姉妹」は、2親等。

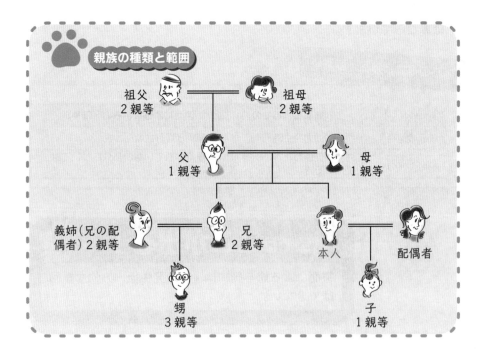

親族の種類と範囲

祖父　2親等　　祖母　2親等

父　1親等　　母　1親等

義姉（兄の配偶者）2親等　　兄　2親等　　本人　　配偶者

甥　3親等　　子　1親等

2．養子縁組

親子関係は、養子縁組によっても発生します。養子は、養子縁組の日から養親の嫡出子（法律上の婚姻関係にある男女の間に生まれた子）の身分を取得します。

養子縁組

	普通養子縁組	特別養子縁組
養親の婚姻要件	単身者・独身者も可能	婚姻している夫婦の双方
養親の年齢要件	20歳以上	少なくとも一方が満25歳以上、他方が満20歳以上
養子の制限	養親より年少者	原則として満15歳未満
実父母の同意	親権者の同意が必要。養子が15歳以上の場合は不要	同意が必要
手続き	未成年者を養子とする場合は、原則として家庭裁判所の許可が必要	家庭裁判所の審判が必要
親族関係	実方の血族との親族関係は存続する（養親・実親双方の相続人になる）	実方の血族との親族関係は終了する（養親の相続人にはなるが、実親の相続人にはならない）

3．扶養義務者

直系血族や兄弟姉妹は、法律上、お互いに扶養する義務を負っています。また、特別な事情がある場合には、家庭裁判所の審判によって、3親等内の親族にも扶養義務が生じます。

◆ 贈与税の課税財産・非課税財産

1．贈与税の納税義務者

贈与税の納税義務者は、贈与によって財産を取得した**個人**です。

＋α　法人と個人の贈与

法人→個人の贈与は所得税、個人→法人の贈与は法人税の課税対象となる。

2. 贈与税の課税財産と非課税財産

贈与税には、原則的に課税対象となる課税財産と、社会政策的見地から課税対象とならない非課税財産があります。

●贈与税の課税財産

課税財産には、贈与によって取得した土地・建物・現金・預貯金・有価証券などの**本来の贈与財産**以外に、**みなし贈与財産**があります。

> **用語** みなし贈与財産
>
> 贈与ではないが、贈与によって得たものと同様の経済的効果があるとみなされるものをいう。

みなし贈与財産

生命保険金	生命保険契約の保険料負担者以外の人が生命保険金を受け取った場合の保険金(「保険料負担者≠受取人」である養老保険の満期保険金、「保険料負担者≠被保険者≠受取人」である保険契約の死亡保険金など)
定期金の権利	個人年金保険契約で、保険料負担者以外の人が個人年金を受け取る場合など
低額譲渡	取引相場に比べて著しく低い金額で財産を譲り受けた場合、時価と実際に払った価額の差額が贈与とみなされる
債務免除	借金のある人が、その借金を免除してもらった場合の、免除してもらった金額
負担付贈与	負担付贈与契約をしていたにもかかわらず、実際には負担がないものとした場合

●贈与税の非課税財産

贈与税の非課税財産には、次のものがあります。

贈与税の非課税財産

非課税財産の内容	留意点
法人からの贈与による財産	贈与税は課税されないが、一時所得や給与所得として所得税が課税される
扶養義務者から贈与を受けた生活費や教育費	受け取った生活費で預金や投資をした場合、贈与税の対象となる
相続開始の年に被相続人から贈与を受けた財産	原則として相続税の対象となる
香典、贈答、見舞金など	高額な場合、贈与税の対象となる
離婚による財産分与	過大な額の場合、贈与税の対象となる

◆ 贈与税の計算

贈与税は、その年の1月1日から12月31日までの1年間に贈与された財産の合計に対して課税されます（**暦年単位課税**）。

1. 贈与税の基礎控除

贈与税の基礎控除額は110万円です。

2. 贈与税の計算

贈与の合計額から基礎控除額（110万円）を引いた金額に対して、贈与税が課税されます。贈与税の課税価格が110万円以下であれば贈与税はかからず、申告も必要ありません。

税率は、課税価格が大きくなればなるほど、税率が高くなる**超過累進税率**となっています。

贈与税額の計算

贈与税額＝（課税価格－基礎控除額110万円）×税率

↑

本来の贈与財産＋みなし贈与財産－非課税財産

3. 特例税率と一般税率

贈与税の税率には、特例税率と一般税率の2種類があります。

特例税率と一般税率

特例税率（特例贈与財産用）

　直系尊属から、贈与を受けた年の1月1日時点で18歳以上である
　直系卑属に対する贈与に適用

一般税率（一般贈与財産用）

　上記の特例税率に該当する贈与以外の贈与財産に適用

用語　尊属と卑属

尊属…親・祖父母、叔父叔母等の自分よりも上の世代。
卑属…子・孫、甥姪等の自分よりも下の世代。
兄弟姉妹やいとこは自分と同列であり、尊属にも卑属
にも該当しない。
直系…親子関係でつながっている系統 ←→ 傍系（共
　　　通の祖先から横に分かれた系統）。

贈与税の速算表

基礎控除後の課税価格		一般税率		特例税率	
		税率	控除額	税率	控除額
	200万円以下	10%	0万円	10%	0万円
200万円超	300万円以下	15%	10万円	15%	10万円
300万円超	400万円以下	20%	25万円		
400万円超	600万円以下	30%	65万円	20%	30万円
600万円超	1,000万円以下	40%	125万円	30%	90万円
1,000万円超	1,500万円以下	45%	175万円	40%	190万円
1,500万円超	3,000万円以下	50%	250万円	45%	265万円
3,000万円超	4,500万円以下	55%	400万円	50%	415万円
4,500万円超				55%	640万円

※実際の試験では、速算表が与えられます。

◆ 贈与税の特例

贈与税の特例には、次のものがあります。

1. 贈与税の配偶者控除

　配偶者から居住用不動産または居住用不動産の購入資金の贈与を受けた場合、一定要件のもと、最高2,000万円を課税価格から控除することができます。なお、配偶者控除と基礎控除は併用できるので、合計2,110万円までの贈与であれば、贈与税が課税されないことになります。

　この特例は、次の要件をすべて満たしている場合に適用されます。

配偶者控除の適用要件

・婚姻期間が**20年以上**（内縁関係を除く）の配偶者からの贈与であること
・贈与財産が居住用不動産、または居住用不動産の購入資金であること
・贈与の年の翌年３月15日までに実際に居住し、その後も住み続けること
・過去に同じ配偶者から、この特例を受けていないこと（同じ配偶者からは１回しか受けられない）
・その適用を受けたことを記載した確定申告書を提出すること
（贈与税額がゼロであっても提出が必要）

　なお、贈与後３年以内に贈与者が死亡した場合でも、この配偶者控除の適用を受けた居住用不動産等（配偶者控除の2,000万円を超えた部分を除く）は、相続税の課税価格への加算対象から除外されます（→p.519,557）。

2. 相続時精算課税制度

　相続時精算課税制度とは、贈与時に贈与財産に対する贈与税を納め（特別控除額2,500万円、税率20％）、その贈与者が亡くなって相続税が発生したとき、相続税の合計額から、すでに納めた贈与税相当額を控

除することで、贈与税と相続税を一体化して納税を行う制度です。

　ただし、いったん選択すると、同じ贈与者からの贈与については暦年課税に戻せません。

この制度は、親世代が持っている財産の、子供世代への移転促進を目的とした制度だニャ

相続時精算課税制度適用のおもな要件

・税務署への届出が必要…適用に関わる最初の贈与を受けた年の翌年2月1日から3月15日までに「相続時精算課税選択届出書」を添付の上、贈与税の申告書を住所地の税務署長に提出する

・贈与者、受贈者ともに制限がある

　贈与者………贈与があった年の1月1日時点で60歳以上の父母・祖父母であること

　受贈者………贈与があった年の1月1日時点で18歳以上の推定相続人である子・孫であること

・**適用対象財産**…贈与財産の種類・金額・贈与回数には制限がない

・選択した贈与者1人につき贈与額（基礎控除額を除く）が累計2,500万円（特別控除）になるまでは課税されない

・特別控除の2,500万円とは別に年間110万円まで基礎控除が認められる

・基礎控除額110万円までの贈与であれば、贈与税の申告は不要で、贈与税・相続税はかからない

・基礎控除額110万円を超える贈与を受けた年は申告が必要

・累計2,500万円を超える分については、一律20％の税率で課税される

●相続税の計算

相続時精算課税制度に係る贈与者の相続時に、それまでの贈与財産を贈与時の評価額＊によって、相続税の課税価格に加算して相続税を計算します。この際、すでに支払った贈与税額は相続税額より控除することができ、控除しきれない贈与税は還付を受けられます。

＊2024年1月1日以後、贈与により取得した土地または建物が災害により被害を受けた場合、贈与時の評価額から被害額を控除した残額。

3. 住宅取得等資金に係る相続時精算課税制度の特例

相続時精算課税制度の特例として、2026年12月31日までに行う住宅取得等資金の贈与は、贈与者の年齢制限がなくなります。

住宅取得等資金に係る相続時精算課税制度の特例のおもな適用要件

・**贈与者**……親または祖父母（特例として年齢制限なし）
・**受贈者**……贈与があった年の1月1日時点で18歳以上の推定相続
　　　　　　　人である子または孫（代襲相続人を含む）
　　　　　　　（所得制限なし）
・**適用対象となる住宅の範囲**
　　住宅の取得……家屋の床面積は40㎡以上であること
　　住宅の増築……工事費用100万円以上かつ増築後の床面積40㎡以
　　　　　　　　　　上であること

---

4. 直系尊属から住宅取得等資金の贈与を受けた場合の
贈与税の非課税制度

　2026年12月31日までの間に父母や祖父母など、直系尊属から住宅取得等資金の贈与を受けた場合、非課税になる特例があります。要件は次のとおりです。

直系尊属から住宅取得資金の贈与を受けた場合の贈与税の非課税制度のおもな適用要件

・贈与者が直系尊属（父母・祖父母など）であること
・受贈者が贈与を受けた年の1月1日時点で18歳以上の直系卑属（子・孫など）で、贈与を受けた年の所得が2,000万円以下（取得した住宅の床面積が40㎡以上50㎡未満である場合は1,000万円以下）であること
・取得した住宅の床面積が50㎡（合計所得金額が1,000万円以下は40㎡）以上240㎡以下であること

非課税限度額

契約締結日	耐震・省エネ・バリアフリーの住宅	左記以外の住宅
契約の締結時期にかかわらず	1,000万円	500万円

　なお、この制度は、**受贈者1人につき、1回だけ利用**することができます。

　また、**通常の贈与税の基礎控除**（暦年課税）または**相続時精算課税制度のいずれか一方と、併用**することができます。

5．教育資金の一括贈与に係る贈与税の非課税措置

2013年4月1日から2026年3月31日までの間に、直系尊属（父母・祖父母など）から30歳未満の直系卑属（子・孫など）に対して、金融機関等との教育資金管理契約に基づき教育資金を一括贈与して、金融機関に信託した場合、**1,500万円**まで贈与税が非課税になります。

なお、受贈者が30歳に達したことなどにより資金管理契約が終了した場合には、その残高に贈与税が課税（一般税率が適用）されます。

また贈与者が死亡し、受贈者が一定条件を満たしていない場合には、その残高に相続税が課税されます。

> **教育資金の一括贈与に係る贈与税の非課税措置のおもな適用要件**
> **贈与者**……直系尊属（父母・祖父母など）
> **受贈者**……30歳未満の直系卑属（本人の前年の合計所得金額が1,000万円以下の子・孫など）
> **非課税となる教育資金**
> 　①学校教育費
> 　②学校教育費以外の教育費（塾や習いごとの月謝等）*
> **非課税枠**…1,500万円（学校教育費以外の限度額は500万円）
> ＊2019年7月1日以後、23歳以上の受贈者への学校教育費以外のための贈与は対象外（ただし、教育訓練給付金の支給対象となる教育訓練を受講するための費用は除外しない）。

6．結婚・子育て資金の一括贈与に係る贈与税の非課税措置

2015年4月1日から2025年3月31日までの間に、直系尊属が18歳以上50歳未満の直系卑属に対して結婚・子育て資金を贈与し、金融機関等に信託した場合、受贈者1人につき1,000万円（結婚費用については300万円が限度）までが非課税になります。

この適用を受けるには、受贈者が非課税申告書を、信託した金融機関等を経由して、住所地の税務署に提出しなければなりません。

なお、受贈者が50歳に達したことなどにより資金管理契約が終了した場合には、その残高に贈与税が課税（一般税率が適用）されます。

また、贈与者が死亡した場合には、その残高に相続税が課税されます。

> 結婚・子育て資金の一括贈与に係る贈与税の非課税措置のおもな
> 適用要件
> **贈与者**…………直系尊属
> **受贈者**…………本人の前年の合計所得金額が1,000万円以下の18歳以
> 　　　　　　　　上50歳未満の直系卑属
> **非課税となる結婚・子育て資金**
> 　①結婚に際する費用（結婚披露宴、住居、引越し費用など）
> 　②妊娠・出産、子どもの医療費、保育費など
> **非課税限度額**…受贈者1人につき1,000万円（結婚費用は300万円）

◆ 贈与税の申告と納付

　贈与税の申告書は、贈与を受けた翌年の2月1日から3月15日までに、受贈者の住所地を管轄する税務署に提出します。

　贈与税の特例を受ける場合は、その特例によって納付すべき税額がゼロになる場合でも、提出しなければなりません。

　なお、納付は金銭による一括納付が原則です。ただし、一定の要件を満たせば、分割して納付する延納も認められています。

要件を満たせば
5年以内の延納
が認められる
ニャ！

贈与税

練習問題

次の各記述のうち、正しいものに〇、誤っているものに×をつけなさい。

贈与税

1. 贈与契約には、必ずしも書面が必要ではなく、当事者間の口頭による合意だけで成立する。

2. 時価に比べて著しく低い価額で財産を譲り受けた場合には贈与税が課税される。

3. 法人から贈与された財産には、贈与税が課税される。

4. 贈与税（暦年単位課税）には毎年100万円の基礎控除が認められている。

5. 贈与税率には一般税率と特例税率があるが、暦年単位課税で特例税率が適用されるのは、直系尊属から贈与を受けた年の1月1日時点で18歳未満の直系卑属に贈与が行われた場合に限られる。

6. 配偶者には、贈与税の基礎控除とは別枠で、最高2,000万円の配偶者控除が認められているが、その要件の1つとして、婚姻期間が10年以上ということがある。

7. 相続時精算課税制度の特別控除額は2,500万円が限度とされている。

8. 教育資金の一括贈与に係る贈与税の非課税措置では、1,500万円までが非課税となるが、教育に関する費用であればその内訳は問わない。

9. 贈与税は金銭による一括納付が原則であるが、要件を満たしている場合には延納や物納が認められる。

解答

1 ○ 贈与契約は、当事者間の口頭による合意だけで成立する。

2 ○ 時価と譲り受けた価額の差額に、贈与税が課税される。

3 × 所得税の対象となるため、贈与税は非課税になる。

4 × 「100万円」ではなく「110万円」が正しい。

5 × 暦年単位課税の場合「18歳未満」ではなく「18歳以上」の直系卑属に対する贈与に、特例税率が適用される。

6 × 「10年以上」ではなく「20年以上」が正しい。

7 ○ 相続時精算課税制度の特別控除額は2,500万円が限度とされている。

8 × 学校教育費以外の教育費については、500万円までを限度に非課税とされる。23歳以上30歳未満の子や孫については、2019年7月1日以後に支払われる教育資金のうち、学校教育費以外の教育費は原則として対象外である。（p.491参照）

9 × 一定の要件を満たせば、延納は可能だが、物納は認められていない。

今日も
お疲れさまだ
ニャ

合格目指して
がんばるニャ

37 日目

42

相続の知識（１）

今日から相続について学びます。
相続の開始と手続き、相続人の範囲や、
相続分などについて見ていきましょう。

❶ 相続と法律 – 1

- ◆ 相続の開始と手続き
- ◆ 相続人と相続分
- ◆ 相続の承認と放棄

相続の手続きや、法定相続人と相続分、相続の承認のタイプや相続放棄についても押さえよう。

❶ 相続と法律 – 1

◆ 相続の開始と手続き

相続とは、死亡した人の財産を遺族などが承継することをいい、死亡した人を被相続人、財産を承継する人を相続人といいます。

1．相続の開始

相続は、**被相続人の死亡によって開始**します。

なお、行方不明で生死がわからない場合は、失踪宣告によって死亡したとみなされ、相続が開始します。

失踪宣告は、行方不明者の利害関係人（親族等）の請求によって、裁判所が宣告します。失踪宣告には普通失踪と特別失踪があります。

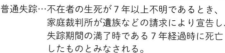

用語 普通失踪と特別失踪

普通失踪…不在者の生死が7年以上不明であるとき、家庭裁判所が遺族などの請求により宣告し、失踪期間の満了時である7年経過時に死亡したものとみなされる。

特別失踪…戦地、沈没した船舶、墜落した飛行機などの危機的状況にいた人が、その危機的状況の終了した後1年間生死不明となったときに、その人の家族等の請求により、家庭裁判所が失踪宣告を行う。その人は危機的状況の終了した時点で死亡したものとみなされる。

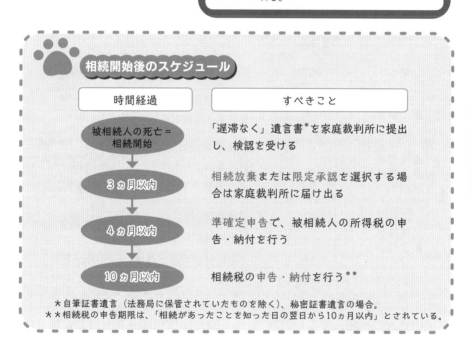

相続開始後のスケジュール

時間経過	すべきこと
被相続人の死亡＝相続開始	「遅滞なく」遺言書＊を家庭裁判所に提出し、検認を受ける
3ヵ月以内	相続放棄または限定承認を選択する場合は家庭裁判所に届け出る
4ヵ月以内	準確定申告で、被相続人の所得税の申告・納付を行う
10ヵ月以内	相続税の申告・納付を行う＊＊

＊自筆証書遺言（法務局に保管されていたものを除く）、秘密証書遺言の場合。
＊＊相続税の申告期限は、「相続があったことを知った日の翌日から10ヵ月以内」とされている。

2．相続開始の場所

相続が開始する場所は、**被相続人の死亡時点の住所地**です。遺言の検認なども、被相続人の死亡地を所轄する家庭裁判所で行います。

◆ 相続人と相続分

民法上の相続人とは、死亡した人の財産を実際に取得した人のことです。

民法では、被相続人の財産を承継できる人の範囲を法定相続人として定めています。

法定相続人は、配偶者、子、直系尊属、兄弟姉妹です。ただし、「相続欠格・相続廃除、相続放棄」の場合は、除かれます。

ただし、法定相続人全員が相続人になれるわけではなく、順位が定められています。配偶者以外の法定相続人については、上位順位者がいる場合、下位順位者は相続人になることはできません。

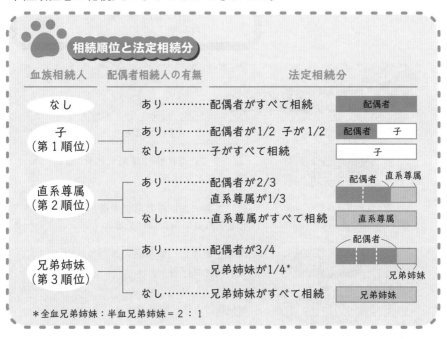

被相続人の相続人でない親族（→p.482）が被相続人を介護した場合には、「特別寄与料」が請求できます。

1. 子の種類

子には、実子だけでなく、養子・胎児も含まれます。

実子（嫡出子・非嫡出子）と養子は、どちらも子として第1順位で同

じ相続分となります。

子の定義

実子	嫡出子	正式な婚姻関係のもとに生まれた子
	非嫡出子	婚姻外で生まれた子で、父または裁判所が認知した子
養子	普通養子	実親と養親の両方の相続権を持つ
	特別養子	実親との親族関係がなくなるため、実親およびその親族の相続権は持たない
胎児		被相続人の死亡時に胎児だった者は子とみなし、相続権を持つ

2．全血兄弟姉妹と半血兄弟姉妹

全血兄弟姉妹（被相続人と父母が同じ兄弟姉妹）と半血兄弟姉妹（父母のどちらか一方が同じ兄弟姉妹）では、**法定相続分が異なります**。

全血兄弟姉妹と半血兄弟姉妹の相続分

全血兄弟姉妹……相続分は平等

半血兄弟姉妹……相続分は**全血兄弟姉妹の1/2**

3．相続欠格と相続廃除

相続人の地位にあっても、「相続欠格」と「相続廃除」に該当している場合は、相続人になることはできません。

用語 相続欠格と相続廃除

相続欠格…被相続人を殺害したり、強迫して遺言書を書かせたりした場合、相続人の欠格事由に該当する。

相続廃除…被相続人を虐待したり、重大な侮辱を与えたりした場合に、被相続人が家庭裁判所に申し立ててその相続権を失わせる。

＋α 審判の要・不要

家庭裁判所の審判が必要なのは、相続廃除のみ。相続欠格には、審判は不要。

4．代襲相続

代襲相続とは、相続人となるべき人が、相続発生時にすでに死亡している場合や、相続欠格、相続廃除等で相続権を失っている場合、その者の子に相続権が移転することをいいます。相続分は本来相続人となるはずの人の相続分と同じです。

＋α 代襲相続人

代襲相続人となるのは、具体的には、被相続人の孫、または甥、姪などである。

代襲相続の注意点

・相続放棄した場合、代襲相続は認められない
・子の代襲相続は無制限だが（孫、曾孫、玄孫等）、兄弟姉妹の場合は一代限り（被相続人の甥・姪まで）とされている
・代襲相続人が被相続人の養子（普通養子）の場合、代襲相続人としての相続分と養子としての相続分が加算される

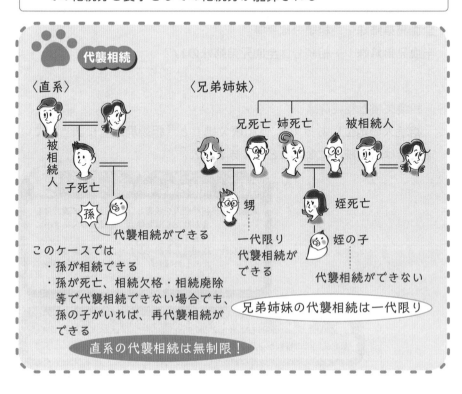

代襲相続

〈直系〉

被相続人

子死亡

孫

代襲相続ができる

このケースでは
・孫が相続できる
・孫が死亡、相続欠格・相続廃除等で代襲相続できない場合でも、孫の子がいれば、再代襲相続ができる

直系の代襲相続は無制限！

〈兄弟姉妹〉

兄死亡　姉死亡　被相続人

甥

一代限り代襲相続ができる

姪死亡

姪の子

代襲相続ができない

兄弟姉妹の代襲相続は一代限り

5. 指定相続分と法定相続分

相続分には指定相続分と法定相続分があります。

●指定相続分

遺言で指定された相続分のことです。法定相続分に優先して適用されます。ただし、配偶者や子、直系尊属には、最低限の相続分を保障する遺留分（いりゅうぶん）の規定があります。

試験ではここが出る！

兄弟姉妹には遺留分は適用されない。

●法定相続分

指定相続分がない場合、法定相続分を目安に相続人で話し合い、決定します。法定相続分は、遺産分割協議での分割割合を決定する場合の基準になります。

◆ 相続の承認と放棄

相続人は、相続の開始があったことを知った日から3ヵ月以内に相続の意思決定を行います。その際、次のいずれかを選択することができます。

1. 単純承認

単純承認とは、被相続人の不動産や現預金などのプラスの財産、借入れなどのマイナスの財産等、すべて無制限に相続する方法です。

マイナスの財産よりもプラスの財産のほうが多い場合には、一般的に単純承認を選択します。

相続の開始があったことを知った日から3ヵ月以内に相続放棄や限定承認を行わない場合や財産の処分など相続人としての行為を行った場合は単純承認したものとみなされます。

2．限定承認

限定承認とは、被相続人から受け継ぐプラスの財産の範囲内で、借入れなどのマイナスの財産を返済し、それを超えるマイナス分については、責任を負わない方法です。

財産の全貌がわかっていない場合には、限定承認を選択するといいでしょう。

3．相続放棄

相続放棄とは、被相続人のプラスの財産もマイナスの財産も、いっさい相続しない方法です。

プラスの財産よりも、マイナスの財産のほうが多い場合には、この方法を検討するといいでしょう。ただし、マイナスの財産のほうが多くても、今後の収益が期待できる不動産のローンなどの場合は、財産を受け継いだほうがいい場合もあります。

相続の承認と放棄

	単純承認	限定承認	相続放棄
内容	被相続人のいっさいの財産を相続	プラスの財産の範囲内で、マイナスの財産を相続	被相続人のいっさいの財産を放棄。代襲相続はできない
単独または相続人全員？	－	相続人全員で選択しなければならない	相続人単独で選択できる
手続きの要・不要	不要	相続開始を知った日から**3ヵ月以内**に、家庭裁判所に申述しなければならない	
留意点	あとから借金のほうが多いことがわかっても、相続開始を知った日から3ヵ月が過ぎると、単純承認したものとみなされ、借金を背負うことになる	相続人が複数いる場合、相続人全員で家庭裁判所に申し出なければ、限定承認の選択ができない	相続放棄しても、死亡保険金等の生命保険金等を受け取ることはできるが、**生命保険金等の非課税**の適用はされない

Chapter 6 Section 2

相続の知識（1）

練習問題

次の各記述のうち、正しいものに〇、誤っているものに×をつけなさい。

相続と法律- 1

1. 相続が開始する場所は、相続人の住所地である。

2. 配偶者以外の法定相続人については、上位順位者がいる場合、下位順位者は相続人になることはできない。

3. 法定相続分は指定相続分に優先される。

4. 相続欠格も相続廃除も、家庭裁判所の審判を必要とする。

5. 子の代襲相続も兄弟姉妹の代襲相続も、一代限りとされている。

6. 代襲相続人が被相続人の養子（普通養子）の場合、代襲相続人としての相続分と、養子としての相続分が加算される。

7. 相続人は、相続の開始があったことを知った日から4ヵ月以内に相続の意思決定を行う。

8. 限定承認も相続放棄も、相続人全員で行わなければならない。

9. 相続放棄をした場合でも、生命保険金を受け取ることはできる。

解答

1 × 被相続人の死亡時点の住所地である。

2 ○ 配偶者以外の法定相続人は、上位順位者がいる場合、下位順位者は相続人にはなれない。

3 × 指定相続分が法定相続分に優先する。

4 × 家庭裁判所の審判を必要とするのは相続廃除のみ。

5 × 子の代襲相続は無制限である。一代限りなのは兄弟姉妹の場合のみ。

6 ○ 代襲相続人が被相続人の養子（普通養子）の場合、代襲相続人としての相続分と、養子としての相続分が加算される。

7 × 「4ヵ月」ではなく「3ヵ月」。

8 × 相続人全員で行わなければならないのは、限定承認の場合のみ。相続放棄は、単独で行うことができる。

9 ○ 相続放棄をした場合でも、生命保険金を受け取ることは可能である。

よしよし、
OKだニャ

よ〜し、
エンジン
かけるニャ

38日目

42

Chapter **6** 相続・事業承継 | Section **3**

相続の知識（２）

今日は、遺産分割、遺言、遺留分について学びます。
出題されることの多い分野ですので、
しっかりと内容を理解するようにしましょう。

❶ 相続と法律-2

- ◆ 遺産分割
- ◆ 遺言
- ◆ 成年後見制度

遺産分割や遺言は、それぞれの種類を覚えよう。
遺留分は、請求権を持つ人と遺留分割合を覚え
よう。

❶ 相続と法律-2

◆ 遺産分割

遺産分割とは、相続人同士で、被相続人の遺産を実際に移転させる手続
きをいいます。遺産分割には、次の4種類があります。

遺産分割の種類

指定分割	遺言にのっとって財産を分割する方法。最優先される
協議分割	相続人全員の合意によって分割する方法。 遺言と異なる分割方法に受遺者・相続人全員が合意した場合、 遺言よりも優先される
調停分割	協議分割がまとまらない場合に使われる方法。 家庭裁判所の調停により分割する
審判分割	調停でもまとまらなかった場合、 家庭裁判所の審判により分割することになる

1．遺産分割の方法

具体的な分割の方法には、次のものがあります。

遺産分割の方法

現物分割	遺産そのものを分割する方法
換価分割	遺産の全部または一部を金銭に換えて、その金銭を分割する方法
代償分割	特定の相続人が遺産の現物を取得し、他の相続人に対して債務を負い、代償財産を提供して弁済する方法

＋α　代償財産と課税

代償財産として提供したものが自己所有の不動産等の場合、時価で譲渡したものとみなされ、その財産の取得費との差額が、譲渡所得として所得税の課税対象となる。

2．遺産分割協議書

遺産分割をした場合、今後のトラブル防止のために、遺産分割協議書を作成します。一部の遺産のみ協議が整った場合、その遺産について遺産分割協議書を作成することもできます。

法律で定められた形式はありませんが、「だれが」「何を」「どんな方法で」取得したかを記載し、相続人全員の署名・捺印（印鑑登録済みの実印）が必要です。遺産分割協議が成立したら基本的にはやり直しはできませんが、例外的に相続人全員が「再協議」に納得すれば、やり直すことができます。

遺産分割協議書に沿って名義変更をします。

2024年4月1日から、不動産を相続で取得したことを知った日から3年以内に相続登記することが義務化されました。2024年4月1日より前に相続した不動産も義務化の対象となっています。

3．近年の遺産分割等に関する見直し

●配偶者居住権の新設

　自宅を「居住権」と「所有権」に分け、配偶者が「居住権」、その他親族が「所有権」を相続することで現預金の少ない配偶者でも自宅に住み続けられやすくなりました。

●居住用不動産の配偶者への遺贈・贈与分を遺産分割から除外

　婚姻期間が20年以上の夫婦間で、居住用不動産の遺贈または贈与がされたときは、遺産分割の対象から除外されるようになりました。

●預貯金の遺産分割前の払戻し

　生活費や葬儀費用の支払いや相続債務の弁済などに充てられるように、遺産分割前に故人（被相続人）の預貯金の払戻しが受けられるようになりました（法定相続分の３分の１または法務省令で定める額（金融機関ごとに上限150万円）まで）。

●遺産分割前に遺産を処分した場合の遺産の範囲

　相続人の１人または数人が遺産の一部を処分した場合には、当該処分がなかったものとして遺産分割がなされます。

◆　遺言

　遺言とは、生前に、財産を残すことについて自分の考えを示しておくもので、その人の死亡とともに法律効果が生じます。必ず遺言者本人が行います。複数の者が同一の証書によって共同で遺言することはできません。

１．遺言作成の要件

　　・満15歳以上
　　・意思能力（判断能力）があること
上記２つの要件を満たしていれば、だれでも作成することができます。

2．遺言の種類

遺言の方式には、**普通方式遺言**と特別方式遺言がありますが、一般には普通方式遺言が使われます。ここでは普通方式遺言（以下、「遺言」と表記）を取り上げます。

遺言には、自筆証書遺言、公正証書遺言、秘密証書遺言の３種類があります。

> **＋α　特別方式遺言**
>
> 命の危機が迫っているときなどに緊急で作成する遺言。命が助かり、6ヵ月経過後にも存命していればその遺言は無効となる。

●自筆証書遺言

自筆証書遺言は、原則として本人が遺言の全文・日付・氏名等を自書しなければなりませんが、「財産目録」はワープロやパソコンでの作成が認められています。証人は**不要**ですが、相続開始後に家庭裁判所の**検認が必要**です。ただし、**法務局で保管された自筆証書遺言は、家庭裁判所での検認は不要**となります。

検認は遺言書の偽造や変造を防止し、遺言書を確実に保全するために行われますが、遺言の有効・無効を判断するものではありません。

●公正証書遺言

公正証書遺言は、公証役場で**本人が口述し、公証人が筆記**します。

それを公証人が遺言者、証人に読み聞かせ、内容を確認した後に各自署名・押印します。

証人2人以上*が必要ですが、相続開始後に家庭裁判所での検認は不要です。

＊未成年者、推定相続人、受遺者・その配偶者・直系血族、公証人の配偶者・4親等内の親族・書記・雇人は証人になることができない。

●秘密証書遺言

秘密証書遺言は、本人が遺言書を書いて署名・捺印した後、公証役場

で公証人、証人の前で自分の遺言である旨を申述し、封書に各自署名・捺印します。

証人2人以上*が必要で、相続開始後に家庭裁判所での検認が必要です。

*未成年者、推定相続人、受遺者・その配偶者・直系血族、公証人の配偶者・4親等内の親族・書記・雇人は証人になることができない。

遺言書の種類

種類	自筆証書遺言	公正証書遺言	秘密証書遺言
作成方法	・本人が遺言の全文を自書 ・日付を入れ、捺印する ・財産目録はパソコンなどによる作成や、預金通帳のコピーも可（いずれも各ページに署名捺印が必要）	・本人が口述し、公証人が筆記	・本人が作成後、署名・捺印して封印 ・公証役場で手続きをする ・パソコンなども可
メリット	・作成が容易にできる ・遺言の存在および内容を秘密にできる	・紛失したり、第三者に変造されたりする危険がない ・内容が明確で証拠能力が高い	・内容を秘密にできる ・変造等の危険がない
デメリット	・紛失や変造等の危険がある	・手続きが煩雑 ・費用がかかる ・内容を秘密にできない	・手続きが煩雑
証人の要・不要	不要	必要（2人以上）*	必要（2人以上）*
家庭裁判所の検認	必要（法務局で保管された遺言書は不要）	不要	必要

*未成年者、推定相続人、受遺者・その配偶者・直系血族、公証人の配偶者・4親等内の親族・書記・雇人は証人になることができない。

 +α　遺言信託

信託銀行等では、遺言書作成の相談から、遺言書の保管、遺言の執行まで相続に関する手続きを引き受ける「遺言信託」を取り扱っている。遺言者は、信託銀行等を遺言執行者に指定した遺言書を、原則として、公正証書遺言によって作成する。

3. 遺言の効力

作成した遺言は、いつでも撤回することができます。

遺言が複数ある場合には、日付の新しい遺言が優先されます。

複数の遺言の内容が抵触する場合には、先に作成された遺言の抵触する部分だけが撤回され、抵触していない部分は有効となります。

なお、遺言等により承継された財産は、原則として登記簿等の対抗要件がなくても第三者に対抗できますが、法定相続分を超える財産の承継については、対抗要件を備えなければ第三者に対抗できません。

4. 遺贈

遺贈とは、遺言によって財産を無償で供与（譲渡）することです。

財産を与えた人を遺贈者、与えられた人を受遺者といいます。相続人は被相続人と一定の身分関係にあたる人に限られますが、受遺者はだれでもなることができます。

なお、遺贈には代襲相続はありません。

遺贈には、包括遺贈と特定遺贈、負担付遺贈の3種類があります。

遺贈の種類

包括遺贈	・遺産のうち、一定の割合を指定して遺贈すること 　（例）遺産の1/2を遺贈する、など ・相続同様、相続発生後、3ヵ月以内に承認・放棄を行わないと、単純承認したものとみなされる
特定遺贈	・遺産のうち、特定の財産を指定して遺贈すること 　（例）○○の土地を遺贈する、など ・承認・放棄をいつでも自由に行うことができる 　（家庭裁判所での手続きも不要）
負担付遺贈	・財産を遺贈することを条件に、受遺者に負担を負わせること 　（例）先祖代々の墓の供養を続けるなら、自宅と土地建物を遺贈する、など

5. 遺留分

遺留分とは、遺言に優先して、**一定の相続人が最低限の相続分を確保するための**、民法上の規定です。

たとえば、遺言で特定の人に全財産を相続させるという指定がある場合、他の人が経済的に困窮するという事態が考えられます。遺留分にはそのような事態を回避する意味合いがあります。

●遺留分権利者

遺留分の権利を持つ人を、遺留分権利者といいます。

遺留分権利者になれるのは、法定相続人のうち、配偶者、子、直系尊属に限られます。**兄弟姉妹には遺留分は認められません。**

●遺留分の割合

相続人が直系尊属のみの場合は、遺留分の基礎となる財産の1/3、その他の場合は1/2が遺留分となります。それに、法定相続分割合を掛けて、各遺留分を求めます。遺留分は、原則として金銭で支払われます。

各遺留分の割合

各遺留分の権利者の割合＝遺留分算定の基礎となる財産の1/2
（または1/3）×その者の法定相続分

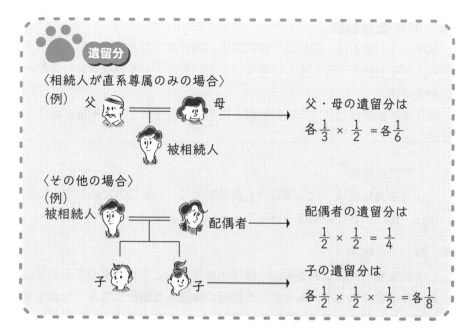

●遺留分侵害額請求

遺留分が遺言によって侵害されている場合、遺留分権利者は自分の遺留分の権利を主張し、遺留分侵害額に相当する金銭を請求することができます。

これを**遺留分侵害額請求**といいます。

遺留分および遺留分侵害額請求のポイント

・遺留分は、遺留分権利者が遺留分侵害額請求を行わなければ、得ることができない

・被相続人の生前であっても、**遺留分の放棄**をすることができる（家庭裁判所の許可が必要）

・遺留分侵害額請求権は、次の場合に消滅する

① 遺留分の侵害があったことを知った時から、1年以内に行使しなかった場合

② 相続開始から10年を経過した場合（時効により消滅）

◆ 成年後見制度

　成年後見制度とは、認知症や知的障害、精神障害などで判断能力が不十分な人が不利益をこうむることのないよう、その人たちの権利を守るための制度です。

　成年後見制度には、法定後見制度と任意後見制度の2つの制度があります。

1. 法定後見制度

　法定後見制度は、民法で定める後見制度で、判断能力に応じて、後見、保佐、補助の3つの制度で被後見人を保護します。

2. 任意後見制度

　十分な判断能力がある間に、精神上の障害などで判断能力が不十分になった場合に備えて、あらかじめ**自分の後見人を選任**しておく制度です。任意後見制度は、任意後見契約に基づいて行われます。

　契約は、本人と任意後見人受任者がともに公証役場に行き、公正証書によって行います。その契約には、家庭裁判所が任意後見監督人を選任したときから効力が生じる旨を定めなければなりません。

成年後見制度については、p.57も参照するニャ

相続の知識（2）

練習問題

次の各記述のうち、正しいものに〇、誤っているものに×をつけなさい。

相続と法律- 2

1. 遺産分割の種類には、指定分割、協議分割、調停分割、審判分割があるが、このうち必ず指定分割が最優先される。

2. 代償分割とは、特定の相続人が遺産の現物を取得し、他の相続人に対して債務を負い、代償財産を提供して弁済する方法である。

3. 遺産分割協議書には、相続人全員の自筆による署名があれば、必ずしも捺印は必要ない。

4. 自筆証書遺言は、原則的に本人が遺言の全文・日付・氏名等を自書しなければならないが、やむを得ない事情がある場合は、代筆も認められている。

5. 公正証書遺言は、公証役場で本人が口述し、公証人が筆記するもので、証人2人以上が必要だが、亡くなった後、家庭裁判所での検認は不要である。

6. 包括遺贈とは、遺産のうち一定の割合を指定して遺贈することで、遺贈された遺産の承認・放棄は、いつでも自由に行うことができる。

7. 遺留分の権利を行使することができるのは、法定相続人のうち配偶者、子（またはその代襲相続人）に限られる。

8. 配偶者と子（またはその代襲相続人）の遺留分は、相続財産の1/2である。

9. 遺留分侵害額請求権は、相続開始から5年を経過した場合、時効により消滅する。

解答

1 × 遺言が存在しても、受遺者・相続人全員の協議で異なる合意が成立した場合であれば、協議分割が優先される。

2 ○ 特定の相続人が遺産の現物を取得し、他の相続人に対して債務を負い、代償財産を提供して弁済する方法を、代償分割という。

3 × 遺産分割協議書には、相続人全員の署名・捺印（印鑑登録済みの実印）が必要である。

4 × 自筆証書遺言は、原則的に全文を自書しなければならない。ただし、財産目録はワープロ・パソコン等での作成も認められる。

5 ○ 公正証書遺言は、家庭裁判所での検認は不要である。

6 × 包括遺贈の承認・放棄は、相続発生後３ヵ月以内に行わなければならない。

7 × 直系尊属も遺留分の権利を行使することができる。

8 ○ 配偶者と子（またはその代襲相続人）の遺留分は、相続財産の1/2とされている。

9 × 「５年」ではなく「10年」。

わかったか
ニャ？

ちょっと
難しいニャ

39日目

42

相続税（1）

今日は相続税の計算方法について学びます。
相続税の計算がどのように行われるのか、
具体例を見ながら理解していきましょう。

❶ 相続税の基礎知識

- ◆ 相続税の課税財産
- ◆ 相続税の非課税財産
- ◆ 債務控除

相続税の課税対象になるものとならないもの、控除できるものを覚えよう。

❷ 相続税の計算

- ◆ 相続税の計算方法
- ◆ 各人の納付税額の計算

相続税の計算の流れを理解し、各人の納付税額が計算できるようになろう。

❶ 相続税の基礎知識

相続税は、相続や遺贈、死因贈与によって財産を取得した個人に課税される国税です。財産を取得した者が国内に住所があればすべての相続財産に相続税が課されます。

◆ 相続税の課税財産

相続税の課税財産には、**本来の相続財産、みなし相続財産、生前贈与財産**があります。

●本来の相続財産

相続で取得した財産……土地、建物、預貯金、現金、有価証券など

●みなし相続財産

被相続人の財産ではないが、実質的に相続財産と同じ効果のある財産……生命保険金、死亡退職金、生命保険契約に関する権利など

●生前贈与財産（相続税の持ち戻し）

　・相続開始前3年（2024年1月以降に贈与する財産については順次
　　延長し、2031年以降は7年となる）以内に被相続人から贈与を受
　　けた財産

　　……贈与時の時価が、相続財産として加算される

　　　　贈与税の配偶者控除（最高2,000万円）（→p.487）、直系尊属
　　　　からの住宅取得資金の贈与（→p.490）、教育資金の一括贈与
　　　　（→p.491）の分は加算されない

　・相続時精算課税制度（→p.487）による贈与財産

　　……贈与時の時価が、相続財産として加算される

　相続時精算課税制度の場合、相続開始前3年以内かどうかに関係なく、
すべて贈与時の時価で加算されます。

暦年課税による生前贈与の時期と加算対象期間

贈与の時期		加算対象期間
～2023年12月31日		相続開始前3年間
2024年1月1日～	**贈与者の相続開始日**	
	2024年1月1日 ～2026年12月31日	相続開始前3年間
	2027年1月1日 ～2030年12月31日	2024年1月1日 ～相続開始日
	2031年1月1日～	相続開始前7年間

◆　相続税の非課税財産

相続税の非課税財産には、次のようなものがあります。

●生命保険金等

　民法上の相続人が受取人になっている生命保険や損害保険の死亡保険
金のうち、一定額が非課税財産となり、控除されます。

　相続放棄者の受け取った死亡保険金等は、全額相続税の対象となります。

＋α　「法定相続人の数」に入る養子

養子は被相続人に実子がいない場合には2人まで、いる場合は1人まで「法定相続人の数」に算入できる。特別養子、代襲相続人である普通養子は実子として扱う。

　複数の相続人が保険金を受け取った場合、各人の非課税金額は次の算式によって計算した金額になります。

●死亡退職金

　死亡退職金は、生命保険金と同様、一定額が非課税財産となり控除されます。

　なお、被相続人の死亡後3年を経過してから、支給が確定したものについては、相続税の課税対象とせずに、その死亡退職金の支給を受けた遺族等の一時所得として所得税が課されます。

●弔慰金

　被相続人の勤務先から受ける弔慰金や花輪代、葬祭料などは、一定額までを非課税財産として控除します。

業務上の理由による死亡

非課税限度額＝死亡時の普通給与*×36 ヵ月分

業務外の理由による死亡

非課税限度額＝死亡時の普通給与*× 6 ヵ月分

＊死亡時の普通給与……賞与以外の手当を含めた毎月の給与。

◆ 債務控除

　相続または遺贈により財産を取得した者が、被相続人の債務や葬式費用を負担した場合、その金額を財産の価額から控除することができます。

　これを債務控除といいます。

1．債務控除の対象者

　債務控除の対象者は下記の人です。

債務控除の対象者

債務控除の対象者………相続人および包括受遺者のみ

葬式費用控除の対象者…相続人、包括受遺者、相続放棄者、相続欠格・相続廃除により相続権を失った者

用語　　包括受遺者

特定の財産を指定されるのでなく、遺言によって「財産の1/2を遺贈する」というように、割合で指定された財産を受ける人のこと。

債務控除の具体例

	控除できるもの	控除できないもの
債務	・借入金 ・未払いの医療費 ・未払いの税金（所得税・住民税・固定資産税など）	・墓地や墓石の未払金 ・保証債務 ・遺言執行費用 ・税理士への相続税申告費用
葬式費用	・通夜や本葬にかかった費用 ・宗教者への謝礼 ・遺体の捜索・運搬費用	・香典返しにかかった費用 ・法事にかかった費用

❷ 相続税の計算

◆ 相続税の計算方法

相続税の計算の流れは、次のようになります。

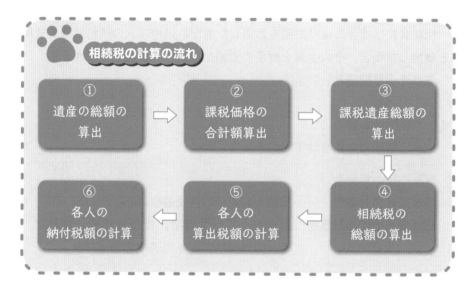

それでは、具体的にどのように計算するのか、各人の算出税額の計算までを事例を交えて見ていきましょう。

> **例** 被相続人のAさんには、妻・Bさんと、長男・Cさん、それに長女・Dさんの3人の相続人がいる。
>
> 相続財産の総額が2億800万円で、各相続金額が下記の場合、それぞれの納付すべき税額はいくらになるか。
>
> 妻B：1億800万円
>
> 長男C：6,000万円
>
> 長女D：4,000万円

1. 課税遺産総額の計算

①課税価格の合計額を計算する

　各相続人が相続や遺贈で取得した相続財産から、非課税財産や債務を差し引き、相続人ごとの課税価格を算出します。

　それを合計して、課税価格の合計額を計算します。

②基礎控除額を計算する

　次に、基礎控除額を計算します。

> **基礎控除額の計算式**
>
> 基礎控除額＝3,000万円＋600万円×法定相続人の数*
>
> ＊養子はp.520　+α　参照。

> **例**　被相続人Aさんの場合
>
> Aさんには、妻、2人の子どもの3人の法定相続人がいるため、基礎控除額は、3,000万円＋600万円×3人＝4,800万円
>
> Aさんの課税価格の合計額は、2億800万円>4,800万円となり、基礎控除額をオーバーしているので、相続税が課税される。

「課税価格の合計額＜基礎控除額」の場合は、相続税は課税されないニャ

③課税遺産総額の計算式

　課税価格の合計額から基礎控除額を差し引いて、課税遺産総額を算出します。この課税遺産総額に対して、相続税が課税されます。

課税遺産総額の計算式

課税遺産総額＝課税価格の合計額－基礎控除額

例 被相続人Aさんの場合

課税価格合計額2億800万円－基礎控除額4,800万円

＝1億6,000万円 ← これが課税遺産総額になる

2．相続税の総額の計算

相続税の総額の計算は、次の手順で行います。

相続税の総額の計算手順

① 課税遺産総額を、法定相続人が法定相続分どおりに分割したと仮定して、各人の取得額を計算する

② 下記の相続税の速算表を参考に、①の各人の相続税額を算出する

③ ②で計算した額を合計する（＝相続税の総額）

相続税の速算表

法定相続分に応ずる取得金額		税率	控除額
	1,000万円以下	10%	0万円
1,000万円超	3,000万円以下	15%	50万円
3,000万円超	5,000万円以下	20%	200万円
5,000万円超	1億円以下	30%	700万円
1億円超	2億円以下	40%	1,700万円
2億円超	3億円以下	45%	2,700万円
3億円超	6億円以下	50%	4,200万円
6億円超		55%	7,200万円

※実際の試験では、速算表が与えられます。

例 被相続人Aさんの場合

① 相続人ごとの法定相続分の額を計算する

妻・Bの法定相続分 ＝ 1億6,000万円 × $\frac{1}{2}$ ＝ 8,000万円

長男・Cの法定相続分 ＝ 1億6,000万円 × $\frac{1}{4}$ ＝ 4,000万円

長女・Dの法定相続分 ＝ 1億6,000万円 × $\frac{1}{4}$ ＝ 4,000万円

② ①の計算結果をもとに、相続人ごとの税額を計算する

妻・B ＝ 8,000万円 × 30％ － 700万円 ＝ 1,700万円

長男・C ＝ 4,000万円 × 20％ － 200万円 ＝ 600万円

長女・D ＝ 4,000万円 × 20％ － 200万円 ＝ 600万円

③ ②で算出した相続人ごとの税額を合計して相続税の総額を算出する

1,700万円（妻・B）＋ 600万円（長男・C）＋ 600万円（長女・D）

＝ 2,900万円 ←これが相続税の総額になる

3．各相続人の算出税額の計算

　各相続人の算出税額は、2．で求めた「相続税の総額」を、実際に取得した財産の割合で按分して求めます。

例 相続人ごとの負担すべき税額の計算

実際の相続割合

妻・B………52％

長男・C……29％

長女・D……19％ とする（概算）

相続税全休の額（2,900万円）を、実際の相続割合で按分する

妻・Bの相続税額………2,900万円 × 52％ ＝ 1,508万円

長男・Cの相続税額……2,900万円 × 29％ ＝ 841万円

長女・Dの相続税額……2,900万円 × 19％ ＝ 551万円

◆ 各人の納付税額の計算

各人の算出税額に、相続税の2割加算や税額控除や税額軽減を適用し、各人の納付税額を求めます。

1. 相続税の2割加算

配偶者、1親等の相続人（子、父母）および代襲相続人である孫以外の人が取得した相続財産に対する相続税は、2割が加算されます。

+α　孫の相続税

孫は養子になっていたとしても、代襲相続人でなければ2割加算される。

2. 暦年課税による贈与税額控除

相続税の持ち戻しの対象となった贈与で、すでに贈与税を納付している場合、贈与税額控除として、その贈与税額を相続税額から控除することができます。

ただし、納付した贈与税額が相続税額を上回っている場合でも、超過分は還付されません。

3. 配偶者の税額軽減

配偶者には、被相続人の財産形成の貢献度や、被相続人死亡後の生活に配慮する見地から、配偶者の税額軽減が設けられています。

> **配偶者の税額軽減の適用要件**
> ・法律上の婚姻関係にある配偶者であること（内縁関係は不可）
> ・相続税の申告書を提出すること（納めるべき税額がない場合であっても提出が必要）
> ・相続放棄していても、遺贈による取得財産があれば適用される
> ・未分割による申告で税額軽減が受けられなくても、申告期限から3年以内に分割されていれば適用される

　未分割による申告とは、相続税の申告期限までに財産の分割割合が決まっていない場合に行う「仮の分割」による申告をいいます。その後、分割割合が決まり、「相続税の更正の請求」を行うことで、税額軽減の適用を受けることができます。

配偶者の税額軽減の控除額

次の①と②のうち、いずれか少ない金額を控除する

　①配偶者の算出税額

　②相続税の総額× $\dfrac{\text{以下、⑦・④のいずれか少ない金額}}{\text{課税価格の合計額}}$

　　⑦ 課税価格の合計額×配偶者の法定相続分で算出される金額と、1億6,000万円のいずれか多い金額
　　④ 配偶者の取得した財産の価額（課税価格）

　上記の結果、次のいずれかに該当する場合、配偶者の納付税額はゼロになります。
　・配偶者が法定相続分以下の割合で相続した場合
　・配偶者の課税価格が1億6,000万円以下の場合

4．未成年者控除

　法定相続人が未成年者の場合、未成年者控除として次の控除額が、算出税額から控除されます。

未成年者控除の控除額

控除税額＝（18歳－相続開始時の年齢）*×10万円

*18歳に達するまでの年数が1年未満、または1年未満の端数がある場合は、1年として計算。

5．障害者控除

　法定相続人が85歳未満の障害者の場合、障害者控除として次の控除額が算出税額から控除されます。

> **障害者控除の控除額**
>
> 控除税額＝（85歳－相続開始時の年齢）*×10万円（20万円**）
>
> ＊85歳に達するまでの年数が1年未満、または1年未満の端数がある場合は、1年として計算。
> ＊＊1級または2級の特別障害者に該当する場合。

6．相次相続控除

　相次相続控除とは、**10年間に2回以上**の相続が発生し、相続税が課税された場合、相続人が前回の相続時に納付した税額のうちの一定額を控除するというものです。

7．外国税額控除

　外国にある財産を、相続や遺贈によって取得し、その国で税金を納付した場合、納付した相続税相当額を**外国税額控除**として控除することができます。

8．相続時精算課税制度による贈与税額控除

　相続時精算課税制度を選択して贈与税を納付している場合、その贈与税額を相続税額から控除し、精算します。

　なお、贈与税額が相続税額を上回る場合（控除しきれない金額がある場合）、超過分は申告すれば**還付**されます。

Chapter **6** Section **4**

相続税（1）

練習問題

次の各記述のうち、正しいものに〇、誤っているものに×をつけなさい。

相続税の基礎知識

1. 相続税の課税財産は、本来の相続財産、みなし相続財産に限られる。

2. みなし相続財産とは、被相続人の財産ではないが、実質的に相続財産と同じ効果のある財産をいい、生命保険金、死亡退職金、生命保険契約に関する権利などが該当する。

3. 生前贈与財産の１つに、相続開始前２年以内に被相続人から贈与を受けた財産がある。

4. 生命保険金の非課税限度額は「500万円×法定相続人の数」だが、死亡退職金の非課税限度額は「1,000万円×法定相続人の数」である。

5. 債務控除の対象となるのは相続人と包括受遺者である。

相続税の計算

6. 相続税の基礎控除額は、「5,000万円＋1,000万円×法定相続人の数」である。

7. 相続税の計算においては、課税価格の合計額から基礎控除額を差し引いて算出した、課税遺産総額が算定基礎とされる。

8. 配偶者、１親等の相続人（子、父母）および代襲相続人である孫以外の人が取得した相続財産に対する相続税は、３割が加算される。

9. 相続税の持ち戻しの対象となった贈与について、贈与税を納付している場合、贈与税額控除として、その贈与税額を相続税額から控除することができ、納付した贈与税額が相続税額を上回っている場合には、超過分が還付される。

10. 配偶者の税額軽減の適用を受けるには、法律上の婚姻関係にある配偶者であることが要件とされているため、内縁関係の場合は適用を受けることができない。

11. 15年間に２回以上の相続が発生し、相続税が課税された場合、相次相続控除が適用され、相続人が前回の相続時に納付した税額のうちの一定額が控除される。

解答

1　×　生前贈与財産も含まれる。

2　○　みなし相続財産とは、被相続人の財産ではないが、実質的に相続財産と同じ効果のある財産をいう。具体的には生命保険金、死亡退職金、生命保険契約に関する権利など。

3　×　「2年以内」ではなく「3年以内」（2024年以降に贈与する財産については順次延長され、2031年以降は7年となる）。

4　×　死亡退職金の非課税限度額も「500万円×法定相続人の数」である。

5　○　債務控除の対象となるのは相続人と包括受遺者である。

6　×　相続税の基礎控除額は、2015年1月1日以降の相続については、「3,000万円+600万円×法定相続人の数」とされた。

7　○　相続税の算定基礎となるのは、課税価格の合計額から基礎控除額を差し引いて算出した、課税遺産総額である。

8　×　「3割」ではなく「2割」。

9　×　超過分は還付されない。

10　○　配偶者の税額軽減については、内縁関係の場合は適用を受けることができない。

11　×　「15年間」ではなく、「10年間」が正しい。

よし、明日も
がんばろう！

ファイト！
ファイト！

40日目

42

相続税（2）

今日は相続税の申告と納付について学びます。
それぞれの内容について
よく理解するようにしましょう。

❶相続税の申告と納付

- ◆ 相続税の申告
- ◆ 相続税の納付

相続税の申告が必要な場合、相続税の納付方法などを押さえよう。

❶ 相続税の申告と納付

◆ 相続税の申告

1. 相続税の納税義務者

　　相続税の納税義務者は、次のように区分され、相続税の対象となる財産の範囲が定められています。

相続税の納税義務者と課税財産の範囲

	日本国内に住所がある	日本国内に住所がない*
名称	居住無制限納税義務者	非居住無制限納税義務者
課税財産の範囲	相続または遺贈により取得した国内外の財産	

＊日本国籍がある場合は、過去10年以内に日本に住所を有する場合。

2. 相続税の申告書の提出義務者

結果的に相続税がかからない場合でも、次の規定の適用を受ける人については、相続税の申告書を提出しなければなりません。

相続税がかからなくても相続税の申告書の提出が必要な人

・配偶者の税額軽減の適用を受ける人
・小規模宅地等の評価減の特例（小規模宅地等の特例）の適用を受ける人

3. 申告書の提出

●申告書の提出先と申告期限

相続税の申告書は、相続の開始があったことを知った日の翌日から10ヵ月以内に、**被相続人の死亡時における住所地**を管轄する税務署に提出します。この申告書を期限内申告書といいます。

期限に間に合わなかった場合は、延滞税や加算税が加算されます。

●申告書の修正

申告書の提出後に、記載内容に修正が生じた場合は、修正申告または更正の請求を行うことができます。

修正申告と更正の請求

	修正申告	更正の請求
修正内容	税額が、申告書に記載した額より増加する場合に行う	税額が、申告書に記載した額より減少する場合に行う
提出期限	原則として、期限の定めはない	原則として、申告期限より5年以内に行う

4．所得税の準確定申告

　所得税の納税義務者が死亡した場合、相続人は相続の開始があったことを知った日の翌日から4ヵ月以内に、所得税の準確定申告を行わなければなりません。

用語	準確定申告
納税義務者が死亡したときの確定申告のこと。	

◆ 相続税の納付

　相続税は納付期限までに金銭で一括納付するのが原則です。

　ただし、一定の要件を満たせば、延納や物納が認められます。

1．延納

　延納とは、相続税の全部または一部を**分割して納付**する方法です。次の4つの条件を満たすことで、認められます。

延納のおもな要件

・相続税額が10万円を超えること

・納期限までに金銭一括納付が困難であること

・原則として担保を提供すること*

・申告期限までに延納申請書を提出し、税務署長の許可を得ること

＊延納税額100万円以下で延納期間3年以下は担保不要。

●延納期間と利子税

　延納をしている期間については、利子税が課税されます。

　取得した相続財産に占める不動産等の割合によって延納できる期間や利子税の率は異なります。不動産等の割合が50％未満の一般の延納利子税の率は6.0％、延納期間は最長5年となっています。

●延納による税金の納付方法

　延納による税金は、年に1回、元金均等払いで分割納付します。

●延納の取下げおよび延納から物納への変更

　延納が認められた税金であっても、金銭による一括納付に変更することができます。また、延納が困難になった場合、相続税の申告期限から10年以内の期間に限り、認められれば物納に変更することができます。

　延納から物納に変更した場合の収納価額は、物納申請時の価額となります。

2．物納

　物納とは、延納でも相続税を納付できないときに、相続財産そのもので相続税を納付する方法です。

　次の要件を満たしている場合、物納が認められます。

物納のおもな要件

・**延納によっても金銭納付が困難**であること
・申告期限までに物納申請書を提出し税務署長の許可を得ること
・相続財産が物納が認められている財産（物納適格財産）であること

●物納できる財産

　物納の対象となる財産は、物納申請者の相続財産で、かつ日本国内にあるものに限られます。

相続人が以前から所有している固有の財産は、物納の対象とすることはできないニャ

●物納財産の収納価額と超過物納

物納財産を国が引き取る価額（収納価額）は、原則として相続税評価額と同一です。

＋α　特例対象の収納価額

小規模宅地等の特例を受けた宅地等を物納する場合の収納価額は、原則特例適用後の価額になる。

また、ほかに物納する適当な財産がない場合は、物納申請額を超える価額の財産による**超過物納**が認められています。超過分については金銭で還付されます。

ただし、還付された金額は、**譲渡所得**として所得税が課税されます。

●物納の取下げと撤回

物納申請の許可や却下は、原則として物納申請期限から3ヵ月以内に行われます。

物納の許可が下りる前であれば、物納申請を取り下げ、金銭による一括納付や延納への変更も行うことができます。

また、**物納許可後1年以内**であれば、物納の撤回をすることもできます。

相続税の納付方法のまとめ

	方法	要件	他の納付方法への変更
原則	現金による一括納付	―	―
延納	金銭による分割納付（最長20年の元金均等払い）	・金銭による一括納付が困難 ・相続税額が10万円超 ・担保の提供が必要（延納税額が100万円以下で延納期間が3年以下の場合は不要）	・物納への変更は申告から10年以内に限り可能
物納	金銭以外の現物（相続財産）による納付（納付価額は相続税評価額）	・延納でも金銭納付が困難 ・物納適格財産であること	・延納への変更が可能 ・現金一括納付への変更も可

試験ではここが出る！

延納は相続税、贈与税に認められているが、物納できるのは相続税だけであることも覚えておこう。

練習問題

次の各記述のうち、正しいものに〇、誤っているものに×をつけなさい。

相続税の申告と納付

1. 相続税の申告書は、相続の開始があった日の翌日から10ヵ月以内に、被相続人の死亡時における住所地を管轄する税務署に提出する。

2. 相続税の申告書に記載した申告額よりも税額が増加する場合は、更正の請求を行う。

3. 所得税の納税義務者が死亡した場合、相続人は相続があったことを知った日の翌日から4ヵ月以内に、準確定申告を行わなければならない。

4. 延納が認められる要件の1つに、「相続税額が100万円を超えること」というものがある。

5. 物納できる財産には優先順位が定められており、第1順位は、国債、地方債、不動産、船舶、上場されている株式などとされている。

解答

1. × 「相続の開始があった日の翌日から」ではなく「相続の開始があったことを知った日の翌日から」10ヵ月以内。

2. × 更正の請求を行うのは、税額が減少した場合。税額が増加する場合は修正申告。

3. 〇 準確定申告は、相続があったことを知った日の翌日から4ヵ月以内に行わなければならない。

4. × 「100万円」ではなく「10万円」が正しい。

5. 〇 物納できる財産には優先順位が定められており、第1順位は、国債、地方債、不動産、船舶、上場されている株式などとされている。

バッチリ
解けたかニャ？

ゴールも
見えてきた
ニャ

41日目
42

Chapter 6 相続・事業承継 | Section 6

相続財産の評価

今日は相続税、贈与税の税額を計算する場合の
財産の評価方法について学びます。
特に不動産の評価は複雑なので、
よく理解するようにしましょう。

❶ 相続財産の評価（不動産）

◆ 不動産の評価
◆ 小規模宅地等の評価減の特例

> 路線価方式と倍率方式があること、宅地の利用
> 形態別の評価方法の違いを押さえよう。小規模
> 宅地等の特例は頻出。

❷ 相続財産の評価（不動産以外）

◆ 上場株式（ETF、J-REIT）の評価
◆ 取引相場のない株式（非上場株式）の評価
◆ その他の相続財産の評価

> 上場株式の評価をまず押さえよう。

---

❶ 相続財産の評価（不動産）

　相続税や贈与税を計算する際の財産の価格は、原則として時価（その財産を取得したときの価額）で評価します。

◆ 不動産の評価
不動産の評価単位と評価方式は、次のとおりです。

1．評価の単位
　土地は、宅地・田・畑・山林などの地目（土地のおもな用途による区分）別に、評価します。この場合、不動産登記記録上の地目にかかわらず、相続開始日の土地の現況による評価となります。
　なお、宅地は不動産登記記録においては筆という単位で区分されますが、相続税法上は、実際の利用単位である一画地ごとに評価されます。

2．宅地の評価の方式

宅地の評価方式には、路線価方式と倍率方式があり、地域ごとに定められています。

> **宅地の評価方式**
>
> **路線価方式**……**市街地の宅地の評価**に使用
> 国税庁が発表する路線価（１㎡当たりの価額。千円単位で表示される）をもとにし、その宅地の状況、形状などによる補正をした価格により評価する
>
> **倍率方式**………**路線価が定められていない**地域の評価に使用
> その宅地の固定資産税評価額に国税局長が定めた倍率を乗じて計算。形状などによる補正はしない

〈路線価図〉

借地権割合：各路線価の右隣に表示される
A～Gに対応する借地権割合

路線価図の年分およびページ

地区および地区と借地権割合の適用範囲を示す記号

この場合は、
高田馬場４丁目４番
であることを示している

路線価＝
720（千円）

町丁名
街区番号

この場合は、
１㎡当たり670（千円）の
路線価で借地権割合が70%
であることを示している

借地権割合C＝70%　（国税庁「財産評価基準書　路線価図・評価倍率表」
http://www.rosenka.nta.go.jp/　より加工して作成）

●宅地が1つの道路にのみ面している場合

間口の狭さ・奥行の深さ等の要因により、
利用価値の低下を考慮して評価減される

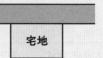

> 奥行価格補正率を乗じて計算
>
> 路線価×奥行価格補正率×地積

●角地にある宅地
（正面と側面に道路がある場合）

1つの道路にのみ面している宅地に比べて、
利用価値が高いことを勘案して、
評価を上げる

> 側方路線影響加算率を乗じて計算
>
> {（正面路線価×奥行価格補正率）＋（側方路線価×奥行価格
> 補正率×側方路線影響加算率）}×地積

●正面と裏面が道路に面している場合

通常の宅地に比べて、
利用価値が高いことを勘案して、
評価を上げる

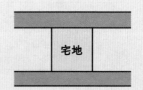

> 二方路線影響加算率を乗じて計算
>
> {（正面路線価×奥行価格補正率）＋（裏面路線価×奥行価格
> 補正率×二方路線影響加算率）}×地積

＋α　正面の決め方

正面、側面、裏面を決めるには、路線価×奥行価格補正率を計算して、高い
ほうが正面になる。

3．宅地の評価

宅地は建物との関係で、自用地、借地権、貸宅地、貸家建付地、貸家建付借地権など、利用形態ごとに評価方式が異なります。

利用形態別の評価方法

利用区分	利用形態・評価の方法
自用地	・自分が自由に使える土地（借地権などの権利がついていない土地） ・**路線価方式**または**倍率方式**により評価
借地権（普通借地権）	・借地権者が自己所有の建物を所有している場合の借地権 ・**自用地評価額×借地権割合**
貸宅地（底地）	・借地権が設定されている土地 ・**自用地評価額×（1－借地権割合）**
貸家建付地	・自分の土地にアパート等を建てている場合のその敷地 ・**自用地評価額×（1－借地権割合×借家権割合*×賃貸割合**）**
貸家建付借地権	・借地権者が自己所有の建物を賃貸している場合の借地権 ・**自用地評価額×借地権割合×（1－借家権割合×賃貸割合）**

＊借家権割合……全国一律30％。
＊＊賃貸割合………借家人のいる部分の面積割合。

＋α　宅地の評価理由

宅地は自由度が高いほど評価が高くなり、借地権が設定されているなどの理由で自由度が低くなると、評価も下がる。

4．建物の評価

建物は、一棟ごとの固定資産税評価額に基づいて評価します。

ただし、宅地と同じく、利用状況によって評価方法が異なります。

建物の評価

自用建物（自分で使う建物）

固定資産税評価額×1.0*

＊建築中の家屋の評価は「その家屋の費用の現価×70％」で評価

貸家（貸付用建物）

固定資産税評価額×（1－借家権割合×賃貸割合）

◆ 小規模宅地等の評価減の特例

　小規模宅地等の評価減の特例（以下「小規模宅地等の特例」という）は、相続によって、被相続人等が居住用や事業用に使っていた土地の一定の面積について、**評価額が減額される制度**です。

限度面積と減額割合

相続開始の直前における宅地等の利用区分			要件	限度面積	減額割合
被相続人等の事業の用に供されていた宅地等	貸付事業以外の事業用の宅地等		特定事業用宅地等に該当する宅地等	400㎡	80%
	貸付事業用の宅地等	一定の法人に貸し付けられ、その法人の事業（貸付事業を除く）用の宅地	特定同族会社事業用宅地等に該当する宅地等	400㎡	80%
			貸付事業用宅地等に該当する宅地等	200㎡	50%
		一定の法人に貸し付けられ、その法人の貸付事業用の宅地	貸付事業用宅地等に該当する宅地等	200㎡	50%
		被相続人等の貸付事業用の宅地等	貸付事業用宅地等に該当する宅地等	200㎡	50%
被相続人等の居住の用に供されていた宅地等			特定居住用宅地等に該当する宅地等	330㎡	80%

●特定居住用宅地等

　次の要件を満たした居住用の宅地については、面積330㎡までの部分について、80%の評価減となります。

小規模宅地等の評価減のおもな適用要件

・配偶者が取得した場合

・同居していた親族が取得し、申告期限までに所有し、かつ居住し続けている場合

・被相続人に配偶者も同居相続人もおらず、相続開始前3年以内に自己または自己の配偶者の所有する家屋に住んだことのない親族が取得し、引き続き所有している場合

・被相続人と生計を一にしていた親族が取得し、相続開始前から申告期限まで引き続き所有し、かつ居住し続けている場合

試験では**ここが出る！**

配偶者以外の親族が相続した場合は、居住要件が問われる。

例 1㎡当たり路線価20万円（補正率は考慮しない）の特定居住用宅地を配偶者が500㎡相続した場合

①本来の価額　　　500㎡×20万円＝1億円

②軽減される額　　330㎡×20万円×0.8＝5,280万円

③本来の価額から軽減される金額を引く

1億円−5,280万円＝4,720万円

↑

この価額が相続税の評価額となる

●特定事業用宅地等

　次のいずれかの要件を満たしている場合、400㎡までを限度に、評価額を80％減額できます。

特定事業用宅地等の評価減の要件

・被相続人の営んでいた事業用の宅地等（原則としてその相続の開始前3年以内に新たな事業の用に供された宅地等を除く）を申告期限までに親族が取得し、申告期限まで引き続き所有、かつその事業を営んでいる場合

・生計を一にしていた親族の事業用に供されていた宅地等（原則としてその相続の開始前3年以内に新たな事業の用に供された宅地等を除く）を申告期限までに親族が取得し、申告期限まで引き続き所有、相続開始前から申告期限まで自己の事業の用に供している場合

試験では**ここが出る！**

被相続人の事業に使われていた宅地等を取得した親族が要件を満たす場合に適用される。

●申告要件等

　これらの特例を受けるためには、以下の要件を満たしていなければなりません。

申告の要件

・申告期限までに**遺産分割が終了**していること（未分割の宅地には適用されない。ただし、申告期限後**3年**以内に遺産分割が成立した場合は適用される）

・この特例を適用することで税額が**ゼロ**になっても、**申告書の提出が必要**

●課税価格の計算方法

　減額される金額は、次のように計算します。

評価減の計算

減額される金額

$$= その宅地の評価額 \times \frac{適用対象となる地積（\text{m}^2）}{総地積（\text{m}^2）} \times 減額割合$$

　なお、適用対象となる宅地等が複数あり、特定居住用宅地等と特定事業用宅地等および特定同族会社事業用宅地等*の場合（貸付事業用宅地等がない場合）は、**合計730㎡**（330㎡＋400㎡）まで特例を選択することができます。

＊被相続人等の持株割合が50％超の同族会社の事業用宅地等を、申告期限までに親族（申告期限において役員である者に限る）が取得し、その同族会社が申告期限まで事業を営んでいる。

　また、貸付事業用宅地等とそれ以外の宅地等が適用対象となる場合の限度面積は下記の式で計算されます。

限度面積の計算

$$\frac{特定事業用}{宅地等の面積} \times \frac{200\text{m}^2}{400\text{m}^2} + \frac{特定居住用}{宅地等の面積} \times \frac{200\text{m}^2}{330\text{m}^2} + \frac{貸付事業用}{宅地等の面積} \leqq 200\text{m}^2$$

---

❷ 相続財産の評価（不動産以外）

財産評価は、原則として財産評価基本通達によって行われます。財産評価基本通達というのは、国税庁による相続税対象財産の評価方法に関する指針のことです。

◆ 上場株式（ETF、J-REIT）の評価

上場株式は、金融商品取引所で取引されている価格をもとに、次の４つの価額のうち、最も低い価額で評価します。

・課税時期（被相続人の死亡した日）の終値
・課税時期の属する月の毎日の終値の月平均額
・課税時期の属する月の前月の毎日の終値の月平均額
・課税時期の属する月の前々月の毎日の終値の月平均額

＊終値がない場合は、課税時期前後の最も近い日の終値とする。
＊＊２つ以上の金融商品取引所に上場されている株式は納税者が選択した取引所の価格とする。

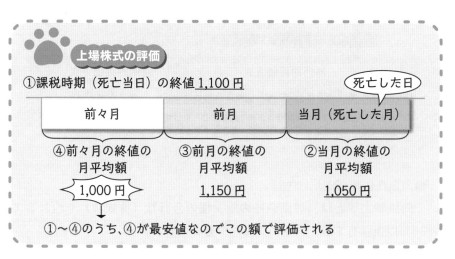

◆ 取引相場のない株式（非上場株式）の評価

　上場していない会社の経営者等が保有する株式を自社株といいます。

　取引相場のない自社株等の株式は換金性に乏しく売却することが困難で、取引価格が形成されないため、株主の区分によってそれに適合した評価方法をとることになります。

1. 取引相場のない株式評価の流れ

　取引相場のない株式は、保有者によってその価値が変わるため、会社の規模やだれが取得するかによって、評価方式が異なります。

　次のチャートで、評価方式を判断することができます。

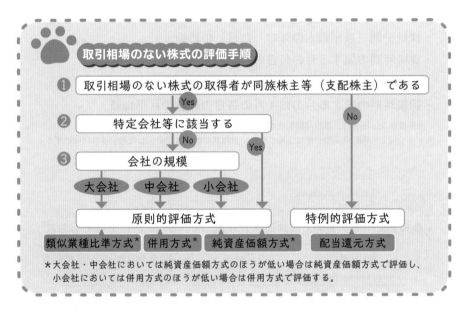

●同族株主等（支配株主）

　同族株主等とは、評価会社の議決権の合計数（株式数）を合計して30％以上保有する、一定のグループをいいます。

●特定会社の判定

　以下の要件等に該当すると**特定会社**と判定され、会社の規模にかかわらず、**純資産価額方式**によって評価されます。

> 特定会社
>
> ・**土地保有特定会社**………相続税評価額ベースで、総資産に占める土地や借地権等の割合が一定割合以上の会社
> ・**株式保有特定会社**………相続税評価額ベースで、総資産に占める株式および出資の価額の割合が、一定割合以上の会社
> ・**開業後3年未満の会社**
> ・**類似業種比準価額と算定する際の3つの要素（1株当たりの「配当」「利益」「純資産」）が2期連続ゼロ以下である会社**

●会社規模の判定

　取引相場のない株式は、「大会社・中会社・小会社」に区分される会社の規模に応じて、評価方法が異なります。

同族株主等による自社株の評価方法

会社規模	原則的評価方式（①、②いずれか低いほうを選択）	
	①	②
大会社	類似業種比準方式	純資産価額方式
中会社	類似業種比準方式と純資産価額方式との併用方式	
小会社	純資産価額方式	類似業種比準方式と純資産価額方式との併用方式

2. 取引相場のない株式の評価方式

取引相場のない株式の評価方式には、類似業種比準方式、純資産価額方式、配当還元方式の3つの方式があります。

●類似業種比準方式

評価する会社と類似した業種の上場会社の株価をもとに、配当金額、利益金額、簿価純資産価額の3要素を比較して評価を算出する方法です。

類似業種比準方式の計算式

$$\text{類似業種比準価額} = A \times \left[\cfrac{\dfrac{b}{B} + \dfrac{c}{C} + \dfrac{d}{D}}{3} \right] \times \text{斟酌率} \times \cfrac{\text{1株当たりの資本金等の額}}{\text{50円}}$$

A：類似業種の株価
B：類似業種の1株当たりの年配当金額
C：類似業種の1株当たりの年利益金額
D：類似業種の1株当たりの純資産価額（帳簿価額）
｝国税庁の公表する数値による
b：評価会社の1株当たりの年配当金額
c：評価会社の1株当たりの年利益金額
d：評価会社の1株当たりの純資産価額（帳簿価額）
斟酌率…大会社0.7、中会社0.6、小会社0.5

＊評価株式の配当金額には特別配当・記念配当などの臨時的な配当は含めない。

●純資産価額方式

評価する会社が解散または清算されると仮定した場合、株主に帰属する価値がいくらになるかという点から、1株当たりの評価額を算出する方法です。

純資産価額方式の計算式

$$\text{1株当たりの純資産価額} = \cfrac{\left[\text{総資産評価額}^* - \text{負債金額}^{**}\right] - \left[\begin{array}{c}\text{清算所得に対する}\\\text{法人税等相当額}^{***}\end{array}\right]}{\text{発行済株式数}}$$

＊相続税評価額により算出。
＊＊課税時期の負債の合計額。
＊＊＊相続税評価額による純資産価額と、帳簿価額による純資産価額の差額に37％を乗じた金額。

●配当還元方式

会社の配当実績に基づいて、自社株を評価する方式です。

配当還元方式の計算式

$$配当還元価額 = \frac{その株式の年配当金額^*}{10\%} \times \frac{その株式の1株当たりの資本金等の額}{50円}$$

＊直前期末以前2年間の平均配当金÷1株当たりの資本金を50円とした場合の発行済株式数。
ただし、2円50銭未満または無配当の場合は2円50銭とする。

◆ その他の相続財産の評価

1. ゴルフ会員権

ゴルフ会員権は、取引相場の有無によって評価方法が異なります。取引相場がある場合は、原則として「取引価格×70%」で計算します。

2. 生命保険契約に関する権利の評価

相続開始時において、まだ保険事故が発生していない生命保険契約に関する権利の価額は、相続開始時において、その契約を解約する場合に支払われることとなる解約返戻金の額によって評価します。

3. 定期金に関する権利

相続・遺贈または贈与により取得する定期金（個人年金保険等）に関する権利については、下記の評価方法が適用されます。

定期金に関する権利

給付事由が発生しているものは次のいずれか多いほうの金額
  ・解約返戻金相当額
  ・定期金に代えて一時金で受け取れる場合は、一時金相当額
  ・予定利率等をもとに算出した金額
給付事由が発生していないものは原則として、解約返戻金相当額

---

4. 金融資産

金融資産は次のように財産の種類ごとに評価が異なります。

金融資産の評価

種類	評価の仕方
預貯金	普通預金…課税時期の預入残高（預金通帳の残高） 定期預金…預入残高＋（解約時の既経過利子－源泉徴収税額）
利付公社債（上場）	課税時期の最終価額＋（既経過利息－源泉徴収税額）
割引公社債（上場）	課税時期の最終価額
転換社債（上場）	課税時期の最終価額＋（既経過利息－源泉徴収税額）
貸付信託	元本＋源泉徴収後の既経過収益－買取割引料
投資信託（上場）	上場株式と同様
投資信託 （MRFなど日々決算型）	1口当たりの基準価額×口数＋（未収分配金－源泉徴収税額）－ 解約手数料等
投資信託（その他）	1口当たりの基準価額×口数－解約した場合の源泉徴収税額－解約手数料等

＋α　外貨建て財産等の評価

外貨建ての財産や国外にある財産は、相続税の課税時期における最終の為替相場（TTB）によって円に換算される。

Chapter 6 Section 6

相続財産の評価

練習問題

次の各記述のうち、正しいものに○、誤っているものに×をつけなさい。

相続財産の評価（不動産）

1. 正面と裏面が道路に面している土地は、側方路線影響加算率を乗じて評価される。

2. 特定居住用宅地等に適用される小規模宅地等の特例では、面積330㎡までを限度に、評価額を60％減額できる。

3. 被相続人と同居していた親族が取得し、申告期限まで引き続き所有、かつ居住した場合、小規模宅地等の特例の適用が受けられる。

4. 小規模宅地等の特例は、相続税の申告期限までに遺産分割が終了していない限り適用されない。

相続財産の評価（不動産以外）

5. 上場株式は、課税時期（相続開始の日または贈与があった日）の終値によって評価される。

6. 特定会社に該当しても、会社規模が中会社の区分の自社株の評価は、併用方式で行われる。

7. 同族株主等とは、評価会社の議決権の合計数（株式数）を合計で40％以上所有する一定のグループをいう。

8. 相続税評価額ベースで、総資産に占める土地や借地権等の価額の割合が、一定割合以上の会社を、土地保有特定会社という。

9. 類似業種比準方式とは、評価する会社と類似した上場企業の株価をもとに、配当金額、利益金額について比較して自社株を評価する方法である。

10. 取引相場のあるゴルフ会員権は、原則として課税時期の取引価格の80％で評価する。

解答

1 　×　「側方路線影響加算率」ではなく「二方路線影響加算率」が正しい。

2 　×　「60％」ではなく「80％」。

3 　○　被相続人と同居していた親族が取得し、申告期限まで引き続き所有、かつ
　　　　居住した場合には小規模宅地等の特例が適用できる。

4 　×　申告期限後３年以内に分割された場合、申告書を提出することで適用を受
　　　　けることができる。

5 　×　上場株式は、①課税時期の終値、②課税時期の属する月の毎日の終値の月
　　　　平均額、③課税時期の属する月の前月の毎日の終値の月平均額、④課税時
　　　　期の属する月の前々月の毎日の終値の月平均額のうち、最も低い価額で評
　　　　価する。

6 　×　特定会社に該当した場合、純資産価額方式で評価される。

7 　×　「40％」ではなく「30％」が正しい。

8 　○　土地保有特定会社とは、相続税評価額ベースで、総資産に占める土地や借
　　　　地権等の価額の割合が、一定割合以上の会社のことである。

9 　×　簿価純資産価額についても比較する。

10 　×　「80％」ではなく「70％」が正しい。

今日は
大変だった
ニャ〜

これで
最後だニャ！

42日目
42

Chapter 6 相続・事業承継 | Section 7

相続・事業承継対策

相続・事業承継の学習も最終日です。
今日は相続対策および
事業承継対策について学んでいきましょう。

❶ 相続対策

- 贈与を使った財産移転による相続対策
- 課税価格対策
- 相続と保険の活用

> 生前贈与や不動産、保険を活用して相続税額を軽減する方法を押さえよう。

❷ 事業承継対策

- 自社株評価額の引下げ対策
- 自社株移転対策
- 事業承継のための納税資金対策
- 非上場株式等に係る贈与税・相続税の納税猶予の特例制度

> 自社株に係る相続税対策や事業承継対策を押さえよう。

---

❶ 相続対策

　相続対策とは、相続人同士の争いを防止し、将来、実際に相続が起こったときの相続税額を軽減させるための準備のことをいいます。

◆ 贈与を使った財産移転による相続対策

　贈与の活用によって、相続のトータルコストを軽減するための、財産移転を行う方法です。

1．贈与(暦年贈与)の活用

　将来、相続人になる予定の人に、生前に財産を贈与します。

　本人の意思で財産の移転先を決めることができる上、贈与財産は相続

税評価額が上昇しても、相続財産に影響しません。

年間**110万円**の**基礎控除額**を活用します（→p.485）。ただし、相続財産の持ち戻し（→p.519）があるので、早めに検討することが必要です。

2．贈与税の配偶者控除の活用

一定の条件を満たす配偶者に居住用不動産等を贈与する場合、110万円の基礎控除額とは別に、2,000万円まで非課税で贈与することができます（→p.487）。

> 贈与税の配偶者控除の注意点
> ・婚姻期間が**20年以上**あることが適用要件となる
> ・同一の配偶者については、一生に**一度**しか利用できない

3．相続時精算課税制度の活用

相続時精算課税制度を活用して、2,500万円まで非課税で贈与できます。

値上がりが期待できる不動産等を贈与する場合に、この制度を使うと、相続対策になります（→p.487）。たとえば、贈与時に2,500万円の不動産が、3年後、相続が発生したとき3,500万円になっていた場合、結果的に値上がり分に対する相続税を圧縮できることになります。

また、2024年1月1日以後は、基礎控除110万円が新設され、年間110万円以下の贈与であれば、相続財産に含まれません。

◆ 課税価格対策

不動産は通常の取引価格（時価）と、国の財産評価基本通達による相続税評価額との間に、差が生じる場合があります。

そのため、不動産を利用して財産評価を引き下げ、**相続財産の課税価格を減少させる**ことが可能です。

課税価格対策の方法

宅地の購入

　　　　メリット……現預金が減り、宅地の相続税評価額は時価の約80％

　　　　ただし、換金性が低下するデメリットあり

賃貸建物（アパート・マンション等）の活用

　　　　メリット……貸家建付地の評価減を利用することで、土地の相続税評価額を引き下げる（家賃収入を納税資金に充てることもできる）

　　　　ただし、建築資金が必要。また空家になるリスクもある

◆ 相続と保険の活用

生命保険は、保険料負担者と保険金受取人が同一人物であるかそうでないかによって、課税関係が変わってきます。そのため生命保険を活用することで、死亡保険金の非課税枠（相続税）、一時所得の特別控除（所得税）を利用し、税負担を軽くすることができます（→p.168）。

また、生命保険金で**納税資金を確保**し、**代償分割のための資金**も準備することができます。被相続人の生命保険金を、後継者など特定の相続人が受け取れるようにしておけば、遺産分割対策としても活用することができます。

❷ 事業承継対策

　中小企業では、経営者の死亡により会社の経営が困難になる場合があります。そのため、あらかじめ後継者への事業承継を円滑に行うための対策が大切になります。

　事業承継対策には、具体的に次のようなものがあります。

◆ 自社株評価額の引下げ対策

　配当・利益・簿価純資産を引き下げることで、自社株の評価を下げるというものです。

自社株評価額の引下げ対策の手法

●類似業種比準方式での引下げ対策

・配当金額を引き下げる、または無配当にする。配当を出さなければならない場合は「評価会社の1株当たりの配当金額」（→p.550）には含まれない特別配当・記念配当の名目で行う

・役員退職金の支払い、定期保険の加入などによる利益の引下げ

・配当の支払い、役員退職金の支払いなどによる純資産の引下げ

・株価の低い事業を主たる事業とすることによる、業種転換による引下げ

・高収益部門を別会社に分離させることによる利益の引下げ

●純資産価額方式での引下げ対策

・不動産取得による引下げ（ただし、取得後3年以内の不動産は通常の取引価額で評価される）

・従業員増などで大会社に移行するなど、会社規模区分の変更による評価の引下げ

◆ 自社株移転対策

自社株の移転には次のような方法があります。

1. 事業後継者への移転

オーナーから事業後継者へ自社株を、贈与または譲渡によって移転するには、いかに円滑に税負担等が少ない形で移転できるかが重要です。

事業後継者への自社株移転の課税関係

形態		課税関係
贈与	贈与税	原則的評価額×受贈株数
譲渡*	所得税 住民税	売却益×20.315% （所得税15%＋復興特別所得税0.315%＋住民税5%）

＊相続税評価額より低額で譲渡した場合は、相続税評価額と譲渡価額との差額について、贈与税が課税される。

2. 従業員持株会

自社株移転対策の1つに、経営権が確保できる範囲で、従業員持株会を設立して、従業員に自社株を移転する方法もあります。

従業員への自社株移転の課税関係

形態		課税関係
贈与	贈与税	配当還元価額×受贈株数
譲渡	所得税 住民税	売却益×20.315% （所得税15%＋復興特別所得税0.315%＋住民税5%）
買戻し	贈与税	買取価額＜原則的評価額のとき （原則的評価額－買取価額）×買取株数

事業承継のための納税資金対策

後継者に納税資金がない場合、死亡退職金や役員保険を活用するなど、納税資金対策が必要です。

1. 役員退職金・弔慰金の活用

会社から支払われる死亡退職金や弔慰金は、相続税の計算上、一定の非課税枠があるため、納税資金対策として活用できます（→p.520）。

役員退職金の算定方式は、一般的には、功績倍率方式が利用されます。

> **役員退職金の計算**
> 適正額＝最終報酬月額×在職年数×功績倍率

2. 役員保険

契約者と受取人を会社、被保険者を経営者とした生命保険を活用して、役員退職金の財源を確保することができます。

後継者が経営を軌道に乗せるまでの、つなぎ資金が確保できるというメリットもあるニャ

> **役員保険加入のメリット**
> ・死亡退職金、弔慰金の準備ができる
> ・会社が支給した死亡退職金のうち、適正金額を損金算入できる
> ・死亡退職金・弔慰金の非課税枠が、遺族に適用される

非上場株式等に係る贈与税・相続税の納税猶予の特例制度

後継者が、贈与・相続等により一定の非上場株式を取得した場合、その取得したすべての株式等の課税価格に対応する贈与税または相続税の全額の納税が猶予されます。

※2018年1月1日から2027年12月31日までの贈与・相続等について適用（2026年3月31日までの間に特例承継計画を都道府県に提出した場合に限る）。

練習問題

次の各記述のうち、正しいものに〇、誤っているものに×をつけなさい。

相続対策

1. 宅地を購入することで、相続税評価額を約70％に引き下げることができる。

2. 生命保険を活用することで、死亡保険金の非課税枠（相続税）、一時所得の特別控除（所得税）を利用し、税負担を軽くすることができる。

事業承継対策

3. 純資産価額の引下げ対策の1つに不動産取得による引下げがあるが、取得後2年以内の不動産は通常の取引価額で評価されるので、注意が必要である。

4. 役員退職金の算定方式は一般的に、功績倍率方式が利用される。

解答

1　×　「70％」ではなく「80％」が正しい。
2　○　生命保険の死亡保険金非課税枠（相続税）、一時所得の特別控除（所得税）等は、税負担を軽くするのに役立つ。
3　×　「2年」ではなく「3年」が正しい。
4　○　役員退職金の算定方式としては、一般的に、功績倍率方式が使われる。

「でるとこ攻略問題集」
も解いて
合格をつかむニャ！
→問題集p.164-189,
p.298-326

さくいん

● 法改正・正誤等の情報につきましては、下記「ユーキャンの本」ウェブサイト内「追補（法改正・正誤）」をご覧ください。
https://www.u-can.co.jp/book/information

● 本書の内容についてお気づきの点は
・「ユーキャンの本」ウェブサイト内「よくあるご質問」をご参照ください。
https://www.u-can.co.jp/book/faq
・郵送・FAXでのお問い合わせをご希望の方は、書名・発行年月日・お客様のお名前・ご住所・FAX番号をお書き添えの上、下記までご連絡ください。
【郵送】〒169-8682　東京都新宿北郵便局　郵便私書箱第2005号
　　　　ユーキャン学び出版　FP技能士2級資格書籍編集部
【FAX】03-3378-2232
◎より詳しい解説や解答方法についてのお問い合わせ、他社の書籍の記載内容等に関しては回答いたしかねます。

● お電話でのお問い合わせ・質問指導は行っておりません。

'24～'25年版　ユーキャンのFP2級・AFP でるとこ攻略テキスト

2016年5月31日　初　版　第1刷発行	
2017年5月26日　第2版　第1刷発行	編　者　ユーキャンFP技能士試験研究会
2018年5月24日　第3版　第1刷発行	発行者　品川泰一
2019年5月25日　第4版　第1刷発行	発行所　株式会社　ユーキャン　学び出版
2020年5月22日　第5版　第1刷発行	〒151-0053
2021年5月21日　第6版　第1刷発行	東京都渋谷区代々木1-11-1
2022年5月20日　第7版　第1刷発行	Tel 03-3378-1400
2023年5月24日　第8版　第1刷発行	ＤＴＰ　有限会社　中央制作社
2024年5月24日　第9版　第1刷発行	発売元　株式会社　自由国民社
	〒171-0033
	東京都豊島区高田3-10-11
	Tel 03-6233-0781（営業部）

印刷・製本　シナノ書籍印刷株式会社

※落丁・乱丁その他不良の品がありましたらお取り替えいたします。お買い求めの書店か自由国民社営業部（Tel 03-6233-0781）へお申し出ください。

©U-CAN, Inc. 2024 Printed in Japan　ISBN978-4-426-61573-4